「新人文·新思政」丛书

New Humanities New Ideology and Politics

苏玉菊 总主编

马克思主义基本原理专题化教学案例导学

罗丽娟 主编

知识产权出版社
全国百佳图书出版单位
—北京—

图书在版编目(CIP)数据

马克思主义基本原理专题化教学案例导学/罗丽娟主编.—北京:知识产权出版社,2022.6
("新人文·新思政"丛书/苏玉菊总主编)
ISBN 978-7-5130-7917-4

Ⅰ.①马… Ⅱ.①罗… Ⅲ.①马克思主义理论—高等学校—教学参考资料 Ⅳ.①A81

中国版本图书馆 CIP 数据核字(2021)第 243441 号

责任编辑:张琪惠　　　　　　　　　　　　责任校对:谷　洋
封面设计:宗沅书装 + 李宗燕　　　　　　　责任印制:刘译文

马克思主义基本原理专题化教学案例导学
罗丽娟　主编

出版发行:知识产权出版社 有限责任公司	网　　址:http://www.ipph.cn
社　　址:北京市海淀区气象路 50 号院	邮　　编:100081
责编电话:010-82000860 转 8782	责编邮箱:963810650@qq.com
发行电话:010-82000860 转 8101/8102	发行传真:010-82000893/82005070/82000270
印　　刷:北京建宏印刷有限公司	经　　销:新华书店、各大网上书店及相关专业书店
开　　本:720mm×1000mm　1/16	印　　张:13.25
版　　次:2022 年 6 月第 1 版	印　　次:2022 年 6 月第 1 次印刷
字　　数:230 千字	定　　价:68.00 元
ISBN 978-7-5130-7917-4	

出版权专有　侵权必究
如有印装质量问题,本社负责调换。

海南省哲学社会科学规划课题（思政专项）立项重点课题《医学院校"三全"育人的实现路径研究》（编号：hnsz2019—19）的成果；海南省高等学校教育教学改革研究项目《三全育人视角下之思政教育、人文教育、专业教育、校园文化建设融通体系研究》（编号：hnjg2020—66）的成果；海南省高校思想政治理论课教学方法改革择优推广项目《"案例/问题导学'式'专题教学"改革》（琼教思政〔2020〕30号）的成果；海南省首批"三全育人"综合改革试点项目《海南医学院马克思主义学院》（琼教思政〔2020〕30号）的成果

本书编委会

总主编 苏玉菊

主　编 罗丽娟

副主编 袁　曦

委员会成员（以姓氏笔画为序）
马黛丹　吕倜然　张勇刚　邵娜娜

总　序

习近平总书记提出:"要抓好教材体系建设,形成适应中国特色社会主义发展要求、立足国际学术前沿、门类齐全的哲学社会科学教材体系。"教材体系建设关涉"教什么"、"教给谁"与"怎样教"的问题,因而是育人育才的关键所在。

近年来,本人带领团队大力推行思政教育—人文教育—专业教育—校园文化建设相融通的教学改革,加强思政课程与课程思政内涵式建设,立德树人,构建"三全育人"大格局,为培养仁义良医作出了突出贡献,形成了一系列具有示范推广价值的教学成果。其中,"新人文·新思政"丛书就是具有代表性的教学成果之一。"新人文·新思政"丛书力图凸显以下特色:引领性,关注培养什么人、怎样培养人、为谁培养人的问题。战略性,建构学术话语体系,观照重大理论与实践问题。创新性,开展跨学科研究,实现思政教育的机制创新、模式创新与方法创新。鉴于作者水平有限,疏漏与不足在所难免,恳请学界同仁不吝批评、指正。

今后,我们将再接再厉,继续充实兼具普通高等学校思政教育、人文教育共性与医学院校思政教育、人文教育特性的"新人文·新思政"丛书,为发展哲学社会科学学科贡献绵薄之力。

苏玉菊
2021年1月于杏林苑

目录

第一部分　导　言 ... 001
　以专题形式学习马克思主义基本原理 ... 001

第二部分　专题案例导学 ... 010
　专题一　绪论 ... 010
　专题二　世界的物质统一性 ... 021
　专题三　物质世界的发展规律 ... 040
　专题四　实践和认识 ... 055
　专题五　真理和价值 ... 070
　专题六　人类社会发展规律 ... 086
　专题七　人类社会发展的动力系统 ... 103
　专题八　商品经济和价值规律 ... 122
　专题九　资本主义制度的本质 ... 135
　专题十　资本主义社会的动态演进 ... 156
　专题十一　社会主义和共产主义：自由而全面发展的
　　　　　　逐步实现 ... 176

第三部分　综合考核案例 ... 192
　案例一　人类将移民火星？ ... 192
　案例二　港珠澳大桥 ... 194
　案例三　《自然》年度十大人物：天才少年曹原居首，
　　　　　贺建奎来去匆匆 ... 196
　案例四　青蒿素的发现：传统中医献给世界的礼物 ... 198
　案例五　技术革命中，资本主义的悄然变化 ... 200

第一部分 导 言

以专题形式学习马克思主义基本原理

一、专题化教学是有效的思想政治理论课授课方式

专题化教学就是改变传统的按章节授课的方式,以教学大纲为依据,以问题为导向,通过提炼课程重点和难点,并结合社会现实热点问题以及学生实际,将教材整合成系列专题开展教学的教学方式。与中学阶段的学习目标不同,高校思想政治理论课的学习目标不再是仅仅掌握知识点,而是在理解原理的基础上提高运用原理分析问题、解决问题的能力;在学习方法上不再是死记硬背,而是理论联系实际,理解原理和运用原理。从教学效果上看,专题化教学相对于传统章节式教学,更能达到提高大学生运用原理分析问题和解决问题的能力的教学目标。

相对于传统章节式教学,思想政治理论课专题化教学具有以下特点:

第一,教学思维具有明确的问题意识。因为思想政治理论课内容非常丰富,所以在有限的课时内很难将所有的内容都介绍给同学们,这就需要对内容进行取舍和整合。如何取舍和整合?一方面,专题化教学不能脱离教学大纲,要依据教学大纲,涵盖教学大纲所要求的重难点;另一方面就是要有问题意识,围绕一定的问题对内容进行梳理、组织。高校思想政治理论课重在引导当代大学生运用科学的世界观和方法论来分析、判断和解决实际问题,因此在设计专题内容时往往需要有较强的问题意识,将思想政治理论课的理论与现实问题相联系来解决现实问题,这样既能提炼和简化教学内容,又能让当代大学生认识到马克思主义理论解释和解决现实问题的意义以及当代价值,增强马克思主义理论的理论自信,引导其提高运用马克思主义立场、观点、方法分析解决现实问题的能力。

第二,教学活动具有理论联系实际的自觉性。专题化教学的问题意

识决定了专题化教学具有理论联系实际的自觉性。专题化教学的问题意识,其实就是自觉地将所讲授的原理与现实问题相联系,引导同学们以所学原理分析和解决现实问题,使教学具有针对性。成功的专题化教学往往会联系具有较强时代性和典型性的社会重大热点问题或同学们关注的问题,既增强理论教学的吸引力,又能引导同学们学以致用,运用所学理论分析解决现实问题,增强其理论联系实际的能力。

第三,教学内容具有较强的学术性和逻辑性。在专题化教学设计中,每一个教学专题在把握重难点问题的基础上,又对理论做了适当的深入或拓展,不仅让同学们掌握马克思主义立场、观点、方法,还让同学们了解所学思想政治观点背后的学理性,向同学们展现理论的学术魅力,做到"以理服人";而且,通过专题化教学,同学们也从学术探究中受到影响,有助于提高同学们的理论素养和学术素养。

另外,专题化教学的内容具有很强的逻辑性。专题化教学的每一个教学专题都围绕一个主题,对教材内容进行整合,使专题内容具有完整性和逻辑性,形成相对独立的理论体系;同时,专题与专题间又存在着密切的联系,共同构成了体现教材整体的理论体系。专题化教学的逻辑性有助于同学们提高理论思维能力,对于提高同学们今后的问题研究和分析能力有很大帮助。

二、马克思主义基本原理专题设计

1. 马克思主义基本原理专题设计

马克思主义基本原理的专题设计既要考虑到专题内容的完整性和逻辑性,还应考虑到专题与专题间的逻辑关系,各专题总体上能够形成一个有机整体。考虑到该门课程的理论学时较少,将《原理》课设计为十一个专题:

专题一　绪论
一、马克思主义及其创立与发展
二、马克思主义的鲜明特征
三、马克思主义的当代价值
四、青年学生如何学习和运用马克思主义
专题二　世界的物质统一性
一、辩证唯物主义物质观
二、意识统一于物质

三、人类社会统一于物质

四、树立正确的物质观和实践观

专题三　物质世界的发展规律

一、世界的普遍联系和变化发展

二、物质世界的辩证发展规律

三、认识世界和改造世界的根本方法

专题四　实践和认识

一、实践及其在认识中的决定作用

二、认识的本质与过程

三、实践与认识的辩证运动及其规律

四、实现实践创新与理论创新的良性互动

专题五　真理和价值

一、真理及其特性

二、真理的检验标准

三、真理和价值的辩证统一

专题六　人类社会发展规律

一、社会存在与社会意识

二、人类社会发展规律

三、人类社会历史的发展演变趋势

四、树立正确的历史观

专题七　人类社会发展的动力系统

一、社会基本矛盾是人类社会发展的根本动力

二、阶级斗争、革命、改革及科学技术的动力作用

三、历史主体及其作用

专题八　商品经济和价值规律

一、商品经济的形成和发展

二、价值规律及其作用

三、以私有制为基础的商品经济的基本矛盾

四、正确认识当代商品经济社会问题

专题九　资本主义制度的本质

一、资本主义经济制度的产生

二、劳动力成为商品与货币转化为资本

三、剩余价值生产

四、资本主义基本矛盾与经济危机
五、资本主义政治制度和意识形态
专题十　资本主义社会的动态演进
一、资本主义发展的阶段性
二、资本主义新变化及实质
三、资本主义发展趋势的辩证分析
专题十一　社会主义和共产主义：人的自由全面发展的逐步实现
一、人的自由而全面发展的内涵
二、人的自由而全面发展实现的条件性和过程性
三、社会主义：人的自由而全面发展的必经阶段
四、共产主义：人的自由而全面发展的最终实现

2. 专题设计说明

专题内容设计依据教材和大纲，体现出整个理论体系的逻辑性，同时，结合十九大以来重要会议精神并联系重大现实社会热点问题设计专题问题（当然，问题不是固定不变的，随着社会的发展会出现新的问题需要思考和解决）。

专题一是绪论，是整个理论体系的总论，从整体上介绍什么是马克思主义，为什么学习马克思主义，以及如何学习马克思主义。本专题首先向同学们介绍当代资本主义发展中存在的问题以及资本主义国家对马克思主义的认识，既让同学们认识到当前马克思主义没有过时，又让同学们认识到不仅仅是我们国家，而且资本主义国家也越来越重视马克思主义理论学习，学习马克思主义理论在当前具有世界范围的普遍性，马克思主义在当代仍具有重要价值；其次，绪论从整体上介绍了马克思主义理论的鲜明特征；再次，介绍了学习马克思主义的基本方法；最后，介绍了马克思主义理论的主线，以及整个理论体系的逻辑结构。

专题二和专题三介绍物质世界及其发展规律，专题二是专题三的逻辑前提，介绍世界的物质统一性，包括意识统一于物质和人类社会统一于物质两个重要方面。由于实践是社会生活的本质，是辩证唯物主义的基石，是社会现象产生的根源及社会发展的动力根源，因此，实践观是本专题的重点问题。在本专题中，可以思考问题如"我国全面小康社会及富强民主文明和谐美丽的社会主义现代化强国如何实现？"，以实践观来理解社会的物质性，以实践观分析社会现象和社会问题，并自觉地发挥主观能动性投身于社会主义建设实践来推动社会发展。专题三既介绍了客观物

质世界的辩证发展规律,又介绍了主观世界的辩证思维方法。本专题的一个重要教学目标就是使青年大学生养成辩证思维方式,在掌握客观辩证法的同时,应将主观辩证法作为一个重要问题,有意识地训练自己的辩证思维能力,养成辩证思维习惯,培养自己的辩证思维素养。在本专题中,可以思考问题如"进入新时代后,我国的社会基本矛盾及许多方面都发生了新的变化,但也有许多方面没有发生变化,如何看待我国社会发展中的这些'变'与'不变'?",学会辩证地看待社会发展问题,同时应该明白辩证法是客观辩证法和主观辩证法的统一。

专题四和专题五是关于马克思主义认识论的理论。马克思主义认识论认为,认识是在实践基础上对客观事物的能动反映,这里重点理解"能动反映"的含义。在专题四中,实践和认识的辩证关系是一个重要问题,要理解二者之间的辩证关系,在此基础上,理解认识运动的发展规律。在该专题中,可以思考问题如"十九大报告中提出'时代是思想之母,实践是思想之源',如何理解这句话?""十九大后我国又产生了新的马克思主义理论成果,试分析马克思主义理论为什么要不断地进行创新?""为什么要实现理论创新和实践创新的良性互动?",以考察认识与实践的辩证关系。产生于实践的认识还要回到实践中接受检验和指导实践,而主体在实践中应遵循真理尺度和价值尺度。关于真理问题,其检验标准的确定性和不确定性是一个难点问题,学习中应通过案例加深对此问题的理解;关于价值问题,在理解相关原理的基础上认识马克思主义理论关于人的自由全面发展的崇高价值追求,认识我国当前"以人民为中心的发展"是新时代中国特色社会主义的阶段性价值追求。在专题五中,可以思考问题如"我国为什么要提出'以人民为中心的发展'?如何实现'以人民为中心的发展'的价值追求?"理解中国特色社会主义现阶段的价值追求以及相关政策制定的原因,并自觉地树立正确的价值观,在今后的从业实践中实现真理追求和价值追求的统一。

专题六和专题七介绍人类社会发展规律及发展动力系统。人类社会在实践中发展,推动人类社会发展的根本动力源于人类实践中所产生的社会基本矛盾(这种基本矛盾存在于社会实践,并在实践中相互作用推动人类社会向前发展,不能离开社会实践抽象地谈论基本矛盾的动力作用)。在社会基本矛盾运动规律的作用下,一方面,随着人类普遍交往的发展,世界历史逐渐形成并不断发展;另一方面,人类社会发展呈现出一种自然历史过程,在这个过程中人类社会形态由低级向高级演进;在这种演进的过程中,作为社会主体的人类可以在一定范围内发挥能动作用,但这种能动作用是在遵循客观规律的前提条件下和在一定范围内对社会发展道路和社会发展模式的选择。在专题六中,可以思考问题有"为什么要坚定对中国特色社会主义的道路自信?""我国改革已经取得了很大的成就,在此基础上十九大仍提出我国要坚定不移地全面深化改革。为什么说改革无止境永远在路上?"运用所学唯物史观的原理分析当前我国重大的现实问题,理解我国的相关方针政策,并树立正确的历史观。人类社会的发展动力有多种,这些动力共同形成人类社会发展的动力系统。专题七主要介绍作为根本动力的基本矛盾、作为直接动力的改革以及作为人类社会主体的人的能动作用(包括作为整体的人民群众的作用和作为个体的人的作用)。在专题七中,可以思考"如何看待我国当前社会主要矛盾变化对我国发展的促进作用?""当前该如何推动我国社会的发展?"在了解社会发展中各种动力作用的基础上理解正在进行的社会主义改革的目的及作用,并正确看待社会主体在社会发展中的作用,以正确的历史观自觉抵制各种历史虚无主义思潮。

专题八介绍商品经济和价值规律。本专题主要介绍马克思主义劳动价值论的内容,该理论以商品经济社会发展的一般规律为核心,可以为我国发展社会主义市场经济提供指导。在本专题中,可以思考"我国为什么提出'要让市场在资源配置中发挥决定性作用'?""为什么要将'市场这只看不见的手'和'政府这只看得见的手'结合起来?"还可以思考"我国为什么要进行供给侧结构性改革?"将所学理论与我国实际联系起来,分析我国社会经济现象和经济问题,理解我国经济政策。

专题九和专题十分别从静态和动态的角度揭示资本主义社会这一具体社会形态的制度本质及发展趋势。专题九首先介绍了资本主义经济制度的产生,然后介绍资本主义生产关系及剩余价值规律,以及在剩余价值规律作用下经济危机爆发的必然性,从而揭示了资本主义生产关系与生产力的矛盾及其后果。本专题内容非常丰富,但课时有限,需要联系当前资本主义国家发展中存在的问题,并围绕分析和解决现实问题来整合教材中的内容。专题十介绍了在社会基本矛盾的作用下,资本主义国家对生产关系所进行的调整及因此呈现出的阶段性特征。在资本主义社会基本矛盾的作用下,资本主义由自由竞争阶段进入垄断阶段,在私人垄断阶段,社会矛盾不断尖锐,需要调整资本主义生产关系和上层建筑以缓解资本主义社会的基本矛盾,最终不得不由政府对经济进行干预,资本主义进入国家垄断阶段。在国家垄断资本主义阶段,资本主义国家对生产关系和上层建筑进行了调整以适应生产力的发展,社会矛盾相对缓和。二战后资本主义发展过程中呈现出的新变化,正是资本主义国家主动对资本主义生产关系和上层建筑进行调整使其适应不断发展的生产力的结果。而这种对资本主义生产关系和上层建筑的调整也是对资本主义的扬弃,是朝着新的生产关系前进的过程。然而,资本主义国家在资本主义制度的框架下对生产关系和上层建筑的调整并不能从根本上解决资本主义的问题,20世纪60年代末,资本主义国家普遍出现的滞胀就充分体现了这一点。20世纪70年代末,资本主义国家所进行的自由放任的改革最终引发了2008年的金融危机,当前资本主义国家问题的根源仍在于资本主义社会的基本矛盾。在专题九中,可以思考"资本主义国家的问题能否根治?为什么?"由此应认识到资本主义国家社会问题的深刻根源在于资本主义的基本矛盾,问题的最终解决需要从根本上改变资本主义制度;在专题十中,可以思考"如何认识资本主义国家改革对生产关系的调整是对资本主义生产关系的否定(扬弃)?"认识到马克思主义理论仍能够解释现实,具有很强的生命力。在专题九、专题十中,同学们可以结合案例材料分析相关原理,从而加深对理论的理解。

专题十一属于科学社会主义的内容,是马克思主义理论的落脚点和理论归宿。社会主义和共产主义社会的最终价值追求都是为了实现人的自由全面发展,但这一目标的实现需要一个漫长的历史过程,这一过程呈现出阶段性。在社会主义阶段,需要经过生产力的充分发展、平衡发展,使人自身素质普遍得到提升,在一定程度上和一定范围内实现人的自由全面发展,然后达到生产力高度发达的共产主义阶段,最终实现人的自由全面发展的共产主义阶段的理想。在本专题中,可以思考"人的自由全面发展能实现吗?如何实现?"以此思考人的自由而全面发展实现的条件性和过程性,即共产主义的理想社会是可以实现的,但其实现不是一蹴而就的,是有条件的,是要经过生产力的漫长发展并随着社会发展人的素质普遍得到提升才能实现的。

三、以专题形式学习马克思主义基本原理的要求

1. 从整体上把握马克思主义

马克思主义基本原理内容非常丰富,包含了马克思主义哲学、政治经济学和科学社会主义三部分,但从整体上理解马克思主义理论体系,贯穿

始终的一条主线就是揭示人类社会的发展规律。马克思主义基本原理的内容及其逻辑关系如图1所示：

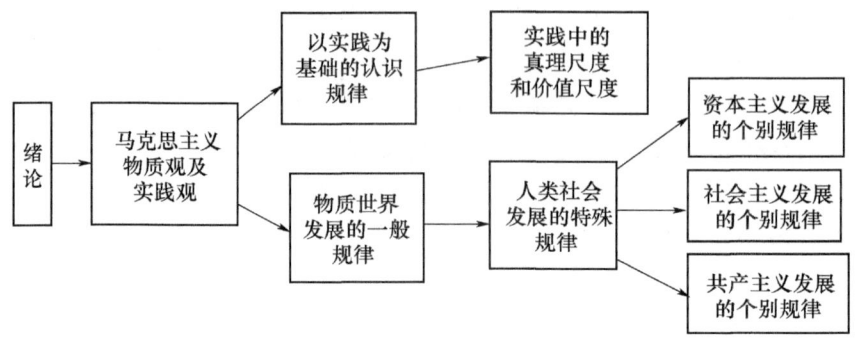

图1　马克思主义基本原理的内容及其逻辑关系

还可以从价值追求角度理解马克思主义：贯穿马克思主义理论的价值主线就是实现人的自由而全面的发展。辩证唯物主义和历史唯物主义揭示了包括人类社会在内的整个物质世界发展的规律性，人类社会的发展也呈现出自然历史过程；马克思主义认识论揭示了认识与实践的关系，认识遵循实践—认识—再实践—再认识的规律，是一个循环往复且不断深入的过程。综合马克思主义理论，物质世界的发展具有规律性，客观规律是可以认识的，主体可以在实践的基础上不断认识客观规律和掌握运用客观规律，不断提高改造世界的能力。随着社会的发展，以及人类自身的发展，人类可以从必然王国走向自由王国，逐渐形成共产主义社会自由人的联合体。

2. 理解马克思主义原理而不是死记硬背知识点

提高大学生运用马克思主义的基本立场、观点和方法分析问题和解决问题的能力是高校思想政治理论课的教学目标，而达到此目标的前提是要理解马克思主义原理。大学阶段的学习不同于中学阶段的一个重要方面就是，大学阶段的学习不仅要掌握知识点，更重要的是在理解原理的基础上提高运用理论分析问题和解决问题的能力。所以同学们在学习马克思主义基本原理时应力求理解原理，理解原理的内涵，理解理论之间的联系。马克思主义理论有着很强的逻辑性，原理与原理间有着紧密的联系，在学习中应将所学原理融会贯通。此外，要理解原理的方法论意义，理解原理对我们学习、生活和工作的指导意义，并学会运用原理分析问题和解决问题。

3. 理论联系实际

案例教学是一种较好的教学方法，既能够帮助同学们理解原理，又能够运用原理解决案例中的实际问题，同学们应认真配合老师的案例教学，认真阅读案例材料，主动思考问题，积极进行案例讨论，以提高教和学的实效。在课堂之外，同学们也应该积极思考现实问题，将所学理论与现实问题联系起来，尝试着去分析社会现实，并思考如何解决现实问题。

第二部分 专题案例导学

专题一 绪　论

一、主要内容、重难点问题

1. 主要内容

马克思主义的内涵及其产生和发展

马克思主义的鲜明特征

马克思主义的当代价值

自觉学习和运用马克思主义

2. 重难点问题

重点：马克思主义的鲜明特征；马克思主义的当代价值

难点：马克思主义的鲜明特征

二、学习目标

通过本专题的学习，掌握什么是马克思主义，了解马克思主义产生的历史必然性以及发展过程，掌握马克思主义的鲜明特征，理解马克思主义的当代价值，了解如何学习马克思主义。

导入问题：

产生于19世纪中期的马克思主义过时了吗？当今时代为什么还要学习马克思主义？

三、导学案例及问题思考

幽灵再现

——马克思主义在西方的"复活"

新一轮经济全球化浪潮自20世纪70年代中期兴起、八九十年代全面展开,伴随着资本在全球的扩张,西方国家借此"东风",缓解了"滞胀"(生产停滞与通货膨胀并存),促进了经济发展,首先成为这一进程的受益方;而面临改革开放新任务的社会主义国家却没有都经受住经济全球化浪潮的考验,苏东地区改革受挫,社会"改向",世界社会主义陷入空前的曲折。在这样的背景下,一直被认为是现实社会主义理论基础的马克思主义不断受到各种各样的质疑和责难,社会主义"失败论"与马克思主义"过时论""消失论"等,一时沸沸扬扬,甚嚣尘上。然而,经济全球化真的可以如这些叫嚣者所愿为马克思主义判上"极刑"吗?

2007年1月5日的英国《金融时报》刊登了约翰·桑希尔的一篇题为《马克思的幽灵又回来了》的文章:"新一轮全球化浪潮会使人回想起马克思生活的时代,这无疑已使人们对马克思之资本主义批判的兴趣重燃。全球化或许正使成百上千万人脱离赤贫,但也造成了相对富有者的惊人差异。根据一份联合国报告最近的估计,全球2%最富有的成年人,拥有全球逾50%的财富,而50%最贫穷的人,仅拥有全球1%的财富。"文末惊呼:"怎么会是这样?没有《资本论》,一个人怎能理解资本?"此文一经发表即吸引了西方世界大众的眼球,而造成文章反响强烈的背后原因,恐怕并不在于其"忤逆",反而来源于某种"共鸣"。

在西方,学术界从20世纪90年代中期开始就再次掀起了一股研究马克思主义的热潮。其中最引人注目的,就是从巴黎、伦敦、柏林到东京、纽约的一系列国际性大型马克思主义学术会议的召开。1995年9月27日至30日,在法国巴黎召开了首次"国际马克思主义大会"。与会者上千人,均是来自世界各地的马克思主义研究者和支持者。此后,国际马克思主义大会在法国每三年召开一次。西方世界的这种马克思主义研究的"复兴",非但没有随着时间的推移而有所减缓,反而呈方兴未艾之势。特别是随着2008年以世界金融危机的爆发,西方世界的马克思主义研究更是被进一步引向深入。

2008年世界金融危机的爆发,成为马克思主义发展的又一个重要历史节点,马克思主义传统及其理论的研究进入新的阶段。金融危机暴露了资本主义难以克服的矛盾和弊端,这与马克思的论断惊人吻合,使得马克思的影响飙升,马克思的著作《资本论》与《共产党宣言》成为热门读物,一度脱销。着眼于信贷危机以来资本主义危机的可能性,资本主义何以幸存这一根本性问题,资本主义对抗性本质新的表现形式,超越资本主义的革命主体的求索,构成2008年金融危机后国外马克思主义思潮的主题。

　　金融危机后十多年间,西方国家经济持续低迷、贫富分化加剧、恐怖袭击频发、难民潮喷涌、民粹主义抬头,资本主义在发展的泥沼中越陷越深。即便在苏东剧变之初宣称"历史终结""阶级问题在西方已经被成功解决"的新保守主义政治学家弗朗西斯·福山,也不得不承认资本主义社会的分裂和工人阶级的生存窘境。资本主义的混乱和失序,促使越来越多的有识之士进行深刻反思,将目光再次投向马克思。2018年,以马克思诞辰200周年为契机,从伦敦到纽约,从巴黎到布鲁塞尔,从德国到澳大利亚,大量以纪念马克思为主题的论坛、研讨会召开,西方知识界掀起了马克思研究和辩论的热潮。

　　2018年年初以来,马克思的名字频繁见诸西方媒体。这其中不乏带有明显意识形态敌意的攻击和诽谤,但也有不少西方媒体逐渐用一种更理性、公正的态度来评价马克思。美国《纽约时报》以"生日快乐,马克思,你是对的!"为标题向这位伟人致意,公开赞扬马克思的批判和质疑精神及其理论对当今世界的帮助。美国知名在线媒体"QUARTZ"刊文认为,资本主义正如马克思所预言的那样发展,马克思的分析和远见一再被证明是正确的。在许多方面,我们生活在马克思预言的世界里。美国《青年时尚》杂志这样评论,"尽管你可能不是马克思主义者、社会主义者或共产主义者,但仍然可以运用马克思的历史和阶级斗争思想更好地理解当前美国的社会与政治问题"。

　　西方政界一些具有左翼倾向的人士也加入捍卫马克思的行列。英国工党领袖科尔宾称赞马克思是一位"伟大的经济学家";工党影子首相约翰·麦克唐纳在演讲中提出,在衡量思想理论的价值时,其与当今时代的契合度是主要考量因素。马克思主义对改变世界作出了贡献,依然适用于不断变化的当今社会。亚尼斯·瓦鲁法斯基是一位希腊经济学家,曾经担任希腊激进左翼联盟政府的财政部长。他为新近再版的《共产党宣言》撰写了一个长篇导言,高度赞扬《共产党宣言》的历史价值和现实意义,认为马克思预见了21世纪掠夺性和两极分化的全球资本主义,给我们指明了未来发展的出路,展示了我们有能力创造的更加美好的世界。

　　2018年2月17日,法国共产党中央机关报《人道报》在巴黎举行马克思主义论坛,讨论马克思主义是否可以为当今社会所面临的失业率长期居高不下、贫富差距日益加剧、生态环境日益恶化等问题的解决带来答案。此次论坛也开启了法国共产党纪念马克思诞辰200周年系列活动的序幕。为期一天的论坛在两个会场同时举办了多个主题讨论会,讨论会的主题包括"马克思主义与生态环境""阶级斗争与社会不平等""马克思与新社会""马克思与法国"等。论坛吸引了数千名听众,他们中有上了年纪的法国共产党成员以及长期参加工会活动的积极分子,也有不少年轻人,无论是失业者还是带薪者,他们都期待马克思主义能给今天的社会问题的解决带来答案。当前,法国的马克思研究者主要是将马克思对资本主义的研究与今天全球化背景下的资本主义进行比较和对照。他们发现马克思的思想并没有过时。至少到目前为止,马克思对资本主义的描述都是正确的。马克思曾认为资本主义在完全充分发展之后,就会在其自身的发展中走向消亡。这一消亡究竟意味着什么,也是现在很多学者所关注的。

参考文献

1. 胡振良:《马克思主义在西方国家的"复活"》,载《世界社会主义研究》2008 年第 7 期。
2. 黄昊:《马克思的影响从未离开——法国再掀马克思主义研究热潮》,载《光明日报》2018 年 5 月 6 日,第 8 版。
3. 于海青:《西方为何再现"马克思热"》,载《人民论坛》2018 年第 24 期。

案例问题思考

1. 根据以上材料,分析西方资本主义世界对马克思主义的研究呈现怎样的发展趋势?
2. 结合材料分析马克思主义为什么还具有旺盛的生命力?
3. 结合材料分析当今时代我们为什么要学习马克思主义?

四、案例问题解析示例

导学案例介绍了西方资本主义国家在当代,尤其是 2008 年金融危机后,无论是理论界还是政界进一步认识到马克思主义理论的科学性及重要价值,并重新掀起了马克思主义理论研究热潮的情形。本案例可以作为本专题的导入案例,帮助同学们理解产生于 19 世纪的马克思主义为什么至今还没有过时,还有着旺盛的生命力;也可以帮助同学们理解马克思主义理论的特征和马克思主义的当代价值。

1. 根据以上材料,分析西方资本主义世界对马克思主义的研究呈现怎样的发展趋势?

根据以上材料,在西方,学术界从20世纪90年代中期开始就再次掀起了一股研究马克思主义的热潮,而且随着资本主义社会的发展,西方世界对马克思主义的研究不断深入。20世纪90年代中期以来对马克思主义的研究最引人注目的,就是从巴黎、伦敦、柏林到东京、纽约的一系列国际性大型马克思主义学术会议的召开。2008年欧美金融危机和债务危机的爆发,构成了马克思主义发展的又一个重要历史节点,这次持久不衰的危机全面激活了马克思主义传统及其理论的研究。此后十年,西方国家经济持续低迷、贫富分化加剧、恐怖袭击频发、难民潮喷涌、民粹主义抬头,资本主义在发展的泥沼中越陷越深。资本主义的混乱和失序,促使越来越多的有识之士进行深刻反思,将目光再次投向马克思。2018年,以马克思诞辰200周年为契机,从伦敦到纽约,从巴黎到布鲁塞尔,从德国到澳大利亚,大量以纪念马克思为主题的论坛、研讨会召开,西方知识界掀起了马克思研究和辩论的热潮。

2. 结合材料分析马克思主义为什么还具有旺盛的生命力?

马克思主义是由马克思和恩格斯创立并为后继者不断发展的科学理论体系,是关于自然、社会和人类思维发展一般规律的学说,是关于社会主义必然代替资本主义、最终实现共产主义的学说,是关于无产阶级解放、全人类解放和每个人自由而全面发展的学说,是指引人民创造美好生活的行动指南。马克思主义在当今世界不但没有过时,而且日益焕发出旺盛的生命力,这一方面与马克思主义理论本身的特征是分不开的,另一方面马克思主义理论至今还具有旺盛生命力的重要原因在于,马克思主义产生、发展的历史因素依然存在,没有消失,所以马克思主义也不会消失。

一方面,马克思主义具有鲜明的科学性、人民性、实践性和发展性。马克思主义以事实为依据、以规律为对象,并以实践为检验标准,在社会实践和科学发展的基础上产生,并在自身发展过程中不断总结实践经验,吸取自然科学和社会科学发展的最新成就,其科学性集中体现在马克思主义具有科学的世界观和方法论基础,即辩证唯物主义和历史唯物主义。资本主义不断爆发的经济危机暴露了资本主义难以克服的矛盾和弊端,这与马克思的论断惊人吻合,充分证明了马克思主义的科学性。马克思主义认为人民群众是历史的创造者,人民至上是马克思主义的政治立场,这也是马克思主义得到广大人民群众拥护,群众自觉运用马克思主义指导自己实践并在实践中不断发展马克思主义的重要原因。马克思主义的实践性在于,马克思主义是从实践中来,到实践中去,在实践中接受检验,并随实践而不断发展的学说,是直接服务于无产阶级和人民群众改造世界的实践活动的科学理论。案例材料中,西方之所以掀起马克思主义理论研究热潮,其重要原因就是马克思主义理论可以用于分析和解决资本主义社会发展中的矛盾和问题。马克思主义的实践性决定了马克思主义要随着实践的发展而发展,马克思主义是不断发展的学说,其理论体系是开放的,具有与时俱进的理论品质,会随着时代、实践和科学的发展而不断发展。马克思主义科学理论在指导无产阶级和人民群众进行伟大社会革命的过程中,其人民性、实践性和发展性集中地体现为革命性。马克思主义的鲜明特征如果用一句话来概括就是科学性和革命性的统一。革命性是马克思主义的人民性、实践性和发展性的应有之义和必然要求。

另一方面,马克思主义产生和发展的历史因素仍然存在,没有消失,所以马克思主义也不会消失。马克思主义的使命是揭示资本主义的发展规律,实现无产阶级和人类的最后解放,所以资本主义的存在和发展就是马克思主义产生发展的基础,只要资本主义存在,资本主义生产关系和生产力的矛盾就不会消失,马克思主义就不会过时。当前资本主义矛盾的发展恰恰成为马克思主义复兴的原因。20世纪西方资本主义国家为克服经济滞胀所采取的新自由主义政策导致贫富差距进一步扩大,社会不稳定因素增加,并最终引发涉及全球的金融危机,经济停滞、失业增加、民粹主义抬头等问题也随之出现,资本主义在发展的泥淖中越陷越深。正因为如此,即便在苏东剧变之初宣称"历史终结""阶级问题在西方已经被成功解决"的新保守主义政治学家弗朗西斯·福山,也不得不承认资本主义社会的分裂和工人阶级的生存窘境。

总之,马克思主义是以实践为基础的、科学的、发展的、代表广大人民利益的理论,是建立在"现实基础之上"并随着时代的发展而发展的理论。"流水不腐,户枢不蠹",发展着的理论永远不会过时。正如法国著名的哲学家萨特所说,马克思主义的生命力没有枯竭,依然年轻。

3. 结合材料分析当今时代我们为什么要学习马克思主义?

马克思主义是科学的世界观和方法论,是观察当代世界变化的认识工具,是引领人类社会发展的科学真理,是指引当代中国发展的行动指南。

（1）马克思主义是观察当代世界变化的认识工具。辩证唯物主义和历史唯物主义是科学的世界观和方法论，是我们认识事物以及观察当代世界变化的认识工具。唯物辩证法以运动变化发展的方法观察事物，从中发现其运行和演化的趋势和方向，同样地，以运动变化发展的方法看待社会发展，能够透过现象看本质，从扑朔迷离的复杂现象中把握问题的实质，从众多支流中找到主流，从局部的变幻中把握住总体和大局。当今世界风云变幻，世界格局正处于加速演变的进程之中，产生了大量深刻复杂的现实问题，要把握和澄清这些问题，就必须学会马克思主义观察和分析问题的方法原则。

（2）马克思主义是指引当代中国发展的行动指南。中国共产党在马克思主义指导下，带领中国人民取得了革命、建设、改革的伟大胜利，中国人民实现了从站起来、富起来到强起来的伟大转变，对马克思主义的信仰是中国革命、建设、改革的强大精神动力。正是在马克思主义的指导下，中国共产党领导全国各族人民持续走向繁荣富强，我国综合国力和人民生活水平大幅提升。马克思主义指导实践的力量已经得到了充分的证明，并将继续指引我们走向更加光明的未来。

（3）马克思主义是引领人类社会进步的科学真理。人类历史发展到今天，与马克思所处的时代相比已经发生了巨大而深刻的变化，但从人类历史发展的大视野来看，世界仍然处于马克思主义所指明的从资本主义走向社会主义的大时代。马克思主义所揭示的资本主义基本矛盾仍然存在，而且在近年来西方的金融危机和社会危机中呈现出某种激化的趋势。联系当代资本主义的变化和社会主义的发展，透过纷繁复杂的社会现象，我们看到：马克思主义所揭示的人类社会发展规律，所揭示的社会主义代替资本主义的历史趋势，依然具有强大的生命力。马克思主义仍然是当今时代的真理。人类的未来仍然需要马克思主义的启迪和指引。马克思主义致力于探寻人类社会的奥秘，揭示人类历史的规律，指明人类前进的方向，它的基本结论和方法中所蕴含的历史洞见和历史智慧，所展现的真理魅力和真理光芒，对于人类走向未来具有不可缺少的启示和引领价值。

五、本专题小结

本专题主要介绍了什么是马克思主义，马克思主义的产生和发展，马克思主义的鲜明特征，马克思主义的当代价值及学习马克思主义的态度与方法。

马克思主义是由马克思和恩格斯创立并为后继者所不断发展的科学理论体系，是关于自然、社会和人类思维发展一般规律的学说，是关于社会主义必然代替资本主义、最终实现共产主义的学说，是关于无产阶级解放、全人类解放和每个人自由而全面发展的学说，是指引人民创造美好生活的行动指南。马克思主义是一个博大精深的理论体系。马克思主义哲学、马克思主义政治经济学和科学社会主义是其三个基本组成部分，它们有机统一并共同构成了马克思主义理论的主体内容。此外，马克思主义还包含着其他许多知识领域，如历史学、政治学、法学、文化学、新闻学、军事学等，并随着实践和科学的发展而不断丰富自身的内容。马克思主义基本原理是对马克思主义立场、观点、方法的集中概括，是马克思主义在其形成、发展和运用过程中经过实践反复检验而确立起来的具有普遍真理性的理论。

马克思主义产生于19世纪40年代，创始人是马克思和恩格斯。马克思主义的产生具有深刻的社会根源、阶级基础和思想渊源。19世纪上半期，资本主义生产方式有了相当的发展，但社会出现了两极分化，周期性经济危机频繁爆发，这使马克思和恩格斯对资本主义社会的基本矛盾有了充分的认识；无产阶级在反抗资产阶级剥削和压迫的斗争中，逐步走向自觉，并迫切渴望科学的理论指导；19世纪西欧三大先进思潮——德国古典哲学、英国古典政治经济学、英法两国的空想社会主义为马克思主义的创立提供了直接的理论来源；19世纪的三大科学发现，即细胞学说、能量守恒与转化定律、生物进化论，为马克思主义的产生提供了自然科学前提。1848年2月，《共产党宣言》发表，标志着马克思主义的诞生。

马克思主义产生后又被后继者所发展，产生了列宁主义、毛泽东思想、邓小平理论、"三个代表"重要思想、科学发展观、习近平新时代中国特色社会主义思想等重要理论成果，并且随着实践的发展，马克思主义还会继续得到丰富和发展。

马克思主义具有鲜明的科学性、人民性、实践性和发展性。马克思主义是在社会实践和科学发展的基础上产生的，并在自身发展过程中不断总结实践经验，吸取自然科学和社会科学发展的最新成就，辩证唯物主义和历史唯物主义是马克思主义科学性的重要体现；马克思主义政党把人民放在心中最高位置，一切奋斗都致力于实现最广大人民的根本利益；马克思主义的实践性体现在其是从实践中来，到实践中去，在实践中接受检验，并随实践而不断发展的学说，是直接服务于无产阶级和人民群众改造世界的实践活动的科学理论;马克思主义是时代的产物,并随着时代、实践和科学的发展而不断发展。马克思主义科学理论在指导无产阶级和人民群众进行伟大社会革命的过程中,其人民性、实践性和发展性集中地体现为革命性。马克思主义的鲜明特征如果用一句话概括就是科学性和革命性的统一。

马克思主义的当代价值在于,马克思主义是观察当代世界变化的认识工具,引领人类社会发展的科学真理,指引当代中国发展的行动指南。这也是我们学习马克思主义的重要原因。

大学生在学习马克思主义的过程中,要有正确的态度和科学的方法:第一,努力学习和掌握马克思主义的基本立场、观点、方法;第二,坚持理论联系实际的马克思主义学风;第三,自觉将马克思主义内化于心、外化于行。

六、延伸阅读

1. 马克思、恩格斯:《共产党宣言》,《马克思恩格斯选集》(第1卷),人民出版社2012年版。

2. 恩格斯:《在马克思墓前的讲话》,《马克思恩格斯文集》(第3卷),人民出版社2009年版。

3. 列宁:《马克思主义的三个来源和三个组成部分》,《列宁全集》(第23卷),人民出版社1990年版。

4. 恩格斯:《反杜林论》,《马克思恩格斯文集》(第9卷),人民出版社2009年版。

5. 特里·伊格尔顿:《马克思为什么是对的》,李杨、任文科、郑义译,新星出版社2014年版。

七、考核案例

2011年9月17日,上千名示威者聚集在美国纽约曼哈顿,试图占领华尔街。组织者称,他们的意图是要反对美国政治的权钱交易、两党政争以及社会不公正。此次示威活动由非营利杂志《广告克星》(Adbusters)于2011年7月发起倡议,并被命名为"占领华尔街",意在表达对金融制度偏袒权贵和富人的不满,声讨引发金融海啸的罪魁祸首。该活动网站称:"我们共同的特点是占总人口99%的普罗大众,对于仅占总数1%的人的贪婪和腐败,我们再也无法忍受。"

2011年10月6日,持续三周的"占领华尔街"抗议运动蔓延至首都华盛顿,演变成一场规模较大的"占领华盛顿"运动,这是自纽约爆发"占领"运动以来美国首都首场大规模抗议示威运动。来自全美各地的示威者聚集在位于白宫与国会之间的自由广场,宣告"占领华盛顿",他们高举标语,谴责大企业利用金钱影响政治,要求政府将更多的资源投入保障民生的项目中去,而不是补贴大企业或在海外发动战争。

2011年10月8日,占领运动已逐渐成为席卷全美的群众性社会运动。美国活动家报告称,纽约华尔街的反腐败抗议游行活动已经蔓延至美国847个城市。10月10日,美国纽约市组织了盛大的游行活动庆祝一年一度的"哥伦布日",游行从上午11时30分开始,至下午3时30分结束,数万人参加了游行,观众多达数十万人。在波士顿、亚特兰大、丹佛、芝加哥、洛杉矶、旧金山和匹兹堡金融区,都出现"占领华尔街"运动的模仿者。即使在爱达荷州博伊西,一个人口只有20.5万人的小城市,也于5日举行示威活动。同时,活动组织者开始在美国以外的国家的重要城市,包括捷克布拉格、德国法兰克福、加拿大多伦多、澳大利亚墨尔本、日本东京和爱尔兰科克,组织支持活动。亚洲的日本、韩国等地也都分别举行了各自规模不同的"占领活动"。10月15日,"占领华尔街"示威游行已经蔓延到了包括悉尼和多伦多在内的全球1500个城市。

占领运动遭到了警察镇压。10月1日,纽约大批民众涌上该市布鲁克林大桥进行示威,指责"企业贪婪、全球变暖以及社会不公",并与警方展开对峙。媒体称,至少700人在示威活动中被纽约警察逮捕,其中大多数示威者是警方认为其扰乱社会治安而被捕的。美国奥克兰警方于10月25日向示威人群使用警棍清场,事件演变为流血冲突。当地时间2011年11月15日凌晨,美国纽约警方展开突击行动,对"占领华尔街"运动的大本营曼哈顿祖科蒂公园进行彻底清场,这是近两个月来"占领华尔街"运动抗议者首次被强制驱逐。在清场过程中,约200名抗议者被警方逮捕。

"占领华尔街"的抗议者主要来自中下阶层民众,其中很多人都没有工作。他们不仅抗议就业问题,而且抗议社会的不公。21岁的美国失业青年路易莎说,她失学是因为上学必须支付高昂的贷款利息,而又不得不在吃饭和看牙医中间作出选择。许多人都是出于类似原因来华尔街"安营扎寨"的。面对住房、医疗和教育价格飞涨,一方面政府对银行进行大量救助,另一方面成千上万的人却遭到辞退或停发工资,抗议者的不满显而易见。抗议者中不乏大学教授、工程师甚至交易所的前交易员,大多是白人和中产阶级。许多美国人显然认为社会发展方向出现了根本性错误,质疑经济体制不再平等地把果实分给社会各阶层。

许多美国民众认为,政府的救援让华尔街并未因自身的贪婪而受到惩罚。自华尔街因自身不负责任的行为酿成国际金融危机以来,美国社会对华尔街的非议和责难就从未平息。如今,华尔街已恢复元气,却未能和普通民众共度时艰,反而热衷于内部分红,这使得积蓄已久的民怨最终爆发。"占领华尔街"的导火索正是华尔街大银行要向消费者收取更高的账户费用,从而转嫁金融监管改革法给银行带来的成本负担。

受内外因素的影响,美国经济持续疲软,失业率仍维持在 9% 以上,贫困人口大量增加。美国人口普查局发布的报告显示,2010 年美国贫困率为 15.1%,贫困人口达到 4620 万人。2008 年国际金融危机爆发后,美国贫困人口比例不断上升:2008 年 13.2%,2009 年 14.3%,2010 年 15.1%。与此同时,社会财富向以华尔街为代表的少数富有的美国人高度集中。有数据显示,最富有的 5% 的美国人拥有全国 72% 的财富。贫富差距进一步拉大,必然导致社会矛盾加深。

在华盛顿、洛杉矶、旧金山和丹佛等 50 多个大城市,示威者高举的标语牌五花八门,诉求的内容多种多样,示威口号主要包括"抗议美国政客只关心公司利益""谴责金融巨头利用金钱收买政治""呼吁重新夺回对美国政经决策的影响力"等。一些示威者帽子上插着标签,上面写着"99%",意指美国一份调查表明,99% 的老百姓与 1% 的富豪之间贫富分化加剧,这些示威者意在提醒人们注意美国财富分配的不公。

对"占领华尔街"示威者的抗议,奥巴马政府作出了"予以理解"加"推卸责任"的回应。奥巴马 10 月 6 日承认,美国民众经历了"大萧条"以来最严重的金融危机,全国各地、各行业都遭受了重大损失,以"占领华尔街"为代表的抗议运动正反映了美国民众对金融行业的不满情绪。奥巴马称,对抗议者的初衷表示理解,将敦促国会尽快通过促进就业法案,对富人增税。他还表示,共和党议员一直阻挠他推动金融监管改革法案,共和党总统参选人甚至表示要废除该法案,他将继续为推进金融改革而战。但也有人批评奥巴马诉诸民粹主义,其实只是为了给自己即将到来的总统选举拉票。相比以奥巴马为首的民主党,共和党的态度显得有些强硬。据中国新闻网综合报道,美国参议院共和党领袖埃里克-坎托在总统奥巴马称"占领华尔街"运动显示民众对美国金融行业存在广泛不满的一天之后谴责"占领华尔街"的示威者为"暴徒"。共和党总统候选人米特·罗姆尼和赫曼·凯恩对"反华尔街的抗议"均持批判态度,共和党总统竞选人之一罗姆尼认为这一运动"很危险",是"阶级斗争",另一位共和党总统竞选人凯恩则说:"别抱怨华尔街,别抱怨大银行。如果你没有工作,你不富有,只能怪你自己。"纽约市市长布隆伯格在10月7日的每周电台讲话中也猛烈抨击"占领华尔街"示威者,他称示威者"占领华尔街"的诉求是不现实的,示威本身没有建设性,对纽约经济有害。布隆伯格还表示,示威者赶走金融企业,最后的结果只能是让纽约失去更多的工作机会。

案例问题思考

1. 根据案例材料,参加"占领运动"的民众有哪些?他们为什么要发起和参加"占领运动"?他们的诉求是什么?

2. 试结合材料分析理解为什么马克思主义没有过时?

3. 试结合材料理解为什么马克思主义仍然是观察当代世界的认识工具?

专题二　世界的物质统一性

一、主要内容、重难点问题

1. 主要内容

物质及其存在形态

物质与意识的辩证关系

从实践出发理解人类社会的物质性

世界的物质统一性

2. 重难点问题

重点:物质及其存在形态;意识的本质;物质与意识的辩证关系;从实践出发理解人类社会的物质性

难点:意识的本质及能动性;从实践出发理解人类社会的物质性

二、学习目标

通过学习本专题,掌握物质内涵及其存在形态、意识的本质,以及物质与意识的辩证关系,尤其是以科学的实践观理解人类社会的物质性,从而理解马克思主义关于世界物质统一性的观点,真正树立马克思主义物质观。

导入问题:

1. 世界是神创造的吗?为什么?

2. 习近平曾多次强调,幸福是"奋斗"出来的,请谈谈"奋斗幸福观"中蕴含的哲学原理?

三、导学案例及问题思考

"神舟"游霄汉,其意在人间

1. 圆梦飞天路

我国载人航天事业起步于20世纪50年代。1956年3月14日,周恩来总理亲自主持召开中央军委会议,决定按照钱学森的建议,组建我国第一个火箭、导弹研究机构。1956年10月8日,国防部第五研究院宣告成立,新中国导弹和航天事业也由此揭开了崭新的一页。

20世纪80年代以来,许多国家都把发展高技术列为国家发展战略的重要组成部分,不惜进行巨额投资,组织大量的人力与物力。我国的经济和社会发展迫切需要高技术的突破和应用,但我国是一个发展中国家,从国情出发,我国在较长时期内,还没有条件投入大量的人力、物力、财力,大规模地发展高技术。为此,我国制订了"国家高技术研究发展计划"(简称"863计划"),从世界高技术发展趋势和中国的需要与实际可能出发,坚持"有限目标、突出重点"的方针,选择包括航天技术在内的7个领域作为我国高技术研究与开发的重点,组织一部分精干的科技力量,希望通过15年的努力,作出重大突破。

进入20世纪90年代后,中国航天科技水平已是今非昔比。1992年9月21日,江泽民总书记主持召开中共中央政治局常委会议,作出了实施中国载人航天工程的战略决策。在这次会议上,江泽民总书记明确指出,要下决心搞载人航天。中国载人航天由此又掀开了崭新的一页。

1999年11月20日,在酒泉卫星发射中心新建成的载人航天工程发射工位,由航天科技集团抓总研制的长征二号F运载火箭首次飞天,将同样由航天科技集团抓总研制的中国第一艘试验飞船神舟一号精准送入预定轨道。环绕地球飞行14圈、完成各项试验后,神舟一号返回舱于21日3时41分在内蒙古自治区主着陆场成功着陆,中国载人航天工程首次飞行试验取得圆满成功。这标志着我国航天事业的发展跨上了一个新的台阶。

在恶劣的太空环境中,神舟飞船就是航天员的"安全之舟"。飞船研制团队要实现"上得去""待得住""下得来",必须攻克多达18个重大技术难关,破解成百上千个技术难题。载人飞船13个分系统、600多台设备、50多万个软件程序、300多根电缆、8万多个接点,还有300多个协作单位,一个都不能出现问题,其难度之高,可以想象。神舟飞船达到8吨级,创造了当时我国航天器重量的新纪录。长征二号F运载火箭不仅要把这么重的飞船送上天,还要确保航天员的安全,其可靠性高达0.97,安全性高达0.997。研制团队采用了55项新技术,解决了一系列技术难题。其中,故障检测处理系统、逃逸系统、全冗余控制系统、"三垂"模式、远距离测试、发射和控制技术、先进的活动发射平台等10项关键技术被认为达到了当时的国际先进水平。载人航天工程第一阶段除载人飞船系统、运载火箭系统外,还包括航天员系统、空间应用系统、陆地发射系统、测控通信系统和返回着陆系统等。放眼全国,载人航天工程除涉及110多个直接研制单位,还涉及3000多个协作单位,共数十万人参与其中,带动众多学科领域齐头并进。

除了航天科技工作者的努力之外,航天事业还需要大量相关附属产业的支持与配合,神舟的成功发射,也离不开众多参与企业的奉献与功劳。酒泉卫星发射指挥中心指挥大楼采用了海林温湿度传感器、电动调节阀、压差开关、风门执行器、水管温度传感器及中央监控系统,同时,发射塔、火箭组装车间也应用了海林控制箱和电动调节阀;天津灯塔涂料有限公司作为中国航空航天指定配套企业,近年来继成功为长征系列运载火箭,神舟五号、六号、七号、八号、九号载人飞船和嫦娥一号、二号提供特种专用涂料后,又为神舟十号披嫁衣;中山的太力集团为神舟十号生产了1000多件密封收纳装置,这也是继神舟九号之后,该集团研制的这一产品再次在航天飞船上使用;神舟十号关键部件复合材料采用了天津工业大学复合材料研究所研制的高技术含量的特种纺织增强材料;神舟十号航天鞋靴任务由际华集团承接;神舟十号航天员的内衣则为铜牛集团量身定做的;在系列火箭、载人飞船上所用的继电器、连接器、特种开关等元器件中,"桂林制造"元器件已经占到80%—90%,并在神舟系列地面雷达站中承担主要轨迹跟踪、测量和通信等工作,所占比重达到了地面雷达站同类设备的60%—70%;中国联通完成神舟十号载人飞船发射重要通信保障。在天宫一号与神舟十号载人飞行任务中,长治清华机械厂、太重集团、中北大学、新华化工有限公司、太原航空仪表有限公司、中国辐射防护研究院、太原钢铁集团有限公司、澳瑞特健康产业股份有限公司等参与了研制配套任务。这几家企业提供的配套产品包括神舟十号飞船运载火箭发射任务活动发射平台,飞行数据记录器(俗称"黑匣子"),发射塔架及吊装设备,系列除臭罐、压力调节器、舱压表、供气调节器、排气调节器等压力调控系统,航天员个人剂量仪,双相不锈钢、奥氏体不锈钢、电磁纯铁、高强度合金钢板,太空健身车,目标标志器中的高均匀性、高透过率、高分辨率光学纤维面板等。

在航天科技工作者的奋力拼搏下,在全国各行各业的支持配合下,我国航天事业不断取得突破。

继神舟一号发射成功后,2001年1月无人飞船神舟二号发射成功,飞行时间6天18小时22分;2002年3月和12月模拟载人飞船神舟三号和神舟四号相继发射成功;2003年10月15日,第一艘载人飞船神舟五号从酒泉起航,杨利伟成为中国"飞天第一人"。2012年神舟九号发射成功,天宫一号与神舟九号实现自动交会对接将为中国航天史掀开极具突破性的一章。这是中国实施的首次载人空间交会对接。2013年6月11日17时38分,中国第十艘太空飞船,也是中国第五艘载人飞船,与天宫一号交会对接成功,标志着中国已经基本掌握了航天器交会对接技术,将为后续的天宫二号即第二代空间实验室的建设打下坚实的基础。2016年10月17日,中国第十一艘太空飞船,也是中国第六艘载人飞船,与天宫二号交会成功,深入验证了交会对接技术。此次宇航员要在太空中进行驻留实验,驻留时间将首次达30天。2017年4月20日,中国首艘货运飞船天舟一号发射成功,与天宫二号实现交会对接,全方位验证了空间站建造运营的相关技术,中国航天正在迈进"空间站时代"。

从当年的神舟一号,到后来的神舟十一号,以及未来更多神舟系列飞船,都证明一个事实,中国已成为世界航天工业大国。

2. "神舟"飞天何所求?

在空间环境中可以探索一些在地面上难以弄清的物理现象,此外,空间提供了微重力、高真空、超洁净以及无容器环境,为新材料研究与开发提供了无与伦比的条件,利用在空间所进行的材料加工研究的结果指导地面材料加工工艺是现阶段开展空间材料研究的主要目的。中国航天科技集团提供的一份数据表明,我国近年来的1000多种新材料中,80%是在空间技术的牵引下研制完成的;有近2000项空间技术成果已经移植到国民经济各个部门;3000多家民用企业参与了载人航天器的研究、生产,涉及电子行业、元器件、原材料、飞船材料等很多方面。中国自1975年以来,已成功发射了23颗返回式卫星,卫星在完成主任务的同时,进行了多项卫星搭载实验,在空间材料科学方面取得了多项令人鼓舞的成果。通过转移这些高技术成果,可产生新的高技术生长点并带动相关高新技术产业的发展。从欧美航天产业发展历程来看,航天产业的直接投入产出比约为1:2,但是对相关产业带动比高达1:7至1:14。

作为一个要解决14亿人口吃饭问题的农业大国,我国从1987年开始用返回式卫星搭载植物种子,并回收种子在地面进行种植、观察、选择和多代培育。在利用空间特殊环境诱导植物性状变异,以培育性状优良的新品种及研发新的种子资源等方面取得了可喜的成果,开拓了"空间诱变育种"这一新领域。例如,在卫星或高空气球上搭载300公斤至400公斤农作物种子,返地后经过种植优选,可推广到1亿亩的土地上种植。按每亩地可增产10%的保守算法,每年可增产粮食40亿公斤。尤其近些年,我国空气污染形势严峻,航天科技向雾霾宣战。中国空间技术研究院五一四研究所的专家利用空间静电除尘技术,自主研发出我国首台太空科技静电式空气净化器——天净一号,实现对室内PM2.5、臭氧、甲醛、有害菌等空气污染物的综合治理,还我们一个至纯至净的绿色家园。

中国航天早已不只是"高大上"的代表。人民的需要和呼唤是科技进步和创新的时代声音。据统计,目前我国已有2000多项航天技术成果惠及国民经济、百姓生活。从载人航天、"嫦娥探月"到老百姓的衣食住行,航天技术民用转化引领全民走进航天健康新时代。航天技术与人类生活完美结合,航天创造美好生活。100年前的人们很难想象我们今天的生活,当前处于科学高速发展时代,想要预测100年后人类的生活就更为困难。但是,可以想象的是,太空将是人类未来的家园。我们有理由相信,航天技术能为我们创造一个绿色、健康、智能化的太空家园。

案例问题思考

1. 试结合材料分析理解马克思主义物质观。

2. 人类社会实践离不开意识能动性的发挥,试结合材料理解意识的能动性。

3. 神舟飞船要想成功发射,需要达到各种技术参数,试结合材料理解客观规律性与主观能动性的关系,以及如何发挥人的主观能动性。

4. 作为人类社会的存在方式,实践不同于动物的本能活动,试结合材料分析理解实践的基本特征。

5. 实践主体与客体在实践中相互作用,即主体客体化与客体主体化是双向运动过程,试结合材料分析理解。

6. 实践有不同的形式,试结合材料分析理解实践的基本形式及其相互关系。

7. 试结合材料分析理解"人类社会生活本质上是实践的"。

8. 试结合材料理解"人类社会统一于物质"。

9. 实践是使自然界分化为自然与人类社会的前提,又是使人与自然统一起来的基础,试结合材料谈谈如何在实践的基础上实现人与自然的统一。

四、案例问题解析示例

导学案例简单介绍了我国航天事业发展的历程,航天发射的实践活动,以及航天发射的意义,通过航天发射领域的实践活动帮助同学们理解本专题抽象的概念和原理。

1. 试结合材料分析理解马克思主义物质观。

马克思主义物质观认为,物质决定意识,意识对物质具有能动的反作用。所谓物质,就是不依赖于人类的意识而存在,并能为人类的意识所反映的客观存在;意识是人脑的机能和属性,是客观世界的主观映象,是自然界长期发展的产物,是社会历史发展的产物。意识在内容上是客观的,在形式上是主观的,是客观内容和主观形式的统一。

马克思主义认为物质最本质的特性是客观实在性,这就指明了物质具有独立性、根源性,以及意识具有依赖性、派生性。从案例材料看,太空作为一种客观存在先于人类而存在,发射神舟飞船是人类为了接近太空、认识太空,通过在太空中的各种实验活动来形成对太空的认识,这种认识便是人脑关于太空的主观反映,这充分说明了先有客观存在,再有客观存在在人脑中的反映——意识,即物质具有根源性,意识是派生的,是客观世界在人脑中的反映,而且是能动的、非机械的反映。

马克思主义物质观坚持能动的反映论和可知论,认为物质世界是可以被认识的。由于科学技术条件的限制,目前世界上还有很多事物未被人类认识,但这并不意味着它们不可被认识,随着实践和科学的发展,人们对未知世界的认识将会不断扩展和深化。在案例材料中,随着神舟飞船不断地升级改进,我们认识太空的技术手段也越来越先进,对太空的探索也不断深入,我们对太空的认识也越来越多,这充分说明物质世界是可以被认识的。

2. 人类社会实践离不开意识能动性的发挥,试结合材料理解意识的能动性。

物质决定意识,意识对物质具有反作用,这种反作用就是意识的能动作用。意识的能动作用主要表现在以下几个方面。

第一,意识活动具有目的性和计划性。人在认识客观世界、尊重客观规律的同时,还要根据一定的目的和要求去确定反映什么、不反映什么,以及怎样反映,从而表现出主体的选择性。人的整个实践过程,就是围绕意识活动所构建的目标和蓝图来进行的。如案例中根据社会发展的需要,我国先后提出"863 计划"、"中国载人航天工程"(921 工程)等在人力、物力、财力有限的条件下发展航天等领域,后来我们又决定研制载人飞船来认识太空。

第二,意识活动具有创造性。人的意识不仅采取感觉、知觉、表象等形式,反映事物的外部现象,而且运用概念、判断、推理等形式,对感性材料进行加工制作和选择建构,在思维中构造一个现实中所没有的理想世界。如我们在制造出神舟飞船之前得先设计出飞船的蓝图。

第三,意识具有指导实践改造客观世界的作用。意识的能动作用不限于从实践中形成一定的思想,形成活动的目的、计划、方法等观念的东西,更重要的在于以这些观念的东西为指导,通过实践使之一步步地变为客观现实。改变世界或创造世界不仅意味着强化客观世界的变化过程,而且意味着创造出世界上原来所没有的东西,即没有人的参与永远也不可能出现的东西。案例中神舟飞船正是在航天等自然科学、管理科学等的指导下研制并发射成功的。

第四,意识具有调控人的行为和生理活动的作用。现代科学和医学实验证明:意识、心理因素能够对人的行为选择和健康状况产生重要影响。在神舟飞船研发和制造的过程中需要克服许多难关,需要许多科技工作者以及相关人员的对航天事业的热爱、对工作的严谨认真和顽强的意志力等意识和心理因素，这些都属于意识的主观能动性。

3. 神舟飞船要想成功发射，需要达到各种技术参数，试结合材料理解客观规律性与主观能动性的关系，以及如何发挥人的主观能动性。

　　正确认识和把握物质与意识的辩证关系，还需要处理好主观能动性和客观规律性的关系。一方面，尊重客观规律是正确发挥主观能动性的前提。人们只有在认识和掌握客观规律的基础上，才能正确地认识世界，有效地改造世界。人创造历史，但不能随心所欲地创造。只有遵循历史的规律和进程，把握时代的脉搏和契机，人才能真正成为历史的主人。另一方面，只有充分发挥主观能动性，才能正确认识和利用客观规律。承认规律的客观性，并不是说人在规律面前无能为力、无所作为。人能够通过自觉活动认识规律，并按照客观规律改造世界，以满足自身的需要。因此，尊重事物发展的客观规律性与发挥人的主观能动性是辩证统一的，实践是客观规律性与主观能动性统一的基础。比如案例中，航天事业是人类的一种实践活动，在不断探索宇宙客观规律的同时，利用太空的一些条件发挥人类的主观能动性，比如孕育种子、净化空气等，发现更多的客观规律和为人类更好地服务，二者是统一的，相辅相成的。

　　正确发挥人的主观能动性，有以下三个方面的前提和条件：第一，从实际出发是正确发挥人的主观能动性的前提。只有从实际出发、充分反映客观规律的认识，才是正确的认识；只有以正确的认识为指导，才能形成正确的行动。如案例中我们正是从实际出发制订"863计划"。第二，实践是正确发挥人的主观能动性的基本途径。正确的认识要变为现实的物质力量，只能通过物质的活动——实践才能达到。如案例中我们认识太空就是通过实践实现的。第三，正确发挥人的主观能动性，还需要依赖一定的物质条件和物质手段。"巧妇难为无米之炊"，没有现实的原材料，人的意识再"巧"也创造不出任何物质的东西来。如案例中我们就是通过发射神舟飞船和建设空间站来认识太空的。

4. 作为人类社会的存在方式，实践不同于动物的本能活动，试结合材料分析理解实践的基本特征。

　　实践是人类能动地改造世界的社会性的物质活动，具有直接现实性、自觉能动性和社会历史性三个基本特征。

一是实践具有直接现实性。实践是改造世界的客观物质活动,它不是纯粹的精神活动,本质上是以感性事物为对象的现实的物质活动,也就是实践活动的客观现实性。如案例中实践的主体遵循一定的客观规律,在一定的客观条件下,运用特定的工具改变了各种材料的状态,生产出能够发射飞船的火箭和飞向天空的飞船,以及神舟飞船发射活动都是可感知的对象性活动,具有直接现实性。

二是实践具有自觉能动性。实践的自觉能动性主要体现在实践是具有目的性、计划性的活动,而非动物式的本能的、被动的适应性活动。目的性是能动性的主要表现。我国的航天事业始于20世纪50年代,是"863计划""921工程"的重要内容,目的是在高技术方面有所突破以促进经济社会的发展,这些都体现了实践活动的自觉能动性。另外,从案例中可知,飞船研制发射是一个庞大的系统工程,人们的研发、生产、组织协调到成功发射等都离不开实践主体的主观能动性的发挥。

三是实践具有社会历史性。实践是社会性的、历史性的活动。实践活动的主体总是处于一定的社会关系中,任何人的活动都离不开与社会的联系。如在飞船的研制过程中,不仅涉及110多个直接研制单位,还涉及3000多个协作单位,共数十万人参与其中;除了航天科技工作者的努力之外,航天事业还需要大量附属相关产业的支持与配合,神舟十号的成功发射,也离不开众多参与企业的奉献与功劳,是各参与企业"合奏"的结果。实践活动的社会性决定了它的历史性。实践的内容、性质、范围、水平以及方式都受一定社会历史条件的制约,神舟飞船每次发射都受到当时航天技术水平及当时是否具备所需要的生产飞船的材料等历史条件的制约,如果当时不具备飞船生产所需要的航天技术及各种材料和部件,飞船上天则会变成空想;神舟飞船系列的不断发展进步也充分体现了航天实践活动随着社会的发展而发展的过程,也充分体现了实践活动的历史性。

5. 实践主体与客体在实践中相互作用,即主体客体化与客体主体化是双向运动过程,试结合材料分析理解。

人的实践活动是以改造客观世界为目的的客观过程,是主体与客体相互作用的过程,这种相互作用必须借助一定的手段和工具,即实践的中介。主体、客体和中介是实践活动的三项基本要素,三者的有机统一构成实践的基本结构。在实践活动中,实践主体是指具有一定的主体能力、从事现实社会实践活动的人,是实践活动中自主性和能动性的因素,担负着设定实践目的、操作实践中介、改造实践客体的任务。实践客体是指实践活动所指向的对象。实践中介是指各种形式的工具、手段以及运用、操作这些工具、手段的程序和方法。

实践的主体、客体和中介是不断变化发展的,因而实践的基本结构也是历史地变化发展的,这种变化主要表现为主体客体化与客体主体化的双向运动。主体客体化,是人通过实践使自己的本质力量作用于客体,使其按照主体的需要发生结构和功能上的变化,形成了世界上本来不存在的对象物。它是人的体力和智力的物化体现,是主体的本质力量通过实践活动积淀、凝聚和物化在客体中。实际上,人类一切实践活动的结果都是主体客体化的结果。如案例材料中,神舟飞船就是人类改变了自然界中相关材料的存在形式,使其成为神舟飞船这种自然界中并不存在的事物,凝聚了航天科技工作者以及相关生产者的本质力量物化而成,而神舟飞船也是人类的本质力量的体现。在主体客体化的同时,还发生着客体主体化的运动。客体主体化,是客体从客观对象的存在形式转化为主体生命结构的因素或主体本质力量的因素,客体失去客体性的形式,变成主体的一部分。例如,主体把神舟飞船作为自己身体器官的延长使其成为构成主体本质力量的因素,从而使主体能够到达太空去认识太空。在飞船的制造过程中把相关的科学知识以及管理知识等精神性客体作为主体的意识转化为人的本质力量体现在实践活动中,都属于客体主体化的表现。

6. 实践有不同的形式,试结合材料分析理解实践的基本形式及其相互关系。

随着人与世界关系的发展,特别是随着社会分工的细化,人类实践的具体形式日益多样化,实践可分为三种基本类型:一是物质生产实践,二是社会政治实践,三是科学文化实践。

一是物质生产实践。物质生产实践是人类最基本的实践活动,它解决人与自然的矛盾,满足人们对物质生活资料和生产劳动资料的需要,同时生产和再生产社会的基本经济关系,由此决定社会的基本性质和面貌。二是社会政治实践。社会政治实践是形成各种社会关系的实践活动,表现为人们之间的社会交往和政治活动。人们在物质生产实践的基础上,形成了复杂的社会政治关系。与物质生产方式的变化发展相适应,社会政治实践的方式也是历史地变化的。如在阶级社会中,社会政治实践主要采取阶级对立和阶级斗争的形式。三是科学文化实践。科学文化实践是创造精神文化产品的实践活动。

以上三种实践类型既各具不同的社会功能,又密切联系在一起。其中物质生产实践是最基本的实践活动,它构成全部社会生活的基础,社会政治实践和科学文化实践是在物质生产实践基础上产生和发展起来的,受物质生产实践的制约并对其产生能动的反作用。物质生产实践能够提供人们生存和发展所需要的物质资料,科学文化实践对客观规律的探索为物质生产实践提供理论指导,可以改造主观世界提高实践能力;社会政治实践通过协调社会关系和管理社会事务服务于物质生产实践。

案例中包含了三种实践活动:案例中从国家层面制定航天事业发展战略决策的活动属于社会政治实践活动,飞船的发射本身是探索太空的科学文化实践活动,企业的生产活动以及农业生产属于物质生产实践活动。发展航天事业、探索太空的目的是在高技术上进行突破,根本目的是提高物质生产实践能力,满足人的生存发展需要。

7. 试结合材料分析理解"人类社会生活本质上是实践的"。

从实践出发理解社会生活的本质,要把握以下两个大的方面:一方面,实践是使物质世界分化为自然界与人类社会的历史前提,又是使自然界与人类社会统一起来的现实基础。实践是人的存在方式,也是人类社会存在与发展的基础。马克思主义确认社会生活在本质上是实践的,也就是把社会生活"当作实践去理解"。社会生活是对人们各种社会活动的总称。社会生活的实践性主要体现在以下几方面。

(1)实践是社会关系形成的基础,实践以浓缩的形式包含着全部社会关系,成为社会关系的发源地。实践具有社会性,从事社会实践的人们在实践的基础上产生各种各样的社会关系,案例中,正是神舟飞船的发射使科研工作者、企业生产者、农业生产者及政治工作者联系在一起,产生了各种各样的社会关系。其中,基于物质生产实践所产生的经济关系也就是生产关系(包括生产资料所有制关系、产品分配关系以及生产中人与人的关系),是最基本的关系,决定着社会的基本性质和面貌。

(2)实践形成了社会生活的基本领域,即社会的经济生活、政治生活和精神生活领域。实践有三种基本形式,即物质生产实践、社会政治实践和科学文化实践,从事不同社会实践活动,便形成了不同的社会生活领域,如案例中工农业生产实践属于经济生活领域,探索规律的科研工作者的实践活动属于精神生活领域(精神生活领域还包括文化工作者的实践活动),政治家的实践活动属于政治生活领域。

(3)实践构成了社会发展的动力,改造社会的实践推动社会历史的变迁和进步。实践是人类能动地改造世界的社会性的物质活动,是人类生存和发展的最基本的活动,是人类社会生活的本质,是人的认识产生和发展的基础。人们不断地通过实践认识世界和改造世界,创造物质财富和精神财富,促进社会向前发展;同时,实践的主体在实践中不断发现新的方法、新的技术,这些新方法和新技术又会转化为生产力提高人们改造自然的能力,为社会的发展提供源源不断的动力。如本案例中参与神舟发射的科研工作者的科研实践、3000多家民用企业的生产实践、国家相关领导人的社会政治实践,共同推动了我国航天事业的发展,进而促进了我国技术的进步和经济社会的发展。因此,社会的发展建立在人类实践的基础上,正是人类的实践活动推动社会向前发展。

生产力和生产关系的矛盾运动构成了社会发展的根本动力,但生产力和生产关系的矛盾运动蕴含于社会实践当中,也通过社会实践体现出来,矛盾双方在社会实践中相互作用共同推动社会发展。当然,在阶级社会中,人民群众的阶级斗争(社会政治实践)还推动社会形态的不断更替,这也是实践作为社会动力的体现。

8. 试结合材料理解"人类社会统一于物质"。

辩证唯物主义认为,世界的本原是物质,世界是客观存在的,世界的发展遵循客观规律,不以人的意志为转移。人类社会也统一于物质。第一,人类社会是物质世界的组成部分。人的生命形态和生命活动仍然是物质的,人赖以生存的全部生活资料也只能取之于物质世界,离开了一定的物质自然环境,人类社会就不可能存在和发展。案例中人类对太空进行探索的目的是利用太空来获得人们所需要的新材料和新性能的农作物种子等以更好地满足人类的生存发展需要。总之,人类依赖物质自然环境,与物质自然环境不断进行物质能量交换才能生存下去。第二,人类获取生活资料的活动是物质性的活动。人类获取物质生活资料的实践活动虽然有意识作为指导,但仍然是以物质力量改造物质力量的活动,如果仅仅停留在意识或思想的范围内,人类是无法获取物质生活资料的。案例中的神舟飞船发射活动、生产各种材料的企业的活动以及农业生产活动都属于感性活动,具有物质性。第三,人类社会存在和发展的基础是物质资料的生产方式。生产方式是生产力和生产关系的总和。生产力是人类改造自然的物质力量,生产关系是在物质生产过程中形成的不以人的意志为转移的物质关系,生产方式是客观的,不以人的意志为转移。如案例材料所体现的我国的生产力水平已经比较发达,可以通过空间技术生产出新材料,进行农产品育种等,由此可见,生产力表现为一种物质力量;我国的生产关系是社会主义性质的生产关系,是人民群众的选择,符合历史发展趋势,是不以某个人的意志为转移的物质关系。物质资料的生产方式构成了人类社会存在和发展的基础,集中体现人类社会的物质性;生产关系和生产力的矛盾运动构成了人类社会发展的根本动力,生产方式中生产关系和生产力的矛盾运动规律构成了人类社会发展的基本规律,推动人类社会从低级形态向高级形态的不断更替,使人类社会的发展呈现出一种自然历史过程(专题六学习)。

9. 实践是使自然界分化为自然与人类社会的前提,又是使人与自然统一起来的基础,试结合材料谈谈如何在实践的基础上实现人与自然的统一。

劳动(物质生产实践)创造了人,使人与自然发生分化,出现了人类社会。人类社会与自然是对立统一的,人的生存和发展需要从自然界中获得物质资料,与自然之间不断进行物质与能量的交换,而这一过程是通过实践实现的。从载人航天、"嫦娥探月"到老百姓的衣食住行,航天技术民用转化引领全民走进航天健康新时代,航天技术与人类生活完美结合,并创造美好生活,它能够解决人与自然的矛盾,满足人们对物质生活资料和生产劳动资料的需要。但是人类社会在发展的过程中过度掠夺自然资源,不注意保护生态环境,出现了人与自然之间的不和谐。要想实现人与自然的和谐,还需要通过人类的实践活动,遵循自然发展的客观规律,正确处理人与自然的关系,使人类社会在发展的同时促进自然的可持续发展,维持人与自然和谐的、平衡的关系,这就要求人们在实践中探索自然规律,尊重自然规律,按照自然发展规律改造世界。

五、本专题小结

存在和思维的关系问题又称为物质和精神的关系问题,构成了全部哲学的基本问题。存在和思维的关系问题包括两个方面的内容:其一,存在和思维究竟谁是世界的本原,即物质和精神何者是第一性、何者是第二性的问题。对这一问题的不同回答,构成了划分唯物主义和唯心主义的标准。其二,存在和思维有没有同一性,即思维能否正确认识存在的问题。对这一问题的不同回答,构成了划分可知论和不可知论的标准。

马克思批判了旧唯物主义对物质世界的直观、消极的理解,强调要从能动的实践出发去把握客观世界的意义。列宁对物质的概念做了全面的、科学的规定:"物质是标志客观实在的哲学范畴,这种客观实在是人通过感觉感知的,它不依赖于我们的感觉而存在,为我们的感觉所复写、摄影、反映。"列宁的这一界定实现了物质定义的科学化。

物质的根本属性是运动。运动是标志一切事物和现象的变化及其过程的哲学范畴。物质和运动是不可分割的,运动是物质的运动,物质是运动着的物质,离开物质的运动和离开运动的物质都是不可想象的。物质在运动过程中又有某种相对的静止。相对静止是物质运动在一定条件下的稳定状态。时间和空间是物质运动的存在形式。物质、运动、时间、空间具有内在的统一性,它要求我们想问题、办事情都要以具体的时间、地点和条件为转移。

意识是人脑的机能和属性,是客观世界的主观映象,是自然界长期发展的产物,是社会历史发展的产物。意识在内容上是客观的,在形式上是主观的,是客观内容和主观形式的统一。

物质决定意识,意识对物质具有反作用,这种反作用就是意识的能动作用。意识的能动作用主要表现在:第一,意识活动具有目的性和计划性。第二,意识活动具有创造性。第三,意识具有指导实践改造客观世界的作用。第四,意识具有调控人的行为和生理活动的作用。

正确认识和把握物质与意识的辩证关系,还需要处理好主观能动性和客观规律性的关系。一方面,尊重客观规律是正确发挥主观能动性的前提。另一方面,只有充分发挥主观能动性,才能正确认识和利用客观规律。在社会历史领域,主观能动性与客观规律性的辩证关系具体表现为社会历史趋向与主体选择的关系。

实践是人类能动地改造世界的社会性的物质活动,具有直接现实性、自觉能动性和社会历史性三个基本特征。第一,实践具有直接现实性。实践是改造世界的客观物质活动,它不是纯粹的精神活动,而是以感性事物为对象的现实的物质活动。第二,实践具有自觉能动性。与动物本能的、被动的适应性活动不同,人的实践活动是一种有意识、有目的的活动。第三,实践具有社会历史性。任何人的活动都离不开与社会的联系,实践又是历史的发展着的实践。

人的实践活动是以改造客观世界为目的的客观过程,是实践主体与客体之间的相互作用,这种相互作用必须借助一定的手段和工具,即实践的中介。实践的主体、客体和中介是实践活动的三项基本要素,三者的有机统一构成实践的基本结构。实践主体和客体相互作用的关系,包括实践关系、认识关系和价值关系,其中实践关系是最根本的关系。实践的主体、客体和中介是不断变化发展的,因而实践的基本结构也是历史地变化发展的,这种变化主要表现为主体客体化与客体主体化的双向运动。

人类实践的具体形式日益多样化。从内容上看,实践可分为三种基本类型:一是物质生产实践,二是社会政治实践,三是科学文化实践。以上三种实践类型既各具不同的社会功能,又密切联系在一起。其中物质生产实践是最基本的实践活动,它构成全部社会生活的基础,社会政治实践和科学文化实践是在物质生产实践基础上产生和发展起来的,受物质生产实践的制约并对其产生能动的反作用。

实践是自然存在与社会存在区分和统一的基础。人类的产生使自然界的运动变化发生了新的飞跃,社会是随着人类的产生而出现的新的物质存在形态,马克思从实践出发揭示社会的本质,指出"全部社会生活在本质上是实践的",从而阐明了社会与自然的区别与联系。

从实践出发理解社会生活的本质,要把握以下两个大的方面:一方面,实践是使物质世界分化为自然界与人类社会的历史前提,又是使自然界与人类社会统一起来的现实基础。另一方面,实践是人类社会的基础,是理解和解释一切社会现象的钥匙。实践是社会关系形成的基础,实践以浓缩的形式包含全部社会关系,成为社会关系的发源地;实践形成了社会生活的基本领域,即社会的物质生活、政治生活和精神生活领域;实践构成了社会发展的动力,改造社会的实践推动社会历史的变迁和进步。

习近平总书记说:"幸福都是奋斗出来的"。这里的奋斗其实就是社会实践,是充分发挥主观能动性的感性活动,而不仅是一种精神活动。社会生活的本质是实践,只有对象性的感性活动才能真正创造物质财富、精神财富,才能推动社会向前发展。

世界的物质统一性首先体现在意识统一于物质。因为意识不过是物质的反映,不能离开物质而独立存在,所以意识不可能成为世界的另一种本原。神是人们意识对世界的虚幻反映的产物,认为神创造世界的观点实质是认为意识决定物质,是一种唯心主义观点。世界的物质统一性还体现在,人类社会也统一于物质。人类社会的物质性主要表现在:第一,人类社会是物质世界的组成部分。第二,人类获取生活资料的活动是物质性的活动。第三,人类社会存在和发展的基础是物质资料的生产方式。

世界的物质统一性原理是马克思主义的基石,有助于我们树立唯物主义科学世界观,为我们进一步确立正确的人生观和价值观奠定坚实的基础;同时,也有助于我们确立正确的思想路线和思想方法,在认识世界和改造世界的过程中,坚持实事求是,一切从实际出发。

六、延伸阅读

1. 马克思:《关于费尔巴哈的提纲》,《马克思恩格斯选集》(第 1 卷),人民出版社 2012 年版。

2. 马克思、恩格斯:《德意志意识形态》,《马克思恩格斯选集》(第 1 卷),人民出版社 2012 年版。

七、考核案例

从地球到火星:人类将成为多星球物种?

1. 宇宙中蓝色星球上的生命演化

1990 年 2 月 14 日,飞向太阳系边缘的深空探测器旅行者一号在 64 亿千米外的太空拍下了一张具有震撼力的回望地球照片,这张回望地球的照片被称为"暗淡蓝点",在这张照片中,呈暗淡蓝点的地球只有 0.12 个像素大小,就像漂浮在宇宙当中的一粒尘埃。很难想象,这个暗淡蓝点上有雄伟的高山、广阔的海洋、物种丰富的生命。

让我们把目光投向地球,看一下这个蓝色星球上的生命和人类是如何形成和演化的。

地球上这些物种丰富的生命是如何形成的?西方神话中认为是造物主创造的,这种观点上千年来为一些人深信不疑。1788 年,苏格兰农场主兼业余地质学家赫顿观察了河流的泥沙和河岸遭受侵蚀的过程,从岩层中得到启发,认为它们代表亿万年来的沉积。1915 年前后,放射性同位素测年方法被运用到岩石测年中,地质学家们首次测定岩层的绝对年龄，并很快完成了地质年代表的编制。在此之前，很少有人注意到：从世界地图上看，非洲西岸和南美洲东岸的轮廓线可以完美拼合。德国地球物理学家魏格纳首先意识到这并非巧合，而是地球上大陆板块运动、漂移的结果。"大陆漂移学说"在当时遭人嘲笑，而后来，这种学说几乎成为一种共识，并深深影响着地质科学的发展。

地球上生命的演化经历了漫长的过程。46亿年前地球诞生时还是一个滚烫的高温星体，35亿年前，当大气层形成后，生命的出现才具备了条件。自6亿年前多细胞生物在地球上诞生以来，由于地质灾难和气候变化，地球生命历经5次物种大灭绝。和所有物种一样，人类也历经了漫长的演化。

人类的祖先是一种在森林中生活的古猿，它曾经是地球上最高级的动物。但古猿和自然界其他动物一样，只具有受本能所驱使的活动能力。在2000万—3000万年前，由于大地和气候条件的巨大变化，森林面积减缩，古猿不得不由树栖逐渐改为在地面生活。新的环境和生活条件使古猿的后肢渐渐专门用来支撑身体，开始直立行走。古猿第一个极具意义的进化就是直立行走。由于手的解放，那些手指灵活的个体可以获得更多的生存机会，也提供了制造工具的可能。

由于直立行走，前肢得到解放，古猿慢慢学会利用前肢把自然界某些现成的物体（例如树枝、石块等）当作工具，进行获取生活资料的活动。这种活动形式就是动物式的本能劳动。虽然古猿在这时还不能制造工具，还没有超出动物本能活动的范围，但古猿的活动已包含劳动的因素和向人类劳动转化的趋势。它是从动物本能活动过渡到人类劳动过程的一个重要的中间环节。这种活动方式逐渐成为习惯，促进了古猿前后肢进一步分化，使前肢逐渐变为更灵活、更精巧的手，形成手脚分工。

直立行走和手脚分工，引起了古猿身体结构和心理素质的一系列变化。直立姿势有利于脑髓的发展，由此而来的视听范围的扩大也促使脑组织更加复杂化。原来过着群居生活的猿类由于劳动的发展，各成员间的互相帮助和共同协作更加必要，以致达到彼此间不得不通过语言进行交流的地步；日益扩大和复杂化的自然对象及其属性也迫使人类祖先必须作出更高级的反映。于是出现了最初的语言和思维。在同一过程中，人类祖先也逐渐由利用现成工具发展到学会制造工具，由本能式的劳动演化为真正的劳动。

制作工具是人类真正劳动的开始，也是人和猿区分的标志。富兰克林对人的定义是"制作工具的动物"，人类劳动是人们运用自己制造的工具——从石子到核电站和互联网技术——有意识、有目的、有计划地改造自然的社会实践活动。制造工具、社会关系、抽象思维、语言，这是人特有的标志，是在人类祖先的动物本能向人类劳动转化的过程中逐步形成，又在劳动中更加完善的。它们的出现标志着人类劳动转化的完成，又反过来促进了劳动生产的扩大化。有意识、有目的、有计划地改造自然的人类劳动，是人类最终从动物界分化出来的根本标志。由此，经过千百万年的演化，经历了亦猿亦人、亦人亦猿的若干过渡阶段，大约在300万年前，人类和人类社会在地球上正式诞生了。

如今，数量庞大的人口日日夜夜、分分秒秒在向地球索取自然资源，使得地球承担着巨大的生态压力。生命演化历程中，物种的消亡与新生本属于正常的自然规律，可是自第一次工业革命以来，由于人类的活动范围迅速扩大，对自然的索取越来越多，大片原始森林遭到肆意砍伐，水源地遭到破坏。然而，地球资源毕竟是有限的，按照现在的开采速度和强度，地球会不会有"弹尽粮绝"的一天？

2. 从地球到火星，人类将成为多星球物种？

火星这颗让古代人类充满幻想的星球，如今又成为人类的希望所在，火星是除金星之外离地球最近的行星，由于运行轨道的变化，它与地球的距离在5570万千米—12000万千米。火星是目前科学家勘探到的环境最接近地球的星球，而且矿藏资源丰富。于是一些人设想将来有一天移民火星，美国著名的"火星协会"以及太空探索技术公司（SpaceX）总裁兼创始人埃隆·马斯克是主张移民火星的代表。

由于火星缺乏人类生存的环境，人类想要移民火星，还要对火星进行地球化的改造使火星环境能够适合人类生存，其中最重要的一步就是使火星具备足够的氧气。美国著名的"火星协会"甚至已经制订出一套详细的改造火星计划，他们设想在火星上建几处化工厂，不停地制造四氟化碳以排放足够的二氧化碳，以便在火星上制造一场"巨大的温室效应"；当人类完成改造火星第一步后，温暖的气候将会使火星变冷时被土壤吸收冰冻起来的二氧化碳释放出来；一旦火星上的温度达到标准，火星居民将大规模种植各种植物，能释放更多氧气的"超级植物"，大概要经过1000年不停地种植、收获，火星上的氧气才会逐渐适应人类生存。

埃隆·马斯克是移民火星的大力倡导者，他提出了移民火星并在火星建社区的计划。2002年，马斯克成立太空探索技术公司，这家公司的目的是制造载人航天飞船，致力于用最低的成本实现人在太空和地球之间的往返。北京时间2020年1月19日11点30分，该公司的猎鹰9号火箭在佛罗里达州卡纳维拉尔角的肯尼迪航天中心点火发射，然后按照计划被引爆，随后猎鹰9号火箭携带的太空舱安全落水，证明了这次火箭载人逃逸实验的完全成功，这同时也意味着，太空探索技术公司将人送入太空的计划已经扫除了所有关键技术障碍。

按照马斯克的设想，首个火星货运计划在2022年实行，然后在2024年左右，希望能够将第一批人类送往火星，在火星建立起一个自给自足的文明社会："整个过程会从最基础的设施开始建设，发电站、用来种植农作物的圆顶大棚，这些都是保障人类生存的基本元素。未来会有创业机会的大爆发，因为火星也需要钢铁厂、披萨店。甚至在火星开一家酒吧也是个不错的主意。"

去火星出不起路费怎么办？马斯克在推特上说，"只要他们愿意，每个人都能去。如果没有钱，他们会得到贷款"。并且称"帮助支付这些费用，也是我在地球上积累资产的原因"。马斯克的计划是不是听起来有点耳熟呢？在19世纪中叶，不少劳工移民去往美国前曾经和运输船队签下协议，贷款购买一张通往新大陆的船票，然后在新大陆打工赚钱还贷。当然，这一商业模式成立的前提是在火星上打工能赚取足够的薪水。在火星尚未被大规模开发之前，用以支撑火星建设的资金，只能依靠政府补贴和商业贷款。这些火星开拓者的工资由谁来付也将成为一个严肃的问题。

案例问题思考

1. 地球上的生命是造物主创造出来的吗？为什么？试结合案例材料予以分析。

2. 结合材料分析理解"实践是自然界与人类分化的前提"。

3. 如果人类成功移居火星，火星上的人类社会就是按照人类自己的设想创造出来的，可不可以说是意识决定物质？为什么？试结合材料进行分析。

4. 如果火星被改造为适宜人类生存的环境，人类成功移居到了火星上并建立社区，试问火星上的人类社会还具有物质性吗？试结合材料进行分析。

5. 试结合材料分析理解"物质生产实践是最基本的实践活动"。

6. 假如地球变得不适合人类居住,移居火星也会再次面临同样的问题,试问人类应该如何处理好与自然环境的关系?

专题三　物质世界的发展规律

一、主要内容、重难点问题

1. 主要内容

事物的普遍联系和变化发展

矛盾的对立统一规律及其在事物发展中的作用

矛盾的普遍性和特殊性辩证关系

量变质变规律

否定之否定规律

认识世界和改造世界的根本方法

2. 重难点问题

重点:矛盾的对立统一规律及其在事物发展中的作用;矛盾的普遍性和特殊性辩证关系;认识世界和改造世界的根本方法

难点:对立统一规律是辩证法的实质和核心;辩证的否定观

二、学习目标

掌握马克思主义唯物辩证法的基本原理,形成科学的世界观和方法论,为理解社会规律打下理论基础;能够运用唯物辩证法的基本原理分析问题和解决问题;不断增强辩证思维能力。

导入问题:

党的十九大指出,新时代最突出的变化就是我国社会主要矛盾的变化,过去 36 年来,国家都在围绕解决人民日益增长的物质文化需求同落后的社会生产力之间的矛盾,而十九大提出了新时代背景下"人民日益增长的美好生活需要和不平衡不充分的发展之间的矛盾"。同时也强调,"我国仍处于并将长期处于社会主义初级阶段的基本国情没有变,我国是世界上最大的发展中国家的国际地位没有变"。如何理解中国特色社会主义进入新时代之后的"变"与"不变"？

三、导学案例及问题思考

病毒与人类的爱恨纠缠

病毒和细菌是引起人类疾病的两种主要微生物，与细菌不同，病毒没有细胞结构，它们的 DNA 或者 RNA 由蛋白衣壳包裹，结构十分简单，必须利用宿主的物质才能进行自我复制，从而延续它们的遗传密码。从人类出现开始，病毒与人类纠缠到了今天。

1. 人体免疫系统与病毒的战争

2019 年年底，我国武汉首先暴发新冠疫情，后来新冠疫情发展成全球大流行疫情。引发此次疫情的罪魁祸首是一种冠状病毒。冠状病毒是一个"家族"，因其由刺突蛋白组成的环形外壳看上去像皇冠一样，被称为冠状病毒。2003 年引发非典疫情的病毒也属于冠状病毒。病毒与病毒的区别在于，其遗传组成不同，即 RNA 和 DNA 不同；或者其外部的蛋白质不同，外部蛋白质壳，决定了它穿透其他细胞的细胞膜的能力。科学家正是通过对刺突蛋白基因进行测序，发现它和非典病毒非常相似，于是世界卫生组织将病毒命名为 SARS-CoV-2，它不仅代表了这个新发现的病毒，还通过这个名字把它和非典病毒联系起来，由这个病毒引起的疾病称为 COVID-19。

由于目前还没有特效药，所以只能采用支持疗法治疗新冠肺炎。换句话说，就是帮助患者把身体状态调整到最佳，然后等着患者自己的免疫系统清除病毒。绝大多数人能够痊愈充分说明了新型冠状病毒可以被人体免疫系统清除。纵观人类的进化史，从来就不是一帆风顺的，而是充满了腥风血雨。人类通过智慧与群体协作，战胜了大型猛兽。而在我们的身体里，每天也会发生数百万次的战斗，解决了那些看不见的微小敌人。这些微小敌人，就是指病毒、细菌、真菌、寄生虫之类的病原体。而与之战斗的，就是我们一直在不断进化的免疫系统。我们的皮肤和黏膜会分泌出乳酸、脂肪酸，在消化道中还有胃酸和各种酶，都有杀灭病原体的功能，它们组成了我们人体的"长城"。在体内还有白细胞、T 细胞、B 细胞、巨噬细胞、抗体、补体、溶菌酶、免疫球蛋白等，它们组成了人体内抗击病原体的防线。

然而,并不是所有感染者的免疫系统都能成功清除病毒。有些新冠肺炎患者早期发病并不十分凶险,甚至症状轻微,但后期突然加速发展,病人很快进入一种多脏器功能衰竭的状态,最终抢救无效去世。之所以如此,一个重要的原因就是病人体内的免疫系统启动了炎症因子风暴,而炎症因子风暴一旦开始,对人体的伤害大于病毒本身。当人体内有大量病毒时就会激活机体的免疫细胞,免疫细胞激活本身是一种保护机制,目的是清除体内病毒和炎症。免疫细胞会分泌细胞因子,细胞因子就像通信员,把体内分布在其他部位的备用的白细胞和淋巴细胞都吸引到病灶部位,并释放炎症介质,来杀死病毒和细菌。炎症介质过度释放后,不仅杀死了病毒、细菌,也对正常的细胞造成永久损害。所以正常的免疫是保护,过度的免疫是损伤,不但导致肺的损害,还会引起肾脏、肝脏、心肌等损害,导致心肌酶升高、转氨酶升高、肌酐和尿素氮升高。

事实上,人体的免疫系统是一个非常精密的网络,由大量的免疫细胞以及体液因子构成。从广义上讲,每一次炎症反应或者对体外入侵者的免疫行动,所涉及的人体细胞都是免疫系统中的一分子。这样一个复杂而又精密的网络,其组成部分相互协同,可以放大人体的免疫功能,同时也存在相互制衡以防免疫系统过于亢进导致自身受到损害。如果病毒侵入人体大量复制并产生严重的毒素积累,可能会破坏免疫细胞之间的相互关系而导致炎症因子风暴的启动,出现瀑布样的级联反应,对人体的伤害甚至超过病毒本身对人体的伤害,这时候需要激素治疗抑制这种免疫过激反应。一旦出现炎症因子风暴,病人是极度危险的,会出现呼吸极度困难,血氧饱和度下降,意识不清,甚至出现凝血功能下降,少尿无尿等症状。这时候即便有体外膜肺氧合(主要用于对重症心肺功能衰竭患者提供持续的体外呼吸与循环,以维持患者生命)替代肺,其他已经衰竭的脏器也是无法被替代的。因此,临床医生还需要及时采取措施抑制人体的这种免疫过激反应。

2. 人类基因中的病毒纠缠

病毒与人类相伴了百万年,以至于已将其基因深深植入了人类基因之中。基因决定了每一个生物的性状,也造就了独一无二的你。然而不得不承认,人与人之间基因的相似度高达99.9%,我们的那些独特性仅占庞大基因组中的0.1%。基因水平的研究揭示了人类和动物其实共享了很大一部分基因:人和黑猩猩的基因相似度高达96%,人和猫的基因相似度也高达90%。研究显示，人类与酵母菌的基因有46%的同源。这些相似的基因在不同的生物体中执行类似的功能，因此也不难理解为什么会有如此高的相似性。然而有数据表明，人类基因组中有多达8%的序列来源于远古病毒。

其实，病毒和人类可以共存。一些病毒侵入并没有使宿主生病，而是与宿主的基因融在一起，并遗传给宿主的后代，这种能和宿主变成一体的病毒，医学上称为内源性逆转录病毒。一亿年前，这种内源性逆转录病毒就潜伏在鱼类、爬行动物和哺乳动物的基因中，也是人类身体内的长期"住客"。研究发现，人类基因组中，携带了近10万个内源性逆转录病毒的DNA片段，占人类DNA总量的8%。人类基因组中，有2万个具备遗传功能的基因，也不过占到1.2%，远低于病毒的占比。幸运的是，尽管这些病毒仍在诸如肌萎缩性脊髓侧索硬化症（ALS）、多发性硬化症等神经退行性疾病，甚至癌症中发挥着一定的作用，但大多数基因不会致病，而且我们的祖先通过进化，还把一些对身体有好处的基因"征用"了。1999年，科学家发现，这些内源性逆转录病毒中的一个基因，能合成一种叫作"合胞素"的蛋白质，而这种蛋白质只存在于胎盘中。科学家用小鼠做实验，结果发现，如果删除了这个病毒的基因，"合胞素"就不能产生了，小鼠的胚胎就没有一个可以活下来的，就此推论：这种病毒对于胎盘从母体中吸收营养是必需的，也就是说，人类是借助病毒的帮忙，才得以繁衍至今的。除了胚胎发育上的各种优化，远古病毒也给予现代人类一定的抵御病毒的能力。远古病毒的这些行为看起来有些不可思议——你的死敌把祖传基因给了你，只是为了让你更好地活着。

了解病毒和人类伴随的历史，有助于我们更好地认识和应对新冠病毒。从预防上来看，人们应养成勤洗手，在人群密集处戴口罩的习惯，更重要的是要提高自身的免疫力，如进行合理的运动，保持良好的作息，等等。

3. 病毒在人类与动物间的穿梭

纵观人类与病毒的这部流行病交锋历史，很多人可能想不到，病毒之所以能够浓墨重彩写下这一笔，还要回溯到人类祖先的狩猎与驯养时期。而未来这部流行病史如何续写下去，仍将取决于病毒如何在人类与野生动物之间穿梭。

病毒之所以能够酿成流行病，跟人类的演化历史密切相关。当我们的祖先开始狩猎动物时，寄居在动物身上的病毒也在等候我们。狩猎行动从根本上改变了人类接触微生物的方式,为病毒在物种之间的传播提供了绝佳的条件,大大加速了病毒的跨种群传播。

除了狩猎,新的生活方式——驯养也为病毒传播至人类开辟了新渠道,使病毒在人类时代再度扩张。当尼帕病毒在1999年被发现时,科学家还不清楚谁是寄主,多年以后,野生动物、家畜和植物间交错复杂的关系,在科学家的研究下才浮出水面。科学家认为,尼帕病毒最初存在于蝙蝠身上,然后,蝙蝠在食用芒果的时候撒了尿,其咬过的芒果又恰好掉进了猪圈里。作为杂食性动物的猪,在吃芒果时接触到感染尼帕病毒的蝙蝠的唾液和尿液。于是,病毒迅速在猪密集分布的圈舍里传播。因为家畜有时会被转运,病毒又传染到了新的养猪场,并传染给了养猪者。尼帕病毒的案例表明,驯养活动能够以复杂的方式为病毒感染人类提供新途径。当这些病毒从一个寄主物种转移到另一个寄主物种上时,就可能会演变成杀手。

尽管经过几千年的互动,人类和家畜原本携带的微生物之间已达到平衡状态,但家畜至今还在通过它们接触的野生动物,继续为人类输送新型病毒。直到现在,我们还必须提防像禽流感、尼帕病毒这样的侵害。

根据联合国环境署的数据,人类社会新发传染病中75%的病源来自动物。微生物从自然界跳跃到人类世界,仍是未来人类致病原的主要路径。如果致命的禽流感病毒H5N1发生了基因突变并迅速传播开来,后果将会极其严重,而传播迅速的甲型流感病毒H1N1的致病力若有微小的提高,也可能带来惊人的死亡人数。2009年,这类病毒的基因重组现象曾引起科学家的关注。H1N1病毒迅速席卷全球时,很可能与人或动物身上携带的H5N1病毒相遇,并埋下发生系列性灾难事件的隐患。

随着地球上人和动物的联系加强,未来流行病暴发频率可能会更高。无论是集H5N1高致死率和H1N1易传播性于一身的镶嵌体病毒、2019年新冠病毒、像艾滋病毒一样的新型逆转录病毒,还是可怕的、偷袭我们的某种全新病毒,未来我们仍将面临严峻的威胁。这一切,仍将取决于病毒在动物与人类身上的穿梭,以及那些悄悄发生的隐秘故事。

资料来源

1. 曾鼎:《病毒在人类与动物间穿梭的隐秘往事》,载《凤凰周刊》,http://www.ifengweekly.com/detil.php?id=7415。

2.《病毒把祖传基因写入我们体内,却让我们更好地活着》,载新浪网,https://tech.sina.com.cn/d/f/2020-02-25/doc-iimxxstf4143513.shtml。

案例问题思考

1. 结合材料分析理解唯物辩证法关于联系和发展的观点及方法论意义。
2. 试分析材料中所体现的矛盾对立统一规律及方法论意义。
3. 试分析材料中体现的矛盾普遍性和特殊性辩证关系原理及方法论意义。
4. 试分析材料中所体现的质量互变规律及方法论意义。
5. 试分析材料中所体现的否定之否定规律及方法论意义。

四、案例问题解析示例

1. 结合材料分析理解唯物辩证法关于联系和发展的观点及方法论意义。

联系和发展是辩证法的总特征。联系是指事物内部诸要素之间和事物与事物之间相互影响、相互制约、相互作用的关系。唯物辩证法认为,世界上的万事万物都处于普遍联系之中,没有孤立存在的事物。如案例中包括病毒在内的各种微生物和人类纠缠了百万年,以各种方式和人类发生联系,正是这种联系引起一次次的疫情,人与人之间近距离接触使疫情在人与人之间不断传播。联系具有普遍性、客观性、多样性和条件性。我们应该正视病毒与人类之间的种种联系,我们可以创造条件使医护人员赴异地救助感染病毒的患者,同时通过远离野生动物减少致命病毒与人类发生联系的机会,疫情发生后采取隔离、防护等措施消除与病毒接触的条件从而避免感染者与健康人群发生联系传染更多人。

联系引起事物的发展变化,事物内部诸要素之间和事物与事物之间相互影响、相互制约、相互作用,推动事物不断变化发展,任何事物总是处于变化发展中,没有静止不变的事物。如案例中病毒的不断变异,感染病毒后患者的病情是不断发展变化的,人体基因在病毒的纠缠下发生演变等,不论是自然界还是人类都处于不断的变化发展中。基于此,我们应该以发展变化的眼光看待问题,如案例中病毒是变异的,我们应该时刻注意病毒的变异情况采取有针对性的防治措施,病情是发展变化的,我们应该时刻观测患者病情的发展程度采取不同的治疗措施等。

2. 试分析材料中所体现的矛盾对立统一规律及方法论意义。

对立统一关系是事物联系的内容。对立和统一分别体现了矛盾的两种基本属性。矛盾的同一性是指矛盾双方相互依存、相互贯通的性质和趋势,矛盾的斗争性是矛盾的对立面之间相互排斥、相互分离的性质和趋势;矛盾的同一性和斗争性相互联结、相辅相成,共同推动事物的发展,是事物发展的动力源泉。如案例中病毒和人类构成一对矛盾,彼此既对立又统一。其斗争性体现在,病毒将人体作为宿主利用人体细胞的物质进行复制,而人体免疫系统与病毒进行斗争,试图将其清除出去,人的身体内每天会发生数百万次与包括病毒在内的微生物的战斗。同一性体现在,病毒与人体之间相互"成就"对方,病毒利用人的细胞得到复制,人类在与病毒的接触中会提高自身免疫力;从人的演化过程看,病毒的部分基因可以转化为人类基因的组成部分促进人类的发展,如内源性逆转录病毒中的一个基因,能合成一种叫作"合胞素"的蛋白质,这种蛋白质对于胎盘从母体中吸收营养是必需的,也就是说,人类是借助病毒的帮忙,才得以繁衍至今。

由于矛盾双方既对立又统一,我们要一分为二地看问题,如病毒可以致病,但也可以提高免疫力,因此,我们在生活中适当地接触病毒反而可以提高我们的免疫力,如果生活在过度洁净的环境中反而更容易生病。

3. 试分析材料中体现的矛盾普遍性和特殊性辩证关系原理及方法论意义。

矛盾的普遍性是指矛盾存在于一切事物中,存在于一切事物发展过程的始终,事物始终在矛盾中运动。矛盾的特殊性是指各个具体事物的矛盾、每一个矛盾的各个方面在发展的不同阶段上各有其特点。矛盾的特殊性决定了事物的不同性质。矛盾的普遍性又叫矛盾的共性,矛盾的特殊性又叫矛盾的个性。共性寓于个性之中,个性包含事物的共性。如案例中人与人之间基因的相似度高达 99.9%,我们的那些独特性仅占庞大基因组的 0.1%,说明从基因上看,人与人之间既有共性,又有个性;再如,基因水平的研究揭示了人类和动物其实共享了很大一部分基因:人和黑猩猩的基因相似度高达 96%,人和猫的基因相似度也高达 90%,说明人和动物之间既有个性,又有共性。研究显示,人类与酵母菌的基因有 46% 的同源,说明微生物和人类也有共性。又如 2019 年新冠病毒与 2003 年 SARS 病毒都是冠状病毒,而且基因上也高度相似,但又有不同特点,不属于一种病毒。

矛盾普遍性和特殊性的原理告诉我们，既要在对立中把握统一，也要在统一中把握对立。如 SARS 病毒与 SARS-CoV-2 虽都属于冠状病毒，基因相似度也很高，都能引起呼吸系统疾病，但两种病毒各有其特殊性，新冠肺炎在治疗上可以借鉴非典时期的一些经验，但不能完全照搬，应根据具体问题具体分析，根据病情采取不同的治疗方法。再如，虽然都是感染了新冠病毒，但不同患者的年龄、身体素质不同，发病症状和病情严重程度会有所不同，应针对患者的具体病情进行有针对性的治疗。

4. 试分析材料中所体现的质量互变规律及方法论意义。

量变和质变是事物变化的两种基本状态和形式。量变是事物数量的增减和组成要素排列次序的变动，是保持事物的质的相对稳定性的不显著变化，体现了事物发展渐进过程的连续性。质变是事物性质的根本变化，是事物由一种质态向另一种质态的飞跃，体现了事物发展渐进过程和连续性的中断。如在案例中，人体免疫系统与病毒的斗争使人的病情发生变化的过程，就是一种量变过程，斗争的结果或者是病毒被完全清除、患者痊愈，或者是患者被病毒打败而去世，这样的变化是一种质变。量变是质变的必要准备，质变是量变的必然结果，患者痊愈或者死亡都要经历病情的一个变化发展过程。量变与质变的相互作用、相互转化构成了量变质变规律，量变质变规律体现了事物发展的渐进性和飞跃性的统一。

量变可以转化为质变，病人需要一个恢复的过程才能逐渐痊愈，在这个过程中我们应采取措施提高患者的免疫力，加快量变的速度，为实现质变创造条件。

量变转化为质变需要突破事物的度，度是保持事物质的稳定性的数量界限，超出度的范围，此物就转化为他物。度这一哲学范畴启示我们，在认识和处理问题时要掌握适度原则。比如，人体需要一定的免疫力才能战胜病毒，但一旦人体为杀死病毒而释放过度的炎症介质，病人的体内启动了炎症因子风暴，则对人体伤害大于病毒本身，最终会引起器官衰竭而致感染者死亡。因此，在治疗时医生需要把握时机适当采取激素治疗来避免出现炎症因子风暴。

5. 试分析材料中所体现的否定之否定规律及方法论意义。

事物内部都存在肯定因素和否定因素，肯定因素是维持事物存在的因素，否定因素是促使现存事物灭亡的因素。比如人作为一个生命体，体内总是存在否定生命的因素，其表现就是使人生病，使人趋于衰老和走向死亡。

否定是事物的自我否定,是事物内部矛盾运动的结果。如案例中,当人体感染病毒后,最终战胜病毒的还是感染者自身的免疫系统,医疗措施只是帮助机体维持最好的状态来提高人体免疫力。因此,人类要通过锻炼、注意休息、必要时采取中医手段来提高自身免疫力来防治病毒细菌等的感染。

否定的实质是"扬弃",即新事物对旧事物既批判又继承,既克服其消极因素又保留其积极因素。如患者在战胜病毒后反而提高了免疫力,使自身具有了针对病毒的抗体,因此,在临床上可以采用痊愈者的血浆治疗重症患者。

事物的辩证发展过程经过肯定—否定—否定之否定三个阶段,事物的发展是前进性与曲折性的统一。健康的机体会感染病毒而患病,但人体也能够战胜病毒恢复健康,人的生存和发展中总是充满了与各种病毒、细菌等的战争,遭遇各种各样的挫折,但我们应保持乐观积极的态度,采取一定的措施来战胜疾病,克服困难。

五、本专题小结

本专题主要介绍了唯物辩证法的总特征、对立统一规律、质量互变规律、否定之否定规律以及认识世界和改造世界的方法等。

唯物辩证法认为,世界上的万事万物都处于普遍联系之中,普遍联系引起事物的运动变化发展,联系和发展的观点是唯物辩证法的总观点和总特征。联系是指事物内部各要素之间和事物之间相互影响、相互制约、相互作用的关系。联系具有普遍性、客观性、多样性和条件性;普遍联系引起事物变化发展,发展是前进的、上升的运动,发展的实质是新事物的产生和旧事物的灭亡。新事物是指合乎历史前进方向、具有远大前途的东西,旧事物是指丧失历史必然性、日趋灭亡的东西。事物的发展是一个过程。内容与形式、本质与现象、原因与结果、必然与偶然、现实与可能构成了联系和发展的基本环节。

事物的联系和发展是有规律的,规律就是事物联系和发展过程中所固有的本质的、必然的、稳定的联系。唯物辩证法的基本规律主要有:对立统一规律、量变质变规律、否定之否定规律。

矛盾是反映事物内部和事物之间对立统一关系的哲学范畴。对立和统一分别体现了矛盾的两种基本属性。矛盾的同一性是指矛盾双方相互依存、相互贯通的性质和趋势,矛盾的斗争性是矛盾着的对立面相互排斥、相互分离的性质和趋势;矛盾的同一性和斗争性相互联结、相辅相成,共同推动事物的发展。事物之间和事物内部的矛盾构成了事物发展的动力源泉。

事物是由多种矛盾构成的,居于支配地位、对事物发展起决定作用的矛盾是主要矛盾,处于从属地位、对事物的发展起次要作用的矛盾是次要矛盾;矛盾对立双方中处于支配地位,起着主导作用的是矛盾的主要方面,处于被支配一方的则是矛盾的次要方面。事物的性质是由主要矛盾的主要方面所决定的。把主要矛盾和次要矛盾、矛盾的主要方面和次要方面的辩证关系运用到实际工作中,就是要坚持"两点论"和"重点论"的统一。

事物是矛盾普遍性和特殊性的统一。矛盾的普遍性是指矛盾存在于一切事物中,存在于一切事物发展过程的始终,旧的矛盾解决了,新的矛盾又产生了,事物始终在矛盾中运动。矛盾的特殊性是指各个具体事物的矛盾、每一个矛盾的各个方面在发展的不同阶段上各有其特点。矛盾的特殊性决定了事物的不同性质。矛盾的普遍性和特殊性辩证关系的原理是唯物辩证法的精髓,是马克思主义普遍真理同各国具体实际相结合的哲学基础。

事物的矛盾运动表现为量变与质变及其相互转化。量变和质变是事物变化的两种基本状态和形式。量变是事物数量的增减、场所的变更和组成要素排列次序的变动,是保持事物的质的相对稳定性的不显著变化,体现了事物发展渐进过程的连续性。质变是事物性质的根本变化,是事物由一种质态向另一种质态的飞跃,体现了事物发展渐进过程和连续性的中断。量变是质变的必要准备,质变是量变的必然结果,量变和质变是相互渗透的。量变与质变的相互作用、相互转化构成了量变质变规律。量变质变规律体现了事物发展的渐进性和飞跃性的统一。

事物内部都存在肯定因素和否定因素。肯定因素是维持现存事物存在的因素,否定因素是促使现存事物灭亡的因素。质变意味着新事物的产生与旧事物的灭亡,表明新事物对旧事物的否定。辩证否定观认为:否定是事物的自我否定,是事物内部矛盾运动的结果;否定是事物发展的环节,是旧事物向新事物的转变,是从旧质到新质的飞跃;否定是新旧事物联系的环节,新事物孕育产生于旧事物,新旧事物是通过否定环节联系起来的;辩证否定的实质是"扬弃",即新事物对旧事物既批判又继承,既克服其消极因素又保留其积极因素。事物的辩证发展过程经过肯定—否定—否定之否定三个阶段。否定之否定规律揭示了事物发展的前进性与曲折性的统一。

唯物辩证法是认识世界和改造世界的根本方法。唯物辩证法是客观辩证法和主观辩证法的统一，是伟大的认识工具；矛盾分析方法是根本的认识方法；辩证思维方法与现代科学思维方法相互联系、相互补充；学习唯物辩证方法，要不断增强辩证思维能力、历史思维能力、系统思维能力、战略思维能力、底线思维能力、创新思维能力。

我国社会主义社会同样也处于不断发展之中，其发展的动力也是来自社会中的各种矛盾，其中生产力与生产关系是社会基本矛盾，是社会发展的根本动力。但社会基本矛盾会在社会各领域中表现出不同的具体矛盾，在这些矛盾中，居于支配地位的就是社会主要矛盾。社会主要矛盾不是一成不变的，随着社会的发展，其面临的主要问题不同，社会主要矛盾也会发生变化，这也是社会发展中呈现出阶段性特征的主要原因。我国社会的主要矛盾在过去是"人民日益增长的物质文化需求同落后的社会生产之间的矛盾"，随着我国社会的发展，社会主要矛盾转化为"人民日益增长的美好生活需要和不平衡不充分的发展之间的矛盾"。事物的发展呈现出质变和量变两种状态，我国社会主义社会在发展中也在发生着不断的量变，表现为生产力水平的不断提高，生产关系的不断完善等，但尽管我国社会主义建设取得了很大的成就，但还没有超越社会主义初级阶段，要进入社会主义的较高阶段还需要通过进一步发展来进行量变的积累。当然，事物发展的过程也是自我否定的过程，我国目前社会主义的发展是对自身初级阶段社会主义的自我否定过程，随着现阶段社会发展的量变积累，我国初级阶段的社会主义会实现对自身的完全否定，从而发生质变进入较高阶段的社会主义社会。

六、延伸阅读

1. 马克思：《资本论》，《马克思恩格斯文集》(第5卷)，人民出版社2009年版。

2. 恩格斯：《自然辩证法》，《马克思恩格斯选集》(第2卷)，人民出版社2012年版。

3. 列宁：《谈谈辩证法问题》，《列宁专题文集：论辩证唯物主义和历史唯物主义》，人民出版社2009年版。

4. 毛泽东：《矛盾论》，《毛泽东选集》(第1卷)，人民出版社1991年版。

七、考核案例

抗生素及超级细菌的出现

人类医学史上两个最伟大的发现莫过于抗生素和疫苗。抗生素是一种能够杀死细菌从而减少感染的药物,它的发现和广泛使用使无数人恢复了健康,延长了寿命。然而,我们也要为这种人为干涉自然规律的行为付出代价:人类越依赖抗生素,使用得越多,就会有更多的细菌对它们产生耐药性。当抗生素对某种细菌不再有效时,这些细菌被认为具有对这种抗生素的耐药性。现在,一些曾经被认为是治疗细菌感染的标准药物的效果变得很差,有时候甚至根本不起作用。抗生素耐药性已经成为全世界最紧迫的健康问题之一。

在抗生素被发现之前,人类没有任何针对肺炎等细菌感染的有效治疗方法。医院里挤满了因割伤或划伤而患上败血症的患者,医生们完全束手无策,只能观察,希望患者能自己熬过去。

1928年,第一个真正的抗生素——青霉素,被英国教授亚历山大·弗莱明发现。1928年9月,一个偶然的机会,弗莱明发现了能杀死金黄色葡萄球菌的霉菌,他和他的助手们试图从"霉菌汁"中分离提纯后来被称为青霉素的抗生素,但因为青霉素太不稳定,他们只能拿到纯度很低的粗提取物。弗莱明于1929年6月在《英国实验病理学》杂志上发表了他的研究结果,文中仅提及青霉素的潜在治疗益处。1939—1944年,科学家们才开始尝试大规模提纯合成青霉素。与此同时,军队和民用领域的临床研究也证实了青霉素的抗菌疗效。20世纪50年代,新抗生素的研发进入了黄金时代,一系列新药被发现并且批准上市。抗生素逐渐在从器官移植到治疗食物中毒等各种疾病治疗中开始发挥必不可少的作用。

然而,所有微生物都会进化从而更适应生存环境,那些产生抗生素耐药性的细菌会存活下来,而没有耐药性的则会被抗生素杀死。我们使用抗生素越多,细菌产生耐药性的速度就越快,有抗药性的致命细菌越来越多。美国著名经济学家吉姆·奥尼尔的一份报告预测,如果不采取任何措施,到2050年将有1000万人因为感染对抗生素有耐药性的细菌而过早死亡。这个问题在亚洲和非洲尤其严重。

是什么原因导致了抗生素耐药性?当细菌产生一些变化,比如能够保护细菌免受药物的作用或者能够中和药物的时候,细菌就产生了耐药性。这些变化很多是基因突变,能让细菌不被抗生素杀死,更好地存活。

可怕的是，抗生素治疗以后能存活下来的具有耐药性的细菌可以继续繁殖，并且所有的后代都会有抗药性，甚至一些细菌可以将其抗药性传递给其他细菌。

耐药性的产生是一个正常的物种进化过程。但是，使用药物的方式方法会影响耐药性发生的速度和程度，过度使用和滥用抗生素是导致抗生素耐药性的关键原因。

抗生素的滥用一方面是对人滥用。最常见的就是服用抗生素来治疗不是由细菌引起的疾病。根据美国疾病控制和预防中心的数据，人类使用抗生素有近一半是不必要或不合适的。抗生素是用来治疗细菌感染的，对病毒感染没有作用。例如，抗生素可以用来治疗因化脓性链球菌引起的链球菌性咽喉炎；但对于其他由病毒引起的喉咙痛无效。服用抗生素来治疗病毒感染，非但不能让身体康复，反而可能会引发不必要的副作用。例如抗生素是无选择性地杀体内的细菌，而体内的细菌并不都是坏的，也有很多对健康有益的"益生菌"。人的胃肠道系统有约 39 万亿细菌，大部分存在于大肠中。研究发现，许多这些和人共生的微生物对人的健康至关重要，它们能够把侵入人体的有害的微生物挤走，将某些人体无法消化的纤维分解成更易吸收的成分，并能产生多种维生素，例如维生素 K 和 B12。过度使用抗生素，会导致肠道微生物环境失调，引起一系列代谢、免疫疾病。

另一方面，也是经常被大众忽视的，是对动物滥用抗生素。现在越来越多的牲畜是饲养在拥挤的围栏内（而不是放养），在这种拥挤的圈养条件下，一只动物生病，就会很快传染给别的动物。为了预防大面积传染病的暴发，很多饲养场就给家畜喂食抗生素以促进生长，增加体重以及预防、控制和治疗疾病。这种日益普遍的做法导致这些家畜身上都是抗生素杀不死的细菌，而人类食用这些家畜的时候，有抗药性的细菌就会从家畜传染到人。

另外，与滥用抗生素相反，很多人为了减少抗生素的使用，避免产生抗药性，会进入另一个误区：一旦情况好转，就立刻停止服用抗生素。这种方式也是不可取的。一旦服用抗生素，就应该坚持服用整个疗程，以确保 100% 杀死引起疾病的细菌，吃吃停停更容易引起复发，并可能促进有害细菌产生抗药性。抗生素的疗程取决于每个患者的感染类型。需咨询医生最佳的治疗时间和正确的抗生素种类。

世界上有效的抗生素已经不多了。1940—1962 年，20 多种新型抗生素研发上市。然而,从那以后,只有两个全新的品种进入市场。过去30年里被批准上市的新抗生素都是1985年以前发现的旧品种的类似物。目前大约有40多种抗生素在临床测试中,其中创新的品种仍然是凤毛麟角。10—20年前,科学家们开发新的抗生素类似物的步伐还勉强能够跟上细菌抗药性产生的速度。现在,已经没有足够的新品种抗生素或者类似物进入市场来杀死大批产生耐药性的细菌,尤其是革兰氏阴性菌。这就意味着:在不久的将来,人类也许将没有可用的有效的抗生素,更多的人会死于细菌感染。

在医学如此发达的年代,为什么人类迫切需要的抗生素的研发却困难重重?找到能够杀死细菌的化合物很容易,挑战在于,如果合成药品,这些化合物要保持杀死细菌的有效浓度,同时还要对人体无害(浓度高了,大部分化合物都对人体有害)。首先要从基础研究开始,筛选出有可能有抗细菌性质的化合物,这个过程本身可能需要数年。其次是进行效果和机理测试。再次,如果这些结果都还不错,还要测试它对人类可能的毒性,并且还能够大规模生产。最后,还要经过多年的临床试验,确认对人体有效并且无大毒性才能被批准上市。这整个过程大约需要10—20年,失败率极高。这还不是最主要的问题,大多数药物研发都要经历类似的过程,更大的问题还是绕不过一个字:钱(研发资金)!因为抗药性是如此普遍,新研发的抗生素往往不能随便在市面上销售,而是被雪藏起来,不到万不得已的时候不去用。因此,对于投资人来说,回报率太低,风险太大,成功了还不一定能立刻受益,这实在不是一个吸引投资的领域。在过去的30年里,制药公司大大减少了新抗菌疗法的研发。因此,过去30年被批准上市的抗生素都是1984年发现的现有种类的类似物。最令人担忧的是,在1962年以后,科学家们就没有发现任何新的能够治疗最耐药的革兰氏阴性超级细菌的抗生素。

"很快人类将没有任何可用的抗生素"的预言并不是耸人听闻,如果我们不改变使用抗生素的方式,末日也许已经开始了,因为所有抗生素都杀不死的超级细菌已经出现。

2016年8月18日,美国内华达州一位70岁的妇女因为右臀部感染引起全身炎症反应被送到急症室抢救。患者很快出现感染性休克,可是她感染的细菌对美国市面上的26种抗生素都有抗药性,甚至包括长年被雪藏、不到万不得已不用的粘杆菌素(Colistin)。因为没有有效的抗生素来杀死细菌,这位患者最很快去世。

去世之前的两年,这位患者有很长一段时间住在印度。一次意外摔断右腿后,她经常去印度医院接受治疗。在此过程中有一种叫作肺炎克雷伯菌(Klebsiella pneumoniae)的细菌感染了她的骨骼然后扩散到臀部。当她回到美国,被送往医院的时候,病情已经非常严重:免疫系统超负荷运作试图抵抗感染,导致全身发炎。因为没有有效的药物,情况加速恶化,最终她死于多器官衰竭和败血性休克。

美国疾病控制和预防中心估计,美国每年有23000人死于对多种抗生素有耐药性的细菌感染。其中大多数是因为还没有找到一种有效的抗生素。而在经济落后国家,主要是因为无法得到那些新的、昂贵的抗生素。然而,美国内华达州的这个病例又有特殊性:治疗早期就确认了细菌的抗药性;又是在各种抗生素都可以买到的美国;但即使用了被视为最后一道防线的粘杆菌素也无力回天。这也许是一个极端的例子。但有了第一起案例,就会有第二起,第三起。

我们能做的就是在人和动物身上都谨慎地使用抗生素,减少细菌菌株产生抗药性的机会,并继续加大新抗生素的研发力度;当新的抗生素出现的时候,也必须有选择地使用,而不是随心所欲地滥用。

资料来源

史隽:《抗生素滥用危机:该不该用?怎么用?》,载新浪网,https://tech.sina.com.cn/d/f/2019-04-23/doc-ihvhiqax4514648.shtml。

案例问题思考

1. 结合材料分析理解联系和发展的普遍性。
2. 试分析材料中所体现的矛盾对立统一规律。
3. 试分析材料中体现的矛盾普遍性和特殊性辩证关系原理。
4. 试分析材料中所体现的质量互变规律。
5. 试分析材料中所体现的否定之否定规律。
6. 试结合抗生素的使用,谈谈上述唯物辩证法原理的方法论意义。
7. 根据材料,请运用所学原理谈谈将来人类该如何使用抗生素?

专题四　实践和认识

一、主要内容、重难点问题

1. 主要内容

实践及其在认识中的决定作用

认识的本质与过程

实践与认识的辩证运动及其规律

实践是检验认识真理性的唯一标准

认识论与思想路线

实现理论创新与实践创新的良性互动

2. 重难点问题

重点：实践及其在认识中的决定作用；认识的本质；认识的过程；实践是检验认识真理性的唯一标准

难点：认识的本质；实践标准的确定性和不确定性

二、学习目标

学习马克思主义的实践观和认识论的基本观点，掌握实践和认识的辩证关系，树立实践第一的观点，真正理解理论创新和实践创新的辩证关系，学会在实践中不断提高认识能力，并且努力实现理论创新和实践创新的良性互动；坚持理论创新和实践创新，不断提高在实践中自觉认识世界和改造世界的能力。

导入问题：

十九大后我国又产生了新的马克思主义理论成果，试分析马克思主义理论为什么要不断地进行理论创新？如何理解"要实现'理论创新'和'实践创新'的良性互动"？

三、导学案例及问题思考

抗生素的发现史

青霉素是抗生素的一种，是指从青霉菌培养液中提制的分子中含有青霉烷、能破坏细菌的细胞壁并在细菌细胞的繁殖期起杀菌作用的一类抗生素,是第一种能够治疗人类疾病的抗生素。抗生素的发现经历了曲折的过程。

弗莱明是英国的细菌学专家,长期从事细菌研究工作。弗莱明两次在实验室里获得意外发现的故事已广为人知。第一次是在1922年,当时弗莱明正在研究溶菌酶。一天,患了感冒的弗莱明无意中对着培养细菌的器皿打喷嚏;后来他注意到,在这个培养皿中,凡沾有喷嚏黏液的地方没有一个细菌生成。随着进一步的研究,弗莱明发现了溶菌酶——在体液和身体组织中找到的一种可溶解细菌的物质,他以为这可能就是获得有效天然抗菌剂的关键。但试验表明,这种溶菌酶只对无害的微生物起作用。

1928年,弗莱明开始研究导致人体发热的葡萄球菌。弗莱明在一只只培养皿里培养出葡萄球菌,然后再实验用各种药剂去消灭它们。这个工作已花费了他几年的时间,仍一无所获。终于,幸运之神再次降临。在弗莱明外出休假的两个星期里,一只未经刷洗的废弃的培养皿中长出了一种神奇的霉菌。弗莱明刚想把这发了霉的培养物倒掉,但转而产生了一个念头:把它拿到显微镜下去看看。他又一次观察到这种霉菌的抗菌作用——细菌覆盖了器皿中没有沾染这种霉菌的所有地方,这意味着在霉斑附近,葡萄球菌死了!这是不是他梦寐以求、已追寻了好几年的葡萄球菌的克星呢?弗莱明立即动手大量培养这种青绿色的霉菌,将培养液过滤,滴到葡萄球菌上。结果,葡萄球菌在几小时之内全部死亡。将滤液稀释800倍,再滴到葡萄球菌上,它居然还能杀死葡萄球菌!经证实,这种霉菌液还能够阻碍其他多种细菌的生长。

弗莱明把这种培养液叫作青霉素(弗莱明在确认这种霉菌是一种青霉菌之后选定了这个名字)。青霉素是否就是他长期以来一直在寻找的天然抗生素?它是可敷在伤口上的有效杀菌剂吗?接下来,他又做了病理实验,把青霉素注入小白鼠体内,结果什么影响也没有,证明青霉素对动物无毒害。他又在家兔的眼睛里滴入这种液体,也没有发现异常现象。

当时弗莱明无法对青霉素进行提纯,他只能以含有微量青霉素的粗培养液进行实验,虽然这些粗培养液能够有效杀死试管中的细菌,但当喂食给被细菌感染的兔子或老鼠时,却发现无抑菌的能力。这样的实验结果,使弗莱明认为青霉素在动物体内无法继续维持其杀菌的效力,他的热情也随之凉了下来。因此在发表几篇论文后,就终止了这个研究,这使抗生素的发展停顿了将近十年。

1938年,英国医生弗洛里和钱恩在研究溶菌酶的时候,从文献中发现了弗莱明的文章,这引起了他们的高度关注,他们立即着手继续弗莱明当年的研究。这在科学史上被认为是青霉素的第二次发现。1940年,弗洛里与钱恩首度从青霉菌的粗培养液中纯化出青霉素,并进行动物实验。首先,他们将致死剂量的细菌注入8只老鼠的体内,其中4只再追加那些初步纯化出来的青霉素,结果发现只有那些注射过青霉素的老鼠存活下来。

弗洛里和钱恩将弗莱明发现的液状霉素,经过过滤、浓缩、提纯、干燥,终于得到了一种黄色粉末。经过许多次实验,他们证实了青霉素的药效极高,把它稀释50万倍仍能有效地杀灭细菌,这是一种极有临床价值的新型抗菌药。1941年,他们进行了第一次青霉素临床试验。

1941年2月12日,伦敦一家大医院收治了一位43岁的警察——已处于休克状态的垂危病人。专家们会诊后,认为他的败血症已经非常严重,不可能挽救了。于是,正在研究青霉素的弗洛里医生,决定把这个警察作为青霉素临床试验的第一个病人。一针青霉素打进去了,往后是每隔3个小时再打一针。奇迹出现了:24小时后,这位警察的病情有了明显好转;第3天,警察的意识已经清楚;第5天,他想吃东西了。可是到了第6天,弗洛里培养的青霉素已经用完,整个伦敦再也找不到这种有效的药物了。弗洛里眼睁睁地看着警察的病情再度恶化,最后死去了。这次治疗究竟是成功还是失败? 可能有人认为是失败了,因为病人最终还是死了。可弗洛里医生却认为是成功的,他从警察病情的变化中看到了青霉素的威力。他敏锐地意识到,弗莱明医生发现的这种物质将成为20世纪最伟大的发现之一,将有可能挽救千百万人的生命。

1941年,青霉素首度被运用于人体试验,并证实它能有效对抗细菌感染。但是,当时提取青霉素的方法很不理想。从100公斤的青霉菌培养液中所提取到的青霉素,只能够一个病人进行一天的治疗。靠这种方法来生产青霉素,需要大量的财力和物力。那时正值第二次世界大战,英国没有力量进行这种昂贵的生产研究,而战争又急需大量的高效抗菌药。在英国的请求下,美国承担了这一任务。结果发现,生长在烂甜瓜表面的菌种最好;用玉米粉调配的培养液最利于繁殖;在24摄氏度的温度下最利于大量生产。这三个条件都不难办到,青霉素终于大批量生产起来,成为一种价格便宜的特效药物了。1945年,弗莱明、弗洛里、钱恩三人,因发现、纯化与量产青霉素而获得诺贝尔生理学或医学奖。

有人在评论青霉素的发现时说:"弗莱明发现青霉素可以说是既偶然又幸运。这个发现是由三个因素偶然地同时出现所造成的。"这里指的因素之一是落到弗莱明的培养皿中的霉菌,恰好是分泌青霉素的;因素之二是培养皿中的细菌,恰好是能被青霉素杀灭的;因素之三是恰好弗莱明本人在做实验,若是旁人,几乎可以肯定会按常规扔掉这只混有"杂菌"的培养皿。这种说法不能说一点道理都没有。然而仔细想想就会知道,这是与弗莱明几年来的苦心寻觅分不开的,与他历来的认真、细致的工作态度分不开的。正如法国著名的微生物学家巴斯德所说:"在观察的领域中,机遇只偏爱那种有准备的头脑。"

青霉素的发现及其神奇的疗效,引起了其他抗生素的研究风潮,例如1944年,瓦克斯曼在灰色链霉菌中发现链霉素。链霉素是当时第一个能够有效治疗肺结核的药物,瓦克斯曼也因此获得1952年的诺贝尔生理学或医学奖。他的成功,再一次引起全世界科学家对利用微生物生产抗生素的研究热潮。氯霉素、新霉素、土霉素、四环素相继在1954年前被发现,而万古霉素亦于1956年从东方链霉菌的发酵物中被纯化出来,往后的十年,新的抗生素如卡那霉素、灰黄霉素、巴龙霉素、林可霉素、庆大霉素、妥布霉素陆续被发现,直到20世纪60年代末,人类可用来对抗细菌的武器已不下数十种,这样丰硕的抗生素研究结果,让人类顺利地脱离饱受传染病威胁的窘境。

此后,寻找新抗生素的工作趋于艰难。能找到的菌种大都已被研究过了,辛辛苦苦找来的新菌种,在经过分离提取、鉴定结构和抑菌研究等海量的工作后,绝大部分都以失败而告终。人们也试着采用一些物理化学的方法,如用紫外光照射,用化学药品刺激,去诱发细菌基因的突变,从而得到新的菌种。但这些方法的成功概率极低,未见到成功的实例。

所幸化学合成的研究进展很快。许多顶尖的合成化学家都参加这类工作,如伍德沃德因全合成青霉素、红霉素等获得诺贝尔奖。这中间积累了大量的化学合成方法,使科学家逐渐有能力合成非常复杂的分子。这些方法使人们能改变天然抗生素的结构,以期得到更适宜使用的抗生素。

在20世纪50年代后期,人们切去青霉素中的侧链部分,得到无侧链青霉素核(青霉烷酸),再加上人工制作的其他侧链,陆续得到了一系列有独特品质的青霉素成员,现统称为"××西林",如我们现在常用的广谱抗生素阿莫西林。用类似的方法，还从原本抗菌活性很低、根本没有临床价值的头孢菌素 C 中，得到了头孢菌素的母核。再接上两条人工的侧链，得到一系列的头孢菌素，现已发展到第 5 代。另外，科学家还发明将青霉素的母环改造成头孢母环的生产方法，现在生产的大部分青霉素产品，都用于头孢菌素的生产。各种头孢菌素成了现在常用的抗生素。

1940—1962 年，20 多种新型抗生素研发上市。然而，从那以后，只有两个全新的品种进入市场，新型抗生素的发现和生产再次陷入低潮。随着细菌抗药性产生的速度不断加快，人类将没有足够的新品种抗生素或者类似物来杀死产生耐药性的细菌，尤其是革兰氏阴性菌，这就意味着，在不久的将来，人类也许将没有可用的有效的抗生素，更多的人会死于细菌感染。

案例问题思考

1. 结合材料理解实践的主体、客体和认识的主体、客体的关系。
2. 马克思主义将实践引入认识论，试结合材料理解实践在认识中的作用。
3. 结合材料理解感性认识和理性认识的辩证关系。
4. 结合材料分析感性认识上升到理性认识的条件，以及理性认识回到实践的条件。
5. 结合材料理解认识过程是一个不断反复和无限发展的过程。
6. 马克思主义认识论是实践基础上能动的反映论，试结合材料理解认识的能动性。
7. 马克思主义将辩证法引入认识论，试结合材料理解认识过程中所体现的辩证法思想。
8. 试结合材料分析理解实践是检验认识真理性的唯一标准。
9. 既然实践是检验认识真理性的唯一标准，为什么弗莱明的实验没能检验其认识是正确的？试用相关原理进行解释。
10. 结合弗莱明和弗洛里、钱恩发现青霉素的过程，试分析进行理论创新的条件是什么？

四、案例问题解析示例

1. 结合材料理解实践的主体、客体和认识的主体、客体的关系。

人的实践活动是以改造客观世界为目的的客观过程，是实践的主体与客体之间的相互作用,这种相互作用必须借助一定的手段和工具,即实践的中介。实践的主体、客体和中介是实践活动的三项基本要素,三者的有机统一构成实践的基本结构。实践的主体和客体相互作用的关系,包括实践关系、认识关系和价值关系,其中实践关系是最根本的关系。

实践的主体和客体与认识的主体和客体在本质上是一致的。认识的主体和客体的关系不仅是认识和被认识的关系,而且首先是改造和被改造的关系。主体认识客体的过程,也是主体改造客体的过程。主体对客体的认识和改造,说到底是为了满足自己的需要,因而又构成了价值关系。在案例中,弗莱明既是认识抗生素的主体,又是科学实践的主体;抗生素既是认识的客体,又是科学实践的客体。所以,认识的主体客体与实践的主体客体是一致的。从价值关系的角度来看,人类之所以认识抗生素、生产抗生素,是因为抗生素可以杀死对人体有害的细菌,保护和挽救人类的生命,对人类有着重要的作用,即认识(实践)的客体与认识(实践)的主体之间存在价值关系。

2. 马克思主义将实践引入认识论,试结合材料理解实践在认识中的作用。

辩证唯物主义认为,实践是认识的基础,实践在认识活动中起着决定性作用:第一,实践是认识的来源;第二,实践是认识发展的动力;第三,实践是认识的目的;第四,实践是检验认识真理性的唯一标准。案例中,抗生素正是在实践中被发现的;人们之所以致力于寻求一种治疗细菌感染的抗生素,是因为在临床实践中人们对于细菌感染无能为力,这促使人们不断地寻找能够战胜细菌感染的抗生素,实践产生了认识的需要;在实践条件达到能够将粗培养液进行提纯的水平后,弗莱明、钱恩和弗洛里发现了青霉素,实践为认识提供了物质条件;正是为了治愈细菌感染挽救生命,人们才去寻找抗生素,实践构成认识的目的;另外,青霉素的抗菌能力如何还要经过实验和临床检验,"老鼠保护试验法"进行动物实验,以及对那位败血症警察患者的临床治疗,证明了青霉素确实具有很强的抗菌能力。

3. 结合材料理解感性认识和理性认识的辩证关系。

感性认识和理性认识是人对客观世界的两种不同水平的反映形式,也是认识过程的两个不同阶段。感性认识是人们在实践基础上,由感觉器官直接感受到的对事物的现象、事物的外部联系、事物的各个方面的认识。理性认识是指人们借助抽象思维，在概括整理大量感性材料的基础上，达到关于事物的本质、全体、内部联系和自身规律性的认识。感性认识和理性认识的性质虽然不同，但二者的关系是辩证统一的：第一，感性认识有待于发展和深化为理性认识；第二，理性认识依赖于感性认识；第三，感性认识和理性认识相互渗透、相互包含。

案例中，弗莱明看到了一只未经刷洗的废弃的培养皿中长出了一种神奇的霉菌，在显微镜下他又一次观察到这种霉菌的抗菌作用——细菌覆盖了器皿中没有沾染这种霉菌的所有部位，这意味着在霉斑附近，葡萄球菌死了。弗莱明立即动手大量培养这种青绿色的霉菌，将培养液过滤，滴到葡萄球菌中去。结果，葡萄球菌在几个小时之内全部被杀死。将滤液稀释800倍，再滴到葡萄球菌中去，居然仍能杀死葡萄球菌！这种霉菌液还能阻碍其他多种病毒性细菌的生长。在这个过程中，弗莱明观察到的现象都是弗莱明通过感觉器官——眼睛看到的，属于感性认识。这种认识只是表面现象的认识，有待进一步深化。在以上感性认识的基础上，最终弗莱明得出结论：这种霉菌液能够杀死细菌，还能阻碍其他多种病毒性细菌的生长。这种认识是一种理性认识。可见，理性认识依赖于感性认识，没有以上的观察结果，弗莱明是不可能得出这种理性认识结论的。当弗莱明观察到这种霉菌的抗菌作用——细菌覆盖了器皿中没有沾染这种霉菌的所有部位时，弗莱明作出判断，"这意味着在霉斑附近，葡萄球菌死了！"这种认识本质上是一个判断，判断是理性认识的形式之一；另外，在这种认识中，葡萄球菌是一个概念，也是一种理性认识形式；但同时这种认识又是弗莱明通过眼睛观察到的，又是一种感性认识，因此感性认识和理性认识是相互渗透的。

4. 结合材料分析感性认识上升到理性认识的条件，以及理性认识回到实践的条件。

在案例中，无论是弗莱明还是弗洛里和钱恩，都经过了大量的实验，并在实验中获得了丰富的感性材料，积累了感性认识，最终经过长期的实验、观察和思考，才发现了抗生素，由此看出，从感性认识上升到理性认识必须具备两个基本条件：第一，投身实践，深入调查，获取十分丰富和合乎实际的感性材料；第二，必须经过思考的作用，运用理论思维和科学抽象，将丰富的感性材料加以去粗取精、去伪存真、由此及彼、由表及里的改造，形成概念和理论的系统。

从认识到实践的飞跃，需要一定的中介环节，包括确定实践目的，形成实践理念,制订实践方案,进行中间实验,即先在小范围内进行试点,取得经验后再逐步推广,以及运用科学的实践方法等。除此之外,从认识到实践的最后一个环节,是对人民群众进行组织和宣传,让理论为群众所掌握,并转化为改造世界的物质力量。只有这样,理论才能真正发挥指导作用,并随着实践的发展而发展。案例中,发现抗生素是为了能够在临床实践中治病救人,为了能够量产青霉素,经过实验发现,生长在烂甜瓜表面的菌种最好;用玉米粉调配的培养液最利于繁殖;在24摄氏度的温度下最利于大量生产,将这些关于生产条件的认识推广至药厂后,青霉素终于大批量生产起来,成为一种价格便宜的特效药物。

5. 结合材料理解认识过程是一个不断反复和无限发展的过程。

实践与认识的辩证运动,是一个由感性认识到理性认识,再由理性认识到实践的飞跃,是实践、认识、再实践、再认识,循环往复以至无穷的辩证发展过程。案例中,人类发现抗生素的过程充分体现了这一规律。弗莱明发现青霉素能抗菌是由感性认识上升到理性认识的过程,他的这一理性认识最终由弗洛里和钱恩经过实践证明是正确的,于是批量生产青霉素。在这个过程中,针对青霉素的认识过程由实践—认识—再实践,完成了对青霉素的具体认识过程,但是抗生素的发现过程是一个无止境的过程,后来人们又发现了链霉素、氯霉素、新霉素、土霉素、四环素也相继在1954年前被发现,而万古霉素亦于1956年从东方链霉菌的发酵物中被纯化出来,接着往后的十年间,新的抗生素如卡那霉素、灰黄霉素、巴龙霉素、林可霉素、庆大霉素、妥布霉素陆续被发现,直到20世纪60年代末,人类可用来对抗细菌的武器已有数十种。后来在寻找抗生素陷入困境时,人们又发现了化学合成方法,发现了全合成的青霉素、红霉素,通过改造青霉素侧链得到西林类抗生素,以同样方法得到头孢菌素类抗生素等。此后,对抗生素的发现暂时又陷入困境。由此可以看出,认识总过程是一个不断反复和无限发展的过程。

6. 马克思主义认识论是实践基础上能动的反映论,试结合材料理解认识的能动性。

辩证唯物主义认识论认为,认识的本质是主体在实践基础上对客体的能动反映。这种能动反映不但具有反映客体内容的反映性特征,而且具有实践所要求的主体能动的、创造性的特征,不是主观对客观对象简单、直接的描摹或照镜子式的原物映现。一方面,认识的反映特性是人类认识的基本规定性。认识的反映特性是指人的认识必然要以客观事物为原型和摹本,在思维中再现或摹写客观事物的状态、属性和本质。人的认识不论表现形式多么抽象和复杂,归根结底是对客观对象的反映,所以,反映的摹写性表明了反映的客观性。另一方面,认识的能动反映具有创造性。认识是一种在思维中的能动的、创造性的活动,而不是主观对客观对象简单、直接的描摹或照镜子式的原物映现。人们为了在实践中实现预定的目的,不仅要反映事物的现象,更要把握事物的本质。如何透过现象看本质,需要人们运用辩证逻辑的思维方法,在观念中分解、加工和改造对象,进行创造性的思维活动。人类思维探寻把握本质的抽象活动,鲜明体现了认识的能动性和创造性。基于这种认识,人类结合自己的需要在头脑中创造出新客体的理想形态和功能更是一种能动的、创造性的活动。总之,能动反映的创造性对于人的认识的形成、发展和运用尤为重要。

  案例中弗莱明观察到细菌覆盖了器皿中没有沾染这种霉菌的所有部位,这意味着在霉斑附近葡萄球菌死了,这是其对所观察到的现象的反映,但是弗莱明却将这一现象与他正在研究的抗生素联系起来,思索这是不是他梦寐以求、已追寻了好几年的葡萄球菌的克星,这体现了弗莱明的创造性的思维活动,这种创造性的思维活动以他对相关认识的把握为基础,如果是一个不具备弗莱明那样的知识结构的人观察发霉的培养皿,可能不会发现青霉素。弗洛里和钱恩对弗莱明发现的液态霉素进行过滤、浓缩、提纯、干燥,终于得到了一种黄色粉末,这种从液状霉素中得到固态青霉素的方法也是弗洛里和钱恩运用创造性思维的结果。再如,在20世纪50年代后期,人们切去青霉素的侧链部分,得到无侧链青霉素核(青霉烷酸),然后再加上人工制作的其他侧链,陆续得到了一系列有独特品质的青霉素成员,现统称为"××西林",如我们现在常用的广谱口服的阿莫西林。用类似的方法,还从原本抗菌活性很低,根本没有临床价值的头孢菌素C中,得到了头孢菌素的母核。再接上两条人工的侧链,得到一系列的头孢菌素,现已发展到第5代。另外,发明了将青霉素的母环改造成头孢的母环的生产方法,现在生产的大部分青霉素产品,都用于头孢菌素的生产。各种头孢菌素成了现在常用的抗生素。这些都体现了人的思维的能动性、创造性。

7. 马克思主义将辩证法引入认识论,试结合材料理解认识过程中所体现的辩证法思想。

  马克思把辩证法应用于反映论考察认识的发展过程。它科学地揭示了认识过程中多方面的辩证关系,例如主观和客观、认识和实践、感性和理性、真理的绝对性和相对性、真理和价值等方面的关系,把认识看成一个由不知到知、由浅入深的充满矛盾的能动的认识过程,全面地揭示了认识过程的辩证性质。在案例中,发现抗生素的过程是主观和客观相互作用的过程,是在实践基础上不断由感性认识到理性认识的过程,是认识不断加深的过程,这些都说明了认识过程是一个辩证运动过程。

8. 试结合材料分析理解实践是检验真理的唯一标准。

判定认识或理论是否是真理,不是依主观而定,而是依客观社会实践结果而定。真理的标准只能是社会的实践。也就是说,只有实践才是检验真理的唯一标准,此外再也没有其他标准。实践之所以能够作为检验真理的唯一标准,是由真理的本性和实践的特点决定的。第一,从真理的本性来看,真理是人们对客观事物及其发展规律的正确反映,它的本性在于主观和客观相符合。检验真理就是检验人的主观认识同客观实际是否相符合以及符合的程度。如案例中要检验关于抗生素的认识是否正确要比较实验的客观结果是否如主观预期那样能够杀死细菌。第二,从实践的特点来看,实践是人们改造世界的客观的物质性活动,具有直接现实性的特点。实践能够把一定的认识、理论变成直接的、实实在在的现实,把主观的东西变为客观的东西。如无论是弗莱明,还是弗洛里和钱恩的实验,都是通过实践将主观思想变成了客观结果,即抗生素杀死细菌的客观现实,从而验证了认识的正确性。

9. 既然实践是检验认识真理性的唯一标准,为什么弗莱明的实验没能检验其认识是正确的?试用相关原理进行解释。

实践作为检验真理的标准,既具有确定性,又具有不确定性,实践标准是确定性与不确定性的统一。实践标准的确定性即绝对性,是指实践作为检验真理标准的唯一性、归根到底性、最终性,离开实践,再也没有其他公正合理的标准。实践标准的不确定性即相对性,是指实践作为检验真理标准的条件性。一方面,任何实践都会受到主客观条件的制约,因而都具有不可能完全证实或驳倒一切认识的局限性。另一方面,实践是社会的历史的实践,由于历史条件的种种限制,实践对真理的检验具有相对性、有限性,表现为具体的实践往往只是在总体上证实认识与它所反映的客观事物是否相符合,而不可能绝对地、永恒地、一劳永逸地予以确证。所以说,实践标准又具有不确定性。

案例中青霉素能不能杀死细菌必须经实践来检验,这一点是确定的,但弗莱明却没有通过实验检验青霉素的抗菌能力,这是由于弗莱明当时不具备将青霉素液纯化干燥的技术,低浓度的青霉素液很难表现出杀菌能力。这是由弗莱明当时实验条件的局限性所导致的,体现了实践检验真理的不确定性。随着实验技术的进步,弗洛里和钱恩可以将青霉素液提纯干燥,最终证明青霉素的杀菌能力,这说明实践作为检验真理的标准是确定的。

10. 结合弗莱明和弗洛里、钱恩发现青霉素的过程,试分析进行理论创新的条件是什么?

首先,根据认识与实践的关系,实践是认识的基础,理论创新应该在实践创新的基础上实现。比如弗莱明的一次度假改变了其培养皿里细菌生长的时间,这在事实上构成了一次实践的创新。弗洛里和钱恩正是创新了实验方法,最终真正发现了青霉素的杀菌能力;又经实验创新,人们发现生长在烂甜瓜表面的菌种最好,用玉米粉调配的培养液最利于繁殖,以及在24摄氏度的温度下最利于大量生产。正是实践中不断创新,才推动人们不断获得理论上的新的认识。但是,另一方面,如果没有相关的知识储备和知识结构以及思维方法,即使进行了实践创新也很难进行理论创新,如不具备像弗莱明一样的知识储备的人可能会将培养液倒掉从而发现不了青霉素。因此,理论创新还需要以一定的知识储备为基础,还需要有正确的思维方法。

五、本专题小结

辩证唯物主义认识论认为,实践是认识的基础,实践在认识活动中起决定性作用:第一,实践是认识的来源;第二,实践是认识发展的动力;第三,实践是认识的目的;第四,实践是检验认识真理性的唯一标准。

认识的本质是主体在实践基础上对客体的能动反映。人的认识过程是一个在实践基础上不断深化的发展过程,既表现为在实践基础上由感性认识到理性认识,再从理性认识到实践的具体认识过程;又表现为从实践到认识,再从认识到实践的循环往复和无限发展的总过程。

认识的过程首先是从实践到认识的过程。这个过程主要表现为,在实践基础上认识活动由感性认识能动地飞跃到理性认识。感性认识是人们在实践基础上,由感觉器官直接感受到的对事物的现象、事物的外部联系、事物的各个方面的认识。它包括感觉、知觉和表象三种形式。理性认识是指人们借助抽象思维,在概括整理大量感性材料的基础上,达到关于事物的本质、全体、内部联系和事物自身规律性的认识。理性认识包括概念、判断、推理三种形式。感性认识和理性认识是人对客观世界的两种不同水平的反映形式,也是认识过程的两个不同阶段。

从感性认识上升到理性认识必须具备两个基本条件:第一,投身实践,深入调查,获取十分丰富和合乎实际的感性材料。第二,必须经过思考的作用,运用理论思维和科学抽象,对丰富的感性材料加以去粗取精、去伪存真、由此及彼、由表及里的改造,形成概念和理论的系统。

从认识到实践,是认识过程的第二个阶段,即由精神到物质的阶段,由思想到存在的阶段。其意义在于,认识世界是为了改造世界。认识的真理性只有在实践中才能得到检验和发展。实现从认识到实践的飞跃,需要经过一定的中介环节,包括确定实践目的,即为了什么而实践;形成实践理念,即实践的理想蓝图是什么;制订实践方案,即把实践理念具体化的计划、措施和手段;进行中间实验,即先在小范围内进行试点,取得经验后再逐步推广,以及运用科学的实践方法等。除此之外,从认识到实践的最后一个环节,是对人民群众进行组织和宣传,让理论为群众所掌握,并转化为改造世界的物质力量。只有这样,理论才能真正发挥指导作用,并随着实践的发展而发展。

实践与认识的辩证运动,是一个由感性认识到理性认识,再由理性认识到实践的飞跃,是实践、认识、再实践、再认识,循环往复以至无穷的辩证发展过程。

认识产生于实践,随着实践的发展,人们的认识也随之得到发展,所以实践创新会推动理论创新。马克思主义理论之所以要不断地进行理论创新就是由于实践是不断地向前发展的,如果不推动理论创新就会使理论滞后于实践,难以指导新的实践,所以理论要随着实践的创新而不断创新;此外,经过实践检验的正确的认识反过来又可以指导实践,推动实践的创新发展。因此,应把实践创新和理论创新相结合,实现理论创新和实践创新的良性互动。

六、延伸阅读

1. 毛泽东:《实践论》,《毛泽东选集》(第 1 卷),人民出版社 1991 年版。

2. 毛泽东:《人的正确思想是从哪里来的?》,《毛泽东文集》(第 8

卷），人民出版社 1999 年版。

3. 马克思：《关于费尔巴哈的提纲》，《马克思恩格斯选集》（第 1 卷），人民出版社 2012 年版。

4. 列宁：《唯物主义和经验批判主义》，人民出版社 2016 年版。

七、考核案例

幽门螺杆菌的发现和应用

长期以来，主流学说认为胃溃疡主要是由于日常生活和工作压力大、长期食用辛辣或过酸的刺激性食物以及个体胃酸过多引起的。人们普遍认为，胃内酸性太强，不适合细菌长期生存，因而是一个无菌环境，正是因为这种酸性引起了胃或十二指肠的疼痛。因此，人们一旦得了胃病就无法彻底治愈，只能依靠抑酸性药物控制病情。从 20 世纪 70 年代开始，西咪替丁、雷尼替丁之类的抑酸药被普遍用于缓解消化性溃疡，但这不能从根本上治愈胃溃疡，而且患有此病的人也不敢长途旅行，因为长途旅行中一旦胃出血无法及时治疗。为此，人们亟须找到胃溃疡的病源以及如何治愈胃溃疡。

早在 1875 年，德国解剖学家就发现人类的胃黏膜层里存在一种螺杆菌，但因为无法培养出纯系菌株，这项结果就一直被忽视。1979 年，沃伦（皇家伯斯医院的病理学家）在一例非溃疡性消化不良的患者胃活检标本中发现了螺旋形细菌，他用显微镜观察到一条奇怪的"蓝线"，在高倍显微镜下，他发现有无数细菌紧黏着胃上皮，这些细菌长约 3 微米，直径约 0.5 微米，身体的一端长有几根长约 3—5 微米的鞭毛，外形多为弯曲的 S 形或弧形，证实了严重的胃炎患者胃部存在覆盖于胃黏膜表面的微生物。此后的 2 年，沃伦在多种标本中发现了这种细菌，他觉得这种细菌通常伴发于胃炎、胃溃疡患者的体内。然而，在医学常识缺乏的时代，由于无法保障标本不被污染，人们在正常的显微镜下往往看不到该微生物，只有对切片经过染色处理，才能观测清楚，当时的科学家和医生也都普遍不相信会有细菌生活在酸性很强的胃里，因此，当时除了沃伦的妻子，没人相信他的发现和猜测。而且，鉴于人们都不相信这一事实，大部分临床医师也不想给他提供帮助，这就为他获取正常的标本增加了难度。在面对这一困难时，沃伦只好尝试从档案中寻找病理检查报告为正常的胃活检标本，看看这些标本中有没有细菌。在确认这些标本中没有细菌存在时，沃德得出病理正常的胃窦黏膜没有细菌的结论。

1981年，马歇尔和沃伦基于幽门螺杆菌引起胃部疾病的假说，用四环素治疗了一例严重的胃炎患者，经过14天的抗生素治疗，其胃痛消失了，胃炎也治愈了。于是，他们开始用培养弯曲杆菌的技术培养胃内细菌，一共进行了30多次尝试但都失败了。1982年4月，在一次实验中，他们将细菌培养液在培养皿内放置了48个小时还是没有发现细菌，然而这次实验恰逢为期4天的复活节假期，培养皿有幸被保留了5天，而幽门螺杆菌的特性决定了其培养期恰恰是5—7天，培养时间之长足够细菌繁殖至肉眼可见的程度，这也就标志着幽门螺杆菌首次在实验室被培养成功。

接着，马歇尔和沃伦在长期的医学实践中利用实验室的各种仪器和细菌培养液等工具不断进行探索和研究，最终有幸成功提取了幽门螺杆菌的初始培养体，并发展了关于胃溃疡与胃癌是由幽门螺杆菌引起的假说。20世纪70年代末，医学科学发展到较高水平，分子医学已初现端倪，传统的各种生物学技术，如各种细菌培养（包括弯曲菌培养）、病理学技术（如Warthin-Starry银染）等日益成熟，这些都为幽门螺杆菌的发现创造了条件。随后的临床试验表明，铋剂和甲硝唑能够根除幽门螺杆菌，通过这种方法，90%的十二指肠溃疡可以被治愈。马歇尔和沃伦将人类对胃溃疡疾病发病机理和有效治愈的认知提升了一个台阶，打破了原有的主流学说，加深了人类对慢性感染、炎症和癌症之间关系的认识。

尽管胃溃疡与胃癌是由幽门螺杆菌引起的假说仍难以为人们普遍接受，但马歇尔和沃伦没有停止他们的研究。马歇尔和沃伦对100例接受胃镜检查及活检检查的胃病患者进行研究，1982年10月，他们得出了统计结论：螺旋形细菌只存在于胃炎患者身上。1983年1月，马歇尔向澳大利亚胃肠病学会提交了一份报告，阐述了细菌引起溃疡的观点，但是报告被拒之门外。后来，他为了确保实验数据的准确性，还亲自以身试菌，1984年的一天，马歇尔吞服了含有大量幽门螺杆菌的培养液，试图让自己患上胃溃疡，5天后，他出现冒冷汗、进食困难、呕吐、口臭等症状，10天后，马歇尔在做胃镜检查时发现，自己的胃黏膜上果然长满了这种弯曲的细菌，而白细胞穿过胃壁正努力吃掉并杀死那些幽门螺杆菌——这就是造成胃溃疡的原因。在第14天，马歇尔开始服用抗生素，症状在24小时内消除了，人们在惊呼这种疯狂举动的同时，也逐渐认同幽门螺杆菌才是引起消化性溃疡的罪魁祸首。

做实验的同时，马歇尔不断地在《柳叶刀》上发表相关论文证实"细菌引起胃溃疡"的说法。1994年，美国国立卫生研究院召开大会，基本认可了马歇尔和沃伦的研究结果，即幽门螺杆菌是引起胃溃疡的罪魁祸首。最终，马歇尔和沃伦向全世界证实了幽门螺杆菌是可以在强酸性的胃液里生存，并且能够导致胃炎和消化性溃疡，超过90%的十二指肠溃疡和80%左右的胃溃疡是由幽门螺杆菌感染所导致的。这一从实践中得出的医学结论纠正了流行多年的人们对胃炎和消化性溃疡发病机理的错误认识，推翻了之前主流学说认为的胃溃疡是由于压力大、食用刺激性食物和胃酸过多的理论。自此，幽门螺杆菌及其作用的发现被誉为消化病学研究领域的里程碑式的革命。

由于马歇尔和沃伦的发现，溃疡病从原先难以治愈、反复发作的慢性病，变成了一种只要采用短疗程的抗生素和抑酸剂就可治愈的疾病，大幅提高了胃溃疡等患者痊愈的概率，为改善人类生活质量作出了贡献，这一发现还启发人们去研究微生物与其他慢性炎症疾病的关系。如果没有马歇尔和沃伦的发现，那么国际医学界还将长期处于消化性溃疡发病机理的悖论当中，数以万计的消化性溃疡患者还将长期陷入这种令人痛苦的慢性疾病的煎熬中。如今，马歇尔仍从事与幽门螺杆菌相关的疫苗研究，他立志研究食物化疫苗。当今世界，疫苗技术50年来并没有大的突破，他坚信未来通过细胞培养，食物化疫苗将是大方向。

案例思考问题

1. 结合材料分析理解实践与认识的辩证关系。
2. 结合材料分析理解认识的本质是实践基础上的能动反映。
3. 结合材料分析理解感性认识和理性认识的辩证关系。
4. 结合材料分析理解认识是一个不断反复和无限发展的过程。
5. 结合材料分析理解为什么说实践是检验真理的唯一标准。
6. 结合材料分析理解实践检验真理标准的确定性和不确定性。
7. 结合材料分析理解理论创新和实践创新的辩证关系。

专题五　真理和价值

一、主要内容、重难点问题

1. 主要内容

真理的客观性、绝对性和相对性

真理与谬误

真理的检验标准

价值的基本特性

价值评价及其特点

价值观与核心价值观

真理与价值的辩证统一关系

认识世界和改造世界

2. 重难点问题

重点：真理的客观性、绝对性和相对性；真理与价值的辩证统一关系

难点：真理绝对性和相对性的辩证关系；价值的基本特性

二、学习目标

学习马克思主义的真理观和价值观的基本观点，掌握真理、价值的内涵、特性及其相互关系，树立正确的价值观，掌握真理尺度和价值尺度、科学精神和人文精神的辩证关系，学会正确分析社会现象，做到自觉弘扬科学精神和人文精神，在实际生活中做到既能按科学规律办事，又能合理满足人的需要。

导入问题：

习近平曾说："中国共产党人的理想信念，建立在马克思主义科学真理的基础之上，建立在马克思主义揭示的人类社会发展规律的基础之上，建立在为最广大人民谋利益的基础之上。我们坚定，是因为我们追求的是真理；我们坚定，是因为我们遵循的是规律；我们坚定，是因为我们代表的是最广大人民的根本利益。"试分析其中蕴含的哲学原理。

三、导学案例及思考问题

破解"稻语"慰苍生
——一位老人，一粒种子，一个传奇

20世纪60年代，美国的诺曼·博洛格利用杂交育种方法，经过20多年、3万多次的杂交试验，在墨西哥成功培育出抗倒伏、麦穗大的高产小麦。1970年，他还因此获得了诺贝尔和平奖，以奖励他带领人们战胜饥饿。但是，与小麦不同的是，水稻是严格的自花授粉作物，雌蕊和雄蕊包裹在同一朵花苞中，人们很难用手工杂交的方法来提供大批量的杂交种子，因此，在当时的国际水稻学界，专家们几乎一致认为，水稻是自花授粉作物，杂交育种面临较大的困难，即使实现杂交，也没有优势。但是，袁隆平却从一棵穗大粒多的水稻身上找到了杂交水稻的钥匙。

1. 缘起

20世纪60年代初，袁隆平带领学生下农村实习，开始从农作物品种改良入手，探索科技兴农之路，他提出水稻杂种优势利用的观点，打破了"自花授粉作物无杂交优势"的理论禁区。起初，袁隆平和搭档罗孝和进行了一次水稻杂交实验，他们种了四分田的杂交水稻，一开始长得特别好，平均比对照组植株高两三寸，多三四个分蘖。但是，收获的时候，稻谷减产，稻草却增产70%，社会上开始出现各种质疑的声音，面对巨大的社会舆论，袁隆平从失败中总结教训，他坚持认为：水稻并非没有杂交优势，也许在这次实验中，其优势仅仅表现在稻草上。由此，这次失败更加坚定了他研究杂交水稻的决心，推动他继续投入这项工作中去。

2. "三系法"杂交水稻研制成功

1964年7月5日，袁隆平在试验稻田中找到一株"天然雄性不育株"，于是决定在我国率先开展水稻杂种优势利用研究，并提出通过"三系法"（雄性不育系、雄性不育保持系、雄性不育恢复系）来培育杂交水稻。1965年7月，袁隆平又发现6株不育株，并将其中4株成功繁殖出2代。1966年，袁隆平在《科学通报》杂志上发表了他的第一篇重要论文《水稻的雄性不孕性》，其研究成果推翻了米丘林、李森科的"无性杂交说"，开启了水稻雄性不育的研究。1972年，杂交水稻被列为中国重点科研项目，与此同时，袁隆平与同事也成功培育出我国第一株实用的水稻雄性不育系及其保持系"二九南1号"，此为中国第一株应用于生产的不育系水稻。1973

年,袁隆平及其团队在"不育系""保持系"的基础上,利用全世界各地的上千个品种进行测交筛选,找到了百余种具有恢复能力的水稻,首次培育出三系杂交水稻,水稻亩产量从300公斤提高到500公斤。袁隆平于当年10月在苏州的全国水稻科研会议上宣读《利用"野败"选育三系的进展》一文,正式宣告中国籼型杂交水稻"三系"配套成功,实现了杂交水稻的历史性突破。1974年,他成功选育了第一个在生产上大面积应用的强优高产杂交水稻组合"南优2号",其比普通水稻增产20%以上。1976年开始,杂交水稻在全国大面积推广,其比常规稻平均增产20%左右。1979年,三系杂交水稻技术被介绍到美国。1980年之后,袁隆平又先后育成"威优64""威优49"等几个大面积推广的早熟、多抗新组合。

3. "两系法"杂交水稻研制成功

1986年,袁隆平在三系杂交水稻技术的基础上,又提出了"两系法亚种间杂种优势利用"的发展观点。1987年,"两系法"杂交水稻研究列入国家高技术研究发展计划,袁隆平挂帅开展全国性的协作攻关,同年7月16日,袁隆平的学生李必湖、邓华凤,在安江农校籼稻三系育种材料中,找到一株光敏不育水稻,历经两年三代异地繁殖和观察,发现该材料农艺性状整齐一致,不育株率和不育度都达到100%,并且育性转换明显和同步,这一新成果,为杂交水稻从"三系法"过渡到"两系法"开拓了新局面。1988年,杂交水稻面积达到1.94亿亩,占全国水稻面积的39.6%。历经9年的艰苦攻关,1995年,两系法杂交水稻研究成功,普遍比同熟期的三系杂交稻每亩增产5%—10%。

4. 超级杂交水稻研制成功

1996年,袁隆平提议,在"九五"期间育成超高产杂交水稻新品系,超高产指标为每公顷日产稻谷100公斤,以生长期为120天计算,也就是12吨/公顷,该提议被国家有关部门采纳,作为"超级杂交稻选育"立项,进入国家高技术研究发展计划,超级稻计划正式开始。2000年,超级杂交稻实现百亩示范片亩产700公斤的第一期目标。2003年,全国一半以上水稻都为袁隆平的杂交品种。2004年,超级杂交稻实现百亩示范片亩产800公斤的第二期目标,同年3月,超级稻计划研究进入第三期。2011年,袁隆平指导的"Y两优2号"百亩超级杂交稻试验田平均亩产926.6公斤。2013年,袁隆平第四期超级稻百亩示范片"Y两优900"中稻平均亩产达到988.1公斤,创世界纪录。2015年,袁隆平和他的团队选育的"超优千号"实现了亩产 1067 公斤的产量。2016 年,在袁隆平及其团队指导下,设在山东日照的超级稻百亩高产攻关基地刷新世界纪录,即最高纬度杂交水稻亩产 980.43 公斤。2017 年 10 月 15 日,在河北省邯郸市永年区种植的超级杂交稻 6.7 公顷示范片经专家验收,每 667 平方米产量达 1149.02 公斤,即每公顷 17.235 吨,创世界水稻单产新纪录。

5. 海水稻、沙漠稻研制成功

2016 年 10 月,由袁隆平领衔建设的国家级研发平台"青岛海水稻研究发展中心"正式落户青岛,以开展海水稻的试验研究,拟通过将杂交水稻技术、超远缘杂交、诱导多倍体杂交、突变与分子标记辅助育种等多种技术手段相结合,选育出具有耐碱、抗病、优质、高产等多种特性的新型耐盐碱水稻。2017 年,该中心联合我国多家科研单位,成立国内首个耐盐碱水稻区试验协作组,并首次制定了耐盐碱水稻相关审定标准,对 35 个耐盐碱水稻品种在全国 23 个试点进行了区域试验。2017 年 9 月 28 日,十余位来自中国科学院、国家杂交水稻工程技术研究中心、江苏农科院等科研机构的专家,在位于李沧区白泥地的青岛海水稻研究发展中心实验基地取小范围材料进行理论产量测定,最高亩产达到 620.95 公斤,亩产突破 1200 斤,远远超过预期产量。我国 15 亿亩盐碱地、3500 多万亩沿海滩涂,其中有 2 亿多亩具备种植海水稻的潜力,试种、推广成功后,按照每亩产量 200—300 公斤保守计算,可增产粮食 500 亿公斤,多养活约 2 亿人。海水稻培育成功,不仅大大节约了淡水资源、提高了水稻的总产量,也有效地改良了盐碱地,增加了耕地面积。

2018 年 1 月,袁隆平海水稻团队在迪拜启动项目建设,这也是全球首次在热带沙漠成功种植水稻的试验,试种了 80 多个水稻品种,由来自国际水稻研究所,印度、埃及、阿联酋和中国的 5 名专家组成的国际联合测产专家组对首批成熟的品种进行了测产,其中一个材料产量超过 500 公斤/亩,两个材料产量超过 400 公斤/亩,这标志着在迪拜沙漠地区的试验种植取得了阶段性成功。由于沙漠环境恶劣,袁隆平团队决定采用"四维改良法"的沙漠盐碱地改良技术,以此改良技术为基础,2018 年下半年启动了 100 公顷的"海水稻试验农场"项目。2019 年启动第三阶段——面积为 100 公顷的"海水稻标准农场"项目,验证海水稻大规模试验种植技术,将探索利用沙漠地区四季常青的人造绿洲融合绿色生态地产业态,打造绿色生态地产。该阶段完成后,海水稻项目将进入全面推广阶段,致力于打造"绿色迪拜"和"生态迪拜",将海水稻人造绿洲覆盖迪拜 10% 以上的国土面积，大幅提升阿联酋粮食自给能力和粮食安全性，并有效地改善当地的生态环境。

6. 结论

从20世纪60年代开始，袁隆平先生一直致力于杂交水稻研究，发明了"三系法"籼型杂交水稻，成功研究出"二系法"杂交水稻，创建了超级杂交稻、海水稻、沙漠稻等技术体系，50多年来他不断开拓创新，先后发表学术论文70多篇，出版《杂交水稻育种栽培学》等专著7部，创立了系统的杂交水稻学学科。目前，被称为"东方魔稻"的杂交水稻，不仅在中国多养活了7000万人，还在中亚、东南亚、北美、南美试验试种，杂交水稻已推广到50多个国家和地区，全世界有20%的水稻采用了袁隆平杂交技术，亩产平均增产20%—50%，为解决人类的粮食问题，促进人类社会的可持续发展作出了重大贡献。袁隆平先生被称为"杂交水稻之父"，他一生都在为他的"禾下乘凉梦""杂交水稻覆盖全球梦"而努力，他的成就不仅是中国的骄傲，也是世界的骄傲，"发展杂交水稻，造福世界人民"，是他毕生的追求和梦想。

案例问题思考

1. 案例中袁隆平在多年对杂交水稻研究的基础上创立了杂交水稻学学科，试结合材料分析理解真理的客观性。

2. 案例中袁隆平先生从20世纪60年代开始一直致力于杂交水稻研究，并取得了一个又一个研究成果，结合材料分析理解真理的绝对性和相对性及其辩证关系。

3. 袁隆平带领团队所研究的杂交水稻被称为"东方魔稻"，结合材料分析理解检验真理的唯一标准是实践。

4. 袁隆平团队所研究出的杂交水稻技术为解决人类的粮食问题，促进人类社会的可持续发展作出了重大贡献，试结合材料分析理解价值及其特性。

5. 袁隆平团队所研究出的杂交水稻亩产平均增产达20%—50%，成为造福世界人民的成就，结合材料分析理解价值评价及其特点。

6. 袁隆平即使年事已高，也依然奔走在田间，为他的"禾下乘凉梦""杂交水稻覆盖全球梦"而努力，结合材料分析理解实践中真理尺度和价值尺度的辩证统一关系。

7. 在研究杂交水稻的过程中，人类对杂交水稻的认识越来越深入，所取得的成就越来越大，结合材料分析理解改造客观世界与改造主观世界的关系。

8. 杂交水稻技术的不断进步和推广缓解了世界上许多国家人民的饥饿问题,结合材料分析为什么说认识世界和改造世界的过程是从必然走向自由的过程?

四、案例问题解析示例

本案例介绍了袁隆平及其团队为解决人类的粮食问题而致力于杂交水稻研究的过程,能够帮助同学们理解真理与价值的相关理论问题。

1. 袁隆平在多年对杂交水稻研究的基础上创立了杂交水稻学学科,试结合材料分析理解真理的客观性。

真理是标志主观与客观相符合的哲学范畴,是对客观事物及其规律的正确反映。真理的客观性指真理的内容是对客观事物及其规律的正确反映,真理中包含着不依赖于人和人的意识的客观内容。某一认识成为真理的决定性条件,并不在于它采取何种主观形式,而在于它能正确地反映对象的本质和规律。案例中袁隆平杂交水稻的研究成果之所以具有真理性,是因为该研究成果确实能够指导人们提高水稻产量,说明该杂交水稻的研究成果是对水稻生长规律的正确反映,而这种规律是客观的,不以人的意志为转移,即袁隆平及团队关于水稻的研究成果的内容反映了客观规律,即主观认识与客观规律是一致的,是具有真理性的认识。真理之所以能成为真理是因为主观与客观是符合的,真理是对客观规律的正确反映。

2. 袁隆平先生从 20 世纪 60 年代开始一直致力于杂交水稻研究,并取得了一个又一个研究成果,结合材料分析理解真理的绝对性和相对性及其辩证关系。

真理的绝对性是指真理主客观统一的确定性和发展的无限性。它有两个方面的含义:一是指任何真理都标志着主观与客观之间的符合,都包含着不依赖于人和人的意识的客观内容,都同谬误有原则的界限。这一点是绝对的、无条件的。在这个意义上,承认真理的客观性也就是承认真理的绝对性。二是人类认识按其本性来说,能够正确认识无限发展着的物质世界,认识每前进一步,都是对无限发展着的物质世界的接近,这一点也是绝对的、无条件的。案例中袁隆平每一次的研究成果经实践检验确实提高了水稻的产量,这一点是确定无疑的;从袁隆平几十年的研究成果看,其研究不断取得进展,对杂交水稻的研究也越来越深入,其每一次研究的进展都离客观世界更近了一步。

真理的相对性是指人们在一定条件下对客观事物及其本质和发展规律的正确认识总是有限度的、不完善的。它具有两个方面的含义:一是从客观世界的整体来看,任何真理都只是对客观世界的某一阶段、某一部分的正确认识,人类已经达到的认识的广度总是有限度的,因而,认识有待扩展。二是就特定事物而言,任何真理都只是对客观对象一定方面、一定层次和一定程度的正确认识,认识反映事物的深度是有限度的,或是近似性的。也就是说,任何真理都只能是主观对客观事物近似正确即相对正确的反映。案例中袁隆平的研究仅限于杂交水稻,只是整个客观世界中的一个领域,是有限度的。另外,对于杂交水稻的认识是无止境的,袁隆平的研究是不断深入的,其每一次取得的研究成果都是在杂交水稻的某一方面取得了进展,对于杂交水稻的研究还需要继续不断地深入和拓展,认识又是有限的、相对的。

可见,认识既具有绝对性,又具有相对性,是绝对性和相对性的辩证统一。

3. 袁隆平带领团队所研究的杂交水稻被称为"东方魔稻",结合材料分析理解检验真理的唯一标准是实践。

实践之所以能够作为检验真理的唯一标准,是由真理的本性和实践的特点决定的。从真理的本性看,真理是人们对客观事物及其发展规律的正确反映,它的本性在于主观和客观相符合。检验真理就是检验人的主观认识同客观实际是否相符合以及符合的程度。只有那种能够把主观认识与客观事物联系和沟通起来,从而使人们能够把二者加以比较和对照的东西,才能充当检验真理的标准。具有这种特性的东西,只能是作为主客观联系的桥梁、纽带或"交错点"的社会实践。案例中袁隆平的研究结果是不是正确,只有通过试种之后看水稻的产量是不是有所提高才能知晓,因为种植水稻的实践才能将对水稻的认识与水稻是否高产的事实联系起来。

从实践的特点看,实践是人们改造世界的客观的物质性活动,具有直接现实性的特点。实践能够把一定的认识、理论变成直接的、实实在在的现实,把主观的东西变为客观的东西。如果实践的结果与实践之前的认识和预想相符合,那么,之前的认识就得到了证实,成为真理性的认识。实践的直接现实性的特点,是实践能够成为检验真理唯一标准的主要根据,也使实践成为最公正、最有权威的终极审判官。种植水稻的实践是一种可感知的对象性的物质活动,其实践结果也就是水稻的产量是客观的,客观的产量与认识相比较就可以知道对杂交水稻的研究结果是不是正确。

4. 袁隆平团队所研究出的杂交水稻技术为解决人类的粮食问题,促进人类社会的可持续发展作出了重大贡献,试结合材料分析理解价值及其特性。

作为哲学范畴,价值是指在实践基础上形成的主体和客体之间的意义关系,是客体对个人、群体乃至整个社会的生活和活动所具有的积极意义。价值具有主体性、客观性、多维性和社会历史性四个基本特性。价值的主体性是指价值直接同主体相联系,始终以主体为中心,价值关系的形成依赖于主体的存在,还依赖于主体的创造,使客体潜在的价值转化为现实的存在;价值的客观性是指在一定条件下客体对于主体的意义不依赖于主体的主观意识而存在;价值的多维性是指每个主体的价值关系具有多样性,同一客体相对于主体的不同需要会产生不同的价值;主体和客体的不断变化决定了价值的社会历史性特点。

从案例中可知,水稻价值的主体性是指水稻的价值是相对人而言的,也是人通过种植(生产实践)生产出来的;水稻价值的客观性是指水稻能满足人的生存需要,这是由水稻本身的物质构成所决定的,水稻的物质构成是客观的,不依赖于人的主观意识而存在;水稻价值的多维性是指水稻可以满足人的不止一种需要,因此具有多种价值关系,产生不同的价值。比如对于袁隆平团队来说水稻除了满足生活所需外,还具有研究价值;水稻价值的社会历史性是指水稻的价值不是一成不变的,而是随着主体需要的变化以及水稻的变化而在不断发生变化。

5. 袁隆平团队所研究出的杂交水稻亩产平均增产达20%—50%,成为造福世界人民的成就,结合材料分析理解价值评价及其特点。

价值评价是主体对客体的价值以及价值大小所做的评判或判断,因而也被称作价值判断,价值评价主要有以下三个基本特点:第一,评价以主客体的价值关系为认识对象。第二,评价结果与评价主体直接相关。第三,评价结果的正确与否依赖于对客体状况和主体需要的认识。对于任何主体来说,价值评价的根本标准只有与人民的需要和利益相一致才是正确的。案例中对杂交水稻价值的评价是以水稻对人的价值为评价对象的;对杂交水稻的评价结果是由评价主体作出的,不同的评价主体作出的评价结果可能不同;对杂交水稻的评价结果是不是正确,一方面要看杂交水稻本身的情况,比如杂交水稻是不是高产、营养是不是丰富等客观情况,还要对主体对杂交水稻的需要程度有正确的认知,比如杂交水稻对处于贫困地区的人来说价值更大。

6. 袁隆平即使年事已高,也依然奔走在田间,为他的"禾下乘凉梦""杂交水稻覆盖全球梦"而努力,结合材料分析理解实践中真理尺度和价值尺度的辩证统一关系。

人们的实践活动总是受真理尺度和价值尺度的制约。实践的真理尺度是指在实践中人们必须遵循正确反映客观事物本质和规律的真理。实践的价值尺度是指在实践中人们都是按照自己的尺度和需要去认识世界和改造世界。这一尺度体现了人的活动的目的性。真理与价值或真理尺度与价值尺度是紧密联系、不可分割的辩证统一关系。一方面,价值尺度必须以真理为前提;另一方面,人类自身需要的内在尺度,推动着人们不断发现新的真理。袁隆平研究杂交水稻的过程,就体现了真理尺度与价值尺度的统一。一方面,按照水稻的生长规律培育出杂交水稻,符合真理尺度;另一方面,让所有人不再挨饿是袁隆平遵循的价值尺度。从案例中可知,袁隆平要实现让所有人不再挨饿的价值追求就必须遵循杂交水稻的生产规律;同时,正是为了实现这种价值追求,袁隆平才一直致力于探索杂交水稻的规律。

基于实践的具体性和历史性,真理尺度与价值尺度的统一也是具体的和历史的,二者的统一会随着实践的发展而不断发展到更高级的程度。真理尺度与价值尺度是否达到了具体的、历史的统一,必须通过实践来验证。

7. 在研究杂交水稻的过程中,人类对杂交水稻的认识越来越深入,所取得的成就越来越大,结合材料分析理解改造客观世界与改造主观世界的关系。

在人的实践活动中,世界分化为客观世界和主观世界两个方面。客观世界是指"物质的、可以感知的世界",包含自然存在和社会存在两个部分。主观世界是指人的意识、观念世界,是人的头脑反映和把握物质世界的精神活动的总和,是人的知识、情感、意志即知情意的统一体。改造客观世界与改造主观世界是辩证统一的。只有认真改造主观世界,才能更好地改造客观世界;只有在改造客观世界的实践中,才能深入改造主观世界。二者相辅相成、相互促进、缺一不可。案例中,袁隆平不断探索杂交水稻规律的过程也是改造其主观世界的过程,在其主观世界中,其对杂交水稻规律的认知越来越深入;改造客观世界就是通过研究和种植实践生产出高产量的水稻。对杂交水稻规律的认知越深入就越能指导实践生产出优质高产的水稻,即更好地改造客观世界;而正是在研究、种植水稻的实践中才能更好地提升对杂交水稻规律的认知,即更好地改造主观世界。当然,改造主观世界既包括提高人的认识能力,也包括丰富人的情感世界和提升人的意志品质,而核心是改造世界观,即观察和处理问题的立场、观点、方法。

8. 杂交水稻技术的不断进步和推广缓解了世界上许多国家的人民饥饿问题,结合材料分析为什么说认识世界和改造世界的过程是从必然走向自由的过程。

马克思主义认为,自由是标示人的活动状态的范畴,是指人在活动中通过认识和利用必然所表现出的一种自觉自主的状态。必然性即规律性,指的是不依赖于人的意识而存在的自然和社会发展所固有的客观规律。人不能摆脱必然性的制约,只有在认识必然性的基础上才有自由的活动,这就是人的自由限度,也是自由和必然的辩证规律。如案例中,人们掌握了杂交水稻的生产规律,利用规律提高了水稻产量,使人类获得更大程度上的生存自由。另一方面,人们也只有遵循杂交水稻生长规律,才能提高水稻产量,才能获得这种生存自由。认识必然和争取自由,是人类认识世界和改造世界的根本目标,是一个历史性的过程。必然与自由的关系贯穿于人类存在和发展的始终,并成为人类存在和发展的永恒矛盾,也是人类存在和发展的永恒动力。

自由是有条件的。一是认识条件。即要有对客观事物的正确认识,最主要的是对客观事物运动发展规律性、必然性的正确认识。一旦认识了必然、把握了规律,就能对事物作出正确的判断,确定合理的行动计划,从而达到自己的目的。对必然的认识越全面、越深刻,对事物的判断就越准确,行动就越主动,自由的程度就越高。正如案例中人们对杂交水稻的规律认识越深入,我们就能够生产更多的优质高产的水稻,就越能够使人类摆脱饥饿的威胁。二是实践条件。即能够将获得的规律性认识运用于指导实践,实现改造世界的目的,才是真正的自由。认识必然只是取得了获得自由的前提,并不等于在实际上达到了自由,只有利用必然性改造世界,达到了预想的目的,自由才能真正实现。随着社会的发展和生产力水平的提高,人们改造世界的实践手段越来越先进,改造世界的能力也越来越强。比如,人们种植水稻过去是依赖手工劳动,现在可以使用大型自动联合收割机,大大提高生产效率,节省了人力,使人能获得更大的自由度。

五、本专题小结

马克思主义认为,真理是标志主观与客观相符合的哲学范畴,是对客观事物及其规律的正确反映。客观性是真理的本质属性,真理的客观性指真理的内容是对客观事物及其规律的正确反映,真理中包含着不依赖于人和人的意识的客观内容。真理的客观性决定了真理的一元性。真理的一元性是指在同一条件下对特定认识客体的真理性认识只有一个,而不可能有多个。

认识真理是一个过程。就真理的发展过程以及人们对它的认识和掌握程度来说,真理既具有绝对性,又具有相对性,它们是同一客观真理的两种属性,这是真理问题上的辩证法。任何真理都是绝对性和相对性的统一,二者相互联系、不可分割。真理的绝对性是指真理主客观统一的确定性和发展的无限性。真理的相对性是指人们在一定条件下对客观事物及其本质和发展规律的正确认识总是有限度的、不完善的。真理的绝对性和相对性是辩证统一的,二者相互依存,相互包含。真理永远处在由相对向绝对的转化和发展中,是从真理的相对性走向绝对性、接近绝对性的过程。任何真理性的认识都是由真理的相对性向绝对性转化过程中的一个环节,这是真理发展的规律。割裂真理的绝对性与相对性的辩证关系,就会走向形而上学的真理观,即绝对主义和相对主义。

谬误,是同客观事物及其发展规律相违背的认识,是对客观事物及其发展规律的歪曲反映。真理和谬误是人类认识中的一对永恒矛盾,它们既对立又统一。真理与谬误的对立是相对的,它们在一定条件下能够相互转化。

真理的检验标准是实践。实践之所以能够作为检验真理的唯一标准,是由真理的本性和实践的特点决定的。第一,从真理的本性看,真理是人们对客观事物及其发展规律的正确反映,它的本性在于主观和客观相符合。第二,从实践的特点看,实践是人们改造世界的客观的物质性活动,具有直接现实性的特点。

坚持实践是检验真理的唯一标准,还必须正确地理解实践标准的确定性与不确定性,准确把握实践检验真理的辩证发展过程。

为了满足自身生存和发展的需要,人们必须通过实践改造世界。在这一过程中,不仅存在主观符合客观的真理问题,而且存在按照主体的需要认识世界和改造世界的价值问题。作为哲学范畴,价值是指在实践基础上形成的主体和客体之间的意义关系,是客体对个人、群体乃至整个社会的生活和活动所具有的积极意义。价值具有主体性、客观性、多维性和社会历史性四个基本特性,它们是价值本质的表现。价值评价是主体对客体的价值以及价值大小所做的评判或判断,因而也被称作价值判断。价值评价是对客观价值关系的主观反映。对于任何主体来说,价值评价的根本标准只有与人民的需要和利益相一致才是正确的。

价值观是人们关于价值本质的认识以及对人和事物的评价标准、评价原则和评价方法的观点的体系。对民族与国家来说,最持久、最深层的力量是全社会共同认可的核心价值观,因为它承载着一个民族、一个国家的精神追求,体现着一个社会评判是非曲直的价值标准。

人们的实践活动总是受真理尺度和价值尺度的制约。实践的真理尺度是指在实践中人们必须遵循正确反映客观事物本质和规律的真理。只有按照真理办事,才能在实践中取得成功。实践的价值尺度是指在实践中人们都是按照自己的尺度和需要去认识世界和改造世界。这一尺度体现了人的活动的目的性。真理与价值或真理尺度与价值尺度是紧密联系、不可分割的辩证统一关系。一方面,价值尺度必须以真理为前提;另一方面,人类自身需要的内在尺度,推动人们不断发现新的真理。基于实践的具体性和历史性,真理尺度与价值尺度的统一也是具体的和历史的统一。

中国共产党的理想信念建立在真理的基础上,同时又代表了最广大人民的根本利益,也就是说,中国共产党的理想信念体现了真理尺度和价值尺度的有机统一,这也是中国共产党百年奋斗不断取得胜利的重要原因。

认识世界和改造世界是人类创造历史的两种基本活动。认识活动的任务不仅在于解释世界,更重要的在于为改造世界提供理论指导,实现主观与客观、认识与实践的统一。认识世界,就是主体能动地反映客体,获得关于事物本质和发展规律的科学知识,探索和掌握真理。改造世界,就是人类按照有利于自己生存和发展的需要,改变事物的现存形式,创造自己的理想世界和生活方式。认识世界和改造世界是相互依赖、相互制约的辩证统一关系。一方面,认识世界有助于改造世界,正确认识世界是有效改造世界的必要前提。另一方面，人们只有在改造世界的实践中才能不断地深化、拓展对世界的正确认识。认识世界和改造世界的统一，决定了理论与实践必须相结合。认识世界和改造世界是一个充满矛盾的过程。矛盾是在实践基础上产生的，也只能在实践中解决。认识世界和改造世界统一的基础是实践。

认识世界的目的是改造世界，而改造世界又包括改造客观世界和改造主观世界。改造客观世界与改造主观世界是辩证统一的。只有认真改造主观世界，才能更好地改造客观世界；只有在改造客观世界的实践中，才能深入改造主观世界。二者相辅相成、相互促进、缺一不可。改造主观世界既包括提高人的认识能力，也包括丰富人的情感世界和提升人的意志品质，而核心是改造世界观，即观察和处理问题的立场、观点、方法。

认识世界和改造世界的过程是从必然走向自由的过程。马克思主义认为，自由是标示人的活动状态的范畴，是指人在活动中通过认识和利用必然所表现出的一种自觉自主的状态。自由是有条件的。一是认识条件。即要有对客观事物的正确认识，最主要的是对客观事物运动发展规律性、必然性的正确认识。二是实践条件。即能够将获得的规律性认识运用于指导实践，实现改造世界的目的，才是真正的自由。认识必然和争取自由，是人类认识世界和改造世界的根本目标，是一个历史性的过程。必然与自由的关系贯穿于人类存在和发展的始终，并成为人类存在和发展的永恒矛盾，因此也是人类存在和发展的永恒动力。

六、延伸阅读

1. 毛泽东：《为人民服务》，《毛泽东选集》（第 3 卷），人民出版社 1991 年版。

2.《实践是检验真理的唯一标准》，载《光明日报》1978 年 5 月 11 日。

七、考核案例

黄禹锡的曲折克隆路

2005 年 8 月，韩国汉城大学黄禹锡教授带着世界第一只克隆狗正式露面。这是一只 4 个月大的阿富汗雄性猎犬，取名为"斯纳皮"（Snuppy），它出生于 4 月 24 日。黄禹锡教授在克隆实验中采用了体细胞核转移技术,该技术是将体细胞的细胞核取出,转移到另一个去除细胞核的卵子内。世界第一只克隆羊"多利"就是如此被克隆出来的。克隆之后,可爱的斯纳皮继承了"爸爸"——那只成年雄性阿富汗猎犬狗的基因,甚至它们的皮毛颜色也十分接近。

独特排卵生物周期和低成活率是克隆狗的两大难点。狗的克隆要比其他动物复杂得多,其中主要原因就是母狗的卵细胞很难获取。狗具有独特的生殖系统,每年的发情期只有两次,母狗排卵也只有一两次,而且发情期收集到的卵细胞也无法立即用于克隆技术,狗的卵细胞在发育早期就离开了卵巢,在向子宫和输卵管移动的过程中逐渐成熟。2002 年,首次成功克隆猫的美国德州农工大学教授马克·威斯苏森表示:"狗的排卵生物周期使得克隆狗简直像噩梦一样。"

对此,研究人员提出了两种解决方案:一是采集未成熟卵细胞进行体外人工培养;二是等待卵细胞在体内完全成熟后再进行收集。世界诸多国家的科学家都曾尝试过体外人工培养的方法,但在当时还没有成功的先例。在第二种方案中,黄禹锡和研究人员巧妙地利用一种溶液将移动至输卵管的卵细胞冲出,最终才完成卵细胞的收集工作。

克隆狗技术的另一个难题是低成功率,黄禹锡教授研究小组在历时 3 年的克隆狗研究中,将 1095 个胚胎植入 123 只母狗体内,最终只有 3 个胚胎细胞受孕成功存活下来,其中一个胚胎在母体内流产,另一只克隆狗刚出生不久便夭折。只有斯纳皮成功地存活下来。

2005 年,正当黄禹锡因其取得的巨大成就被赋予韩国的民族英雄称号时,却发生了震惊世界的干细胞克隆造假丑闻。2004 年和 2005 年,黄禹锡领导的研究团队先后在《科学》杂志上发表论文,宣布成功克隆人类胚胎干细胞和患者匹配型干细胞,论文称利用多名患者的体细胞克隆培育出 11 个干细胞系。但是,由 9 名专家组成的调查委员会经 DNA 检测发现,黄禹锡小组拿不出科学证据证明他们确曾克隆出和患者匹配的胚胎干细胞。调查委员会说,黄禹锡在记者会上提到的很早就被冷冻的包括 5 个干细胞在内的 8 个干细胞系,均与患者体细胞基因不一致,实际上是其合作医院米兹梅迪医院所保管的受精卵干细胞,而非利用克隆技术培育出的患者匹配型干细胞。后来《科学》杂志撤销了该论文。黄禹锡关于干细胞的两项突破性研究被鉴定为造假,在世界学术界引起震动。

在此之前,"卵子风波"已经引发了一场伦理之争,即研究小组在取得胚胎干细胞研究用卵子的过程中,是否存在道德和法律问题。经调查证实，黄禹锡的科研组在获取卵子过程中存在过度取卵现象。韩国生命伦理审议委员会2006年2月2日发表的声明称，黄禹锡科研组从2002年11月起，从199名女性体内提取了2221颗卵子，而且黄禹锡科研组在取得卵子的过程中，并没有向捐卵女性解释取卵后的副作用，就要求捐卵女性在捐卵同意书上签名。另外，黄禹锡还胁迫下属捐献卵子。黄禹锡本人因"卵子风波"和论文造假也被首尔大学解除职务，并因涉嫌侵吞经费、非法取得实验用人体卵子违反伦理等问题遭到起诉。

丑闻曝光后，黄禹锡克隆的这只狗的身份受到质疑。后经实验证明，斯纳皮确实是体细胞克隆狗。虽然"克隆狗之父"、韩国著名科学家黄禹锡已经因为造假而声名狼藉，但是美国和韩国科学家近日均证实：那只名叫斯纳皮的阿富汗猎犬确实是黄禹锡制造出来的全球第一只克隆狗。据路透社报道，首尔国立大学和美国的科学家分别进行相似的测试，从斯纳皮、捐献干细胞的狗和代孕的狗的血液里提取DNA进行比较，结果均证实斯纳皮确实是由韩国科学家黄禹锡带领的科研小组克隆出来的。来自美国马里兰州国家人类基因研究机构的伊莲·奥斯特兰德表示："测试结果证明斯纳皮确实是从捐献干细胞的狗'泰'克隆过来的，斯纳皮和'泰'的基因完全相符。"同时，首尔国立大学的科学家也表示："斯纳皮是'泰'的同系繁殖或者孪生兄弟的可能性非常非常小。在测试过程中，奥斯特兰德对来自韩国方面的血液样本，以及美国犬类协会的11只阿富汗猎犬的DNA样本进行比较。韩国科学家还使用了一只已经死亡的杂种狗的解剖样本，这只杂种狗在克隆斯纳皮的过程中提供了卵子。首尔方面的科学家表示："事实证明斯纳皮确实是通过体细胞核移植技术制造出来的。"首尔大学调查委员会曾表示相信斯纳皮是真正的克隆狗。

2011年，因学术造假而声名扫地的韩国科学家黄禹锡所带领的研究团队宣布利用狗的卵子，成功异种克隆了8只郊狼，首次取得异种克隆成功。郊狼是北美独有的一种犬科食肉动物，是濒危物种，体形与家养的牧羊犬差不多。黄禹锡团队将郊狼的细胞去除细胞核后移植到狗的卵子里，完成了郊狼的克隆。黄禹锡表示，2004年培育世界上首只克隆狗斯纳皮时尝试了数千次才获成功，但现在的成功率达到了50%。他表示，团队接下来将挑战非洲野狗等濒危动物的克隆。

利用克隆技术可以大量复制珍稀动物，挽救濒危物种，调节大自然的生态平衡，以及让人类了解基因和基因环境对病理的影响。如利用胚胎干细胞在体外培育出与提供细胞的病人遗传特征完全相同的细胞、组织或器官,例如骨髓、脑细胞、心肌,甚至肝、肾等,它们可被用于治疗白血病、帕金森病、心脏病和器官衰竭等疾病,也将解决器官移植中的排异反应和供体器官严重缺乏难题。

科学是一柄双刃剑,克隆技术也可能带来负面影响。由于克隆出来的个体以及同一无性繁殖系内的各个个体遗传基础在正常情况下完全相同,所以一种特定病毒或其他疾病的感染将会带来一场巨大的灾难。如果无计划克隆动物,会扰乱物种的进化规律。

但"技术恐惧"的实质,是对错误运用技术的人的恐惧,而不是对技术本身的恐惧。某项科技进步最终是否真正有益于人类,关键在于人类如何对待和应用它。对于克隆技术,善良的人们可以利用它来为人类服务,为人类造福,而邪恶的人们却能用它来危害人类的生存。

案例问题思考

1. 结合材料分析理解真理的客观性、绝对性和相对性。

2. 材料中是如何认定斯纳皮确实是一只体细胞克隆狗的?请用相关哲学原理说明。

3. 利用克隆技术可以大量复制珍稀动物,挽救濒危物种,调节大自然的生态平衡,还可以解决临床器官移植中的排异反应和供体器官严重缺乏难题等,基于此,科学家对克隆技术不断进行深入研究,试结合材料分析理解价值的基本特性。

4. 某项科技进步最终是否真正有益于人类,关键在于人类如何对待和应用它,试结合材料分析价值评价及其特点。

5. 黄禹锡和他的团队历经无数次失败但最终还是取得了克隆狗的成功,并被韩国人认为是民族英雄;但由于学术造假和"卵子风波",他又经历了从民族英雄到声名扫地的结局,结合材料试运用本专题相关哲学原理进行分析。

6. 结合自己的实际谈谈在今后的科学研究和科技应用过程中应该作出怎样的价值选择。

7. 结合材料分析理解改造客观世界与改造主观世界的关系。

专题六　人类社会发展规律

一、主要内容、重难点问题

1. 主要内容

社会存在与社会意识的辩证关系

物质生产方式在社会存在和发展中的作用

生产力与生产关系的矛盾运动及其规律

经济基础与上层建筑的矛盾运动及其规律

社会形态更替的统一性和多样性

社会形态更替的必然性与人们的历史选择性

社会形态更替的前进性和曲折性

人类普遍交往与世界历史的形成

2. 重难点问题

重点：社会存在与社会意识的辩证关系；生产力与生产关系的矛盾运动及其规律；经济基础与上层建筑的矛盾运动及其规律

难点：物质生产方式在社会存在和发展中的作用；社会形态更替的必然性与人们的历史选择性

二、学习目标

通过本专题学习，了解马克思主义历史唯物主义的基本观点，掌握社会存在与社会意识的辩证关系，理解人类社会基本矛盾运动规律及其要求，了解人类社会发展呈现自然历史过程的规律及其特点，掌握唯物史观原理的方法论意义。

导入问题：

1. 十九届四中全会《决定》指出，要"坚持和完善繁荣发展社会主义先进文化的制度，巩固全体人民团结奋斗的共同思想基础"。试用相关哲学原理分析我国在社会主义建设中为什么要重视繁荣发展社会主义先进文化？

2. 为什么说改革无止境，永远在路上？

三、导学案例及问题思考

奴隶制 or 资本主义？
——美国南北战争

美国独立后,南方和北方开始沿着不同的道路发展,在经济、制度等方面呈现出较大差异,被称为南北两制,它最终引发了美国内战(1861—1865)。

南北两制起源于殖民地早期南北部不同的移民。他们分别从东北方(西欧)和东南方(西印度群岛)到达北美,无论是殖民目的、生活方式还是精神气质,都非常不同。东北部新英格兰地区的移民于17世纪20年代抵达北美,以追求宗教自由的各派新教徒为主,从事农耕、捕鱼和工商运输业,这就是广为人知的新教徒的北美。17世纪60年代,从英属西印度群岛的巴巴多斯来到南卡罗来纳的英国殖民者,把在巴巴多斯已经建立起的以奴隶劳动为基础的种植园经济带到北美。他们主要从事烟草、大米、蔗糖和靛青业,为此引进了大量的黑奴。到17世纪末,奴隶在整个南卡罗来纳殖民地的人口中已经过半。南卡罗来纳被视为西印度群岛的经济和社会制度在北美大陆的扩张,一度被称为"西印度群岛的南卡罗来纳"。

19世纪随着工业革命的发展,北方和南方的生产方式、经济形态和经济水平等,也出现巨大差异,从而引发矛盾和冲突。在北方,资本主义经济发展迅速,从19世纪20年代起,北部和中部各州就开始了工业革命,到50年代完成。到19世纪60年代,北方工业生产居世界第4位,总产值达18.8亿美元。

但在南方却是以奴隶制为基础的种植园经济,农村和农业在各蓄奴州占压倒性优势。南方的黑人奴隶制是一种特殊性质的社会经济制度。根据南北战争前南方各州制定的《奴隶法典》,黑人奴隶是种植园主的私人财产,是古代希腊哲学家亚里士多德所称的"会说话的工具",生杀大权完全由他们的"主人"操纵,他们一点儿也不享有白人必须尊重的任何权利。黑人奴隶还可当作财物被拍卖,"黑人像检查牲口一样被检查身体,买主掰开他们的嘴看他们的牙齿,掐掐他们的四肢看筋肉结实与否,叫他们走来走去看他们是否瘸腿,让他们左右前后弯腰,以便确定是否有什么被掩盖的毛病,此外还向他们提问有关技能的问题"。

南方黑人奴隶制的落后性不可避免地使其具有强烈的对外扩张的要

求。美国南方奴隶主采取的是粗放式的落后的耕作方法,在土地上极少施肥,更谈不上保养土壤肥力,奴隶主的收益是靠对黑人奴隶实行超经济的强迫劳动进而榨取奴隶和疯狂地耗尽地力来取得的,他们只有拥有大面积的肥沃的土地并且靠使用大量的奴隶劳动来经营才会对他们有好处,几年以后地力就会被消耗殆尽,这就决定了奴隶主总是要不断地夺取新的土地来维持和扩大再生产,渴望在西部辽阔的处女地上建立起新的"蓄奴州"。根据美国联邦1789年的宪法,联邦参议院席位每州两名,所以争夺西部的土地以及是否建立蓄奴州,其实也就是关于黑人奴隶制度的一场尖锐的斗争,反映在政治上实质是争夺美国联邦参议院的席位,即美国联邦的统治权,因此西部土地的争夺就不可避免地成了美国南北战争前夕两种经济制度冲突的焦点。另一方面,南方奴隶制度的存在和范围的扩大,使北方资本主义工商业经济丧失了南方广阔的原料、劳动力和商品销售市场。

由于欧洲工业革命产生了对棉花的巨大需求,美国南部出产的棉花占世界总量的3/4,也占美国出口商品的60%。19世纪初,植棉业开始发展并成为南部的主要产业,由于它建立在奴隶劳动基础上,为奴隶主带来了极其丰厚的利润,种植园经济也得到了一定程度的增长,但没有建立起像样的商业和工业部门。与此同时,由于南方奴隶主需要在劳动力和土地上大量投入,手中的流动资金减少,经常需要借款来维持运作。这使得一些南部人陷入北部的债务而无法自拔,特别是在棉价较低和产量不高的年份,许多中小奴隶主负债累累。南部经济的劣势,只有通过改变落后的生产方式才会好转。但南部奴隶主不这样认为。他们认为只有拥有更多的土地,让更多的黑奴在土地上劳动,提高棉花的种植量,才能走出危机。

随着美国领土向西部扩展,中西部新州不断建立,国内矛盾也越来越多。每当新州成立之际,就会在该州发生"容许或禁止奴隶制存在"的斗争。北方资产阶级和农民主张禁止在新州实施奴隶制度,要求把新州确定为自由州。南方奴隶主则力图容许奴隶制存在,他们利用其在国会及政府中的统治地位,连续取得胜利,激起北方广大人民的愤慨。

北方的资产阶级认为南方奴隶主对奴隶的榨取,会造成农村的贫困,使购买力下降,且这些贫困的劳动力终身被束缚在土地上,不可能为工业提供销售市场和自由劳动力。另外,奴隶主把资金投向土地及奴隶,很少会投入工商业领域,导致无法发展工业。因此,南北双方的矛盾,随着领土的扩张一步步被激化。

南北两方的物质生产方式、经济水平和社会制度不同,导致他们的宗教观念和文化也出现明显差异。美国北方教会通过对《圣经》的重新诠释来辩护解放黑奴的运动。自1776年起,杰弗逊就在《独立宣言》初稿中确立了人权原则。但美国南方、巴西和古巴的蓄奴制度不仅没有被废除,还因为这些地方的棉花、咖啡和甘蔗生产而加强了。

值得注意的是,围绕奴隶制的斗争,除了北方大资产阶级和南方奴隶主阶级之间经济利益的冲突,还包含宗教、意识形态以及道义上的斗争。在第二届大陆会议上,南北双方关于奴隶制问题争论激烈,结果北方让步了。自19世纪20年代始,南方奴隶主及其代言人构建了一套奴隶制意识形态,他们把《圣经》中有关奴隶制的记载解释为上帝对它的认可,把亚里士多德的主奴两种类型的人说成是奴隶制的哲学依据。他们从根本上推翻《独立宣言》的原则,否定自由、平等是普遍人权,说它是一份"危险的文件"。佐治亚州的乔治·费佐说美国赖以立国的平等原则完全是错误的抽象概念,人生来就是不平等的,正是基于这些不平等才有了权利的不平等,所以"黑人是被大自然决定了要做奴隶的",政府能做的不过是规范和完善奴隶制。他说世界历史证明了人权并不是与生俱来、不可剥夺的,所以恰恰是不自由的南方代表了人类社会的普遍性,北方才是例外。南卡罗来纳州的约翰·卡尔弘提出"奴隶制就是好"的著名论点,认为奴隶制保障了种族低劣的黑人从出生到离世的生活和福利,使其能规避自由劳动制度下就业和抚幼养老的风险,对于黑人是最人道的安排。这个社会底层阶级作为奴隶而存在,使得所有白人利益一致,消弭了阶级冲突,使整个南方经济繁荣,社会稳定。

北方各州的清教徒普遍厌恶奴隶制。宾夕法尼亚的贵格教徒是各教派中最相信人人平等的,他们在1688年就通过了反奴隶制宣言,根据"己所不欲,勿施于人"的基督教义将奴隶制视为反基督的制度。1831年,著名的废奴主义者加里森创办了《解放者》杂志,翌年成立新英格兰反奴协会,费城和纽约等北方城镇迅速跟上,数年内1300多个类似组织在北方星罗棋布。北方的废奴运动还和国际废奴力量组成联盟,1849年在伦敦召开大会,有将近500人出席。对于南方奴隶主来说,和北方废奴运动的斗争事关自身存亡。为了制止北方废奴主义宣传对南方的颠覆性渗透,他们实行信息封锁、书报检查、将北方著名废奴主义者列入黑名单等措施。1835年,北方废奴派发起向南方散布百万小册子的运动,南方奴隶主紧急动员,南卡罗来纳重镇查尔斯顿邮局将查获的宣传品付之一炬。1852年出版的《黑奴吁天录》,很快被南方列为禁书。到19世纪50年代,南北双方矛盾在局部地区已酿成武装冲突。在奴隶主的进逼面前,北方人民发起了声势浩大的废奴运动,南方黑奴也不断展开暴动。

1860年,主张废除奴隶制的共和党人林肯当选总统。南方奴隶主发动叛乱,南方蓄奴州纷纷独立,7个州退出联邦,于1861年2月组成"美利坚诸州联盟",定都里士满,戴维斯任总统。同年4月12日至14日,南方邦联军先发制人攻占萨姆特要塞,内战爆发。

战争初期北方实力大大超过南方,北方23个州有2234万人口,南方7个州只有910万人口,而且其中有380多万是黑奴。北方有发达的工业,年产值15亿美元,有130万工人、22000英里的铁路网和丰富的粮食,而南方工业薄弱,年产值1550万美元,工人仅11万,铁路也只有9000英里。但南方有充分的军事准备,得益于不久前结束的美墨战争,南方军队素质较高,指挥官经验丰富,并得到了英法等国的援助。而且,内战前夕詹姆斯·布坎南总统(奴隶主的代理人)曾设法把大量武器和金钱输送到南方。南方想通过速战速决打败北方。

在北方军事上屡次失败的情况下,林肯政府实行了一系列革命措施和政策。1862年5月颁布的《宅地法》规定:一切忠于联邦的成年人,只要交付10美元的登记费,就可以在西部领取64.74公顷的土地,在土地上耕种5年后就可以成为这块土地的所有者。共和党内部的激进派及社会上的废奴主义者提出解放奴隶和武装黑人的主张,林肯也意识到解放奴隶的必要性。1863年1月1日,林肯颁布《解放宣言》,宣布解放黑奴,该宣言的颁布加速了内战的进程。当时,马克思对《解放宣言》和林肯本人有着很高的评价,说它是"联邦成立以来美国历史上最重要的文件"。说它是"撕毁了旧的美国宪法的文件"。并且进一步指出由于发布了这个宣言,在美国历史和人类历史上,林肯必将与华盛顿齐名!

1863年7月1日,南北两军在葛底斯堡展开决战,北方取得胜利,从此战场上的主动权转到北方军队手中。1865年年初,奴隶纷纷逃亡,种植场经济濒于瓦解,南方内部也出现反对派,许多小农加入"联邦派"从事反战活动,南方逃兵与日俱增,粮食及日用品匮乏。1865年4月,南方军队战败投降,南北战争终止,美国恢复统一。

南北战争结束后,美国建立了统一的资本主义制度。政府采取了保护资本主义经济发展的政策,如1862年、1864年国会先后通过两个关税法案,大幅提高工业品进口税率,1890年、1897年又通过《麦金莱税则》和《丁格莱关税法》再次提高税率,这使得进口减少,保护了美国民族工业的发展。

各种资本主义性质的法律制度既维护了资本主义政权的稳定性,又保护了自由竞争,鼓励了私人投资的积极性。如1787年《美利坚合众国宪法》是世界上第一部资产阶级成文宪法,也是世界近代史上最稳定的一部宪法,这部制定于18世纪80年代的宪法,连同之后陆续颁布的26部修正案,仍然是今天美国的"根本法"。美国宪法所确定的总统制共和国政体和分权制衡原则,在一定程度上保证了国家政权的稳定。

再如,自1862年到1900年,根据《宅地法》,政府拨出的土地达8000万英亩。这项土地政策的实施,对发展自由耕作,鼓励拓荒创业,为农业资本主义沿着美国式道路迅速发展起了积极的作用。又如,为了大力发展交通运输业,促进地区间的联系,美国国会在1862年和1864年通过了两项建筑横贯大陆铁路的法案。为鼓励私营公司向铁路投资,政府实行补贴制度。一是提供补助金,规定平原地区每英里铁路补助16000美元,丘陵地区32000美元,山区48000美元。二是将沿铁路线两侧20英里的土地无偿地拨给筑路公司。此外,政府还给铁路公司颁发特许状,允许其享受特殊的银行信贷和免税等权利。在这些优惠条件的刺激下,19世纪70年代后美国掀起了兴建铁路的狂潮,加速了工农业生产的发展。

1865年南北战争后,美国资本主义经济出现了突飞猛进的发展。根据赫克尔在《美国资本主义的胜利》一书中的统计,从战前的1860年到战后的1880年这20年中,工业投资由100990万美元,增加到279030万美元,增加了2.76倍;产值由188500万美元,增加到536960万美元,增加了近3倍。工人数由1312000多人,增加到2732000多人,增加了2倍多。到1899年,美国的工厂和工人都增加了3倍,产品的总值增加了6倍,投资额增加了8倍,无论是发展速度还是发展规模都超过了其他先进的资本主义国家。由于奴隶制的废除,农业资本主义化也有了很快的发展。原来的种植园主逐步变为资本主义性质的农场主;原来在种植园主控制下的奴隶,一部分成为租佃制和分成制的小农,一部分成为农场主的雇佣劳动者,一部分流入城市成为新建工厂的工人。农业生产也取得了快速的增长,从1850年到1900年,耕地面积由29300万英亩增加到83800万英亩,增加了2倍多,农业劳动者由620万人增加到1060万人,增长近1倍,主要的两项粮食作物——小麦和玉米的产量分别增加2倍和 2.5 倍，棉花增加 1 倍以上。19 世纪 80 年代，美国的工业生产开始超过英国而跃居世界首位，1894 年，其工业总产值已占世界工业总产值的 31%。

参考文献

1. 陈丽：《南北战争促发因素探析》，载《哈尔滨学院学报》2015 年第 10 期。
2. 白涛：《论南北战争后美国经济高速发展的主导因素》，载《四川师范大学学报》（社会科学版）1998 年第 3 期。
3. 陈文和：《南北战争后美国经济迅速发展原因初探》，载《铁道师院学报》1988 年第 Z1 期。

案例问题思考

1. 结合材料分析，南方和北方的生产力、生产关系、上层建筑有何不同？
2. 结合材料分析，美国南北战争爆发前南北双方生产力与生产关系的矛盾状况。
3. 南北双方在意识形态领域也展开了激烈的斗争，试结合材料运用相关原理分析其产生的原因。
4. 请结合材料，运用唯物史观原理分析北方取得最终胜利的必然性。并分析理解"社会形态的更替是一种由低级到高级的自然历史过程"。
5. 结合材料分析理解生产关系对生产力、上层建筑对经济基础的反作用。
6. 结合材料分析社会形态更替的必然性与人们的历史选择性的辩证关系。

四、案例问题解析示例

本案例介绍了 19 世纪中期美国南北两种制度之间的冲突和斗争，经过战争北方取胜，建立了统一的资本主义性质的国家。本案例可以帮助同学们理解生产力与生产关系、经济基础与上层建筑的辩证关系，理解社会发展规律的客观性，以及社会主体在发展中的作用等问题。

1. 结合材料分析，南方和北方的生产力、生产关系、上层建筑有何不同？

美国南北战争爆发前，北方的社会制度是资本主义制度，实行雇佣劳动制度，主张劳动力自由流动。从19世纪20年代起，北部和中部各州就开始了工业革命，到50年代完成。在工业革命的推动下，北方经济发展迅速，到1860年，其工业生产居世界第四位。南方实行奴隶制条件下的种植园经济，植棉业是其主要产业，由于它建立在奴隶劳动基础上，其经济也得到一定的发展，但没有建立起像样的商业和工业部门。由于是奴隶制度，南方禁止黑人劳动力自由流动。

南北两方的物质生产方式、经济水平和社会制度的不同，导致他们的宗教观念和文化也出现明显差异。北方在宗教领域兴起激进的新教教派，思想上开启了资本主义启蒙运动，提倡自由、平等的人权原则。南方奴隶主及其代言人则构建了一套奴隶制意识形态，他们从根本上推翻《独立宣言》的原则，否定自由、平等是普遍人权。

2. 结合材料分析，美国南北战争爆发前南北双方生产力与生产关系的矛盾状况。

北方实行资本主义制度，鼓励自由竞争，在工业革命的推动下，其经济发展迅速，到1860年，北方工业生产居世界第四位，说明北方的资本主义生产关系适应当时的生产力水平，能够促进生产力的发展。

南方推行种植园经济，没有建立起像样的商业和工业部门。美国南方奴隶主采取的是粗放的落后的耕作方法，在土地上极少施肥，更谈不上保养土壤肥力。奴隶主的收益是靠对黑人奴隶实行超经济的强迫劳动进而榨取奴隶和疯狂地耗尽地力取得的，其前提是奴隶主拥有大面积的肥沃的土地和大量的奴隶。由于南方奴隶主需要在劳动力和土地上大量投入，手中的流动资金较少，经常需要借款来维持运作，这使得一些南部人陷入北部的债务而无法自拔，特别是在棉价较低和产量不高的年份，许多中小奴隶主负债累累。这说明，与北方相比，南部经济明显处于劣势，原因在于其落后的奴隶制生产关系不利于生产力的发展。

3. 南北双方在意识形态领域也展开了激烈的斗争，试结合材料运用相关原理分析其产生的原因。

社会存在和社会意识是辩证统一的，社会存在是社会意识内容的客观来源，社会意识是社会物质生活过程及其条件的主观反映。社会存在指社会的物质生活条件,主要包括地理环境、人口因素和物质生产方式。社会意识是社会生活的精神方面,包括道德、艺术、宗教、哲学、科学等。社会存在决定社会意识,但社会意识也具有相对独立性,对社会存在具有能动的反作用。

从案例资料可知,北方实行资本主义的生产方式,在意识形态领域由资本主义意识形态占据主导地位,如在宗教领域兴起了激进的新教教派,思想上开启了资本主义启蒙运动,提倡自由、平等的人权原则,主张废除奴隶制。南方奴隶主及其代言人则构建了一套奴隶制意识形态,他们从根本上推翻《独立宣言》的原则,否定自由、平等是普遍人权,维护奴隶制度。南北双方的不同社会意识都对维护各自的经济基础发挥了一定的作用,但最终先进的生产方式战胜了落后的生产方式,落后的奴隶制意识形态也随之消亡。

4. 请结合材料,运用唯物史观原理分析北方取得最终胜利的必然性。并分析理解"社会形态的更替是一种由低级到高级的自然历史过程"。

在 19 世纪中期,北方的资本主义制度代表着先进的生产关系,有利于生产力的发展,极大地推动了北方工业革命和经济的不断发展。而南方落后的奴隶制是一种落后的生产方式,奴隶制下,作为劳动者的黑人被看作奴隶主的财产,他们没有人身自由,没有属于自己的财产,因而缺乏生产积极性,生产效率低下,作为生产力中能动要素的奴隶希望改变奴隶制从而获得自由。同时,南方落后的奴隶制生产方式也影响了北方资本主义经济的发展,如北方需要雇用自由的劳动力,但黑人劳动者被束缚在南方的种植园内,而且北方生产出的工业产品缺乏统一的市场。总之,南方的奴隶制成为北方资本主义工商业发展的障碍;另一方面,废除奴隶制的主张得到了北方广大群众以及南方奴隶和贫穷白人的广泛支持。因此,虽然南方在战争初期具有一定的优势,使战争过程充满曲折,但北方最终还是取得了胜利。

社会形态由低级到高级的更替具有必然性,因为生产力决定生产关系的发展变化,随着生产力的发展,生产关系必然发生变化,生产关系发生变化,必然会对上层建筑提出变更的要求,上层建筑也必然发生变化。因此,社会形态的发展就像自然规律一样具有必然性,呈现出一种自然历史过程,也就是说,社会形态更替是社会基本矛盾运动的结果,其中生产力的发展要求具有决定意义。案例中,奴隶制社会是一种落后的社会形态,必然会被先进的社会形态所代替。但在社会形态更替的过程中,每个国家和民族会呈现出一定的特殊性,一定条件下可以实现跨越式发展,因此,美国当时特殊的历史条件决定了南方的奴隶制为资本主义制度所代替,美国成为统一的资本主义国家。

5. 结合材料分析理解生产关系对生产力、上层建筑对经济基础的反作用。

生产力决定生产关系,生产关系对生产力也具有能动的反作用,当生产关系符合生产力发展的客观要求时,对生产力的发展起推动作用,当生产关系不符合生产力发展的客观要求时,就会阻碍生产力的发展。同样的道理,经济基础决定上层建筑,上层建筑对经济基础具有反作用;上层建筑维护和巩固经济基础在社会中的统治地位,当它为适合生产力发展的经济基础服务时,就变成推动社会发展的进步力量;反之,当它为落后的经济基础服务时,就成为阻碍社会发展的消极力量。

从案例中可知,美国北方刚刚完成工业革命,生产力较南方先进,其资本主义的生产关系允许劳动力自由流动,在意识形态领域也宣扬自由平等的人权思想,这种资本主义制度和意识形态在当时适应生产力的发展,促进了北方资本主义经济的发展。但是南方实行的是一种以奴隶劳动为主的种植园经济,生产效率低下。南方奴隶主对奴隶的压榨,会造成农村的贫困,使民众的购买力下降,且这些贫困的劳动力终身被束缚在土地上,不可能为工业提供销售市场和自由劳动力。最终南北矛盾激化,战争爆发。在北方军事上屡次失败的情况下,林肯政府实行了一系列革命措施和政策,如1862年5月颁布《宅地法》,1863年1月林肯颁布《解放宣言》,宣布解放黑奴。这些政策和措施赢得了人民对北方资本主义民主制度的支持,加速了内战的进程,充分体现了适应生产力和经济基础的上层建筑的强大反作用。经过4年战争,北方取胜,资本主义制度得以在全国确立。

奴隶制废除后,原来的种植园主逐步变为资本主义性质的农场主;原来在种植园主控制下的奴隶,一部分成为租佃制和分成制的小农,一部分成为农场主的雇佣劳动者,一部分流入城市成为新建工厂的工人,生产力得到解放,进一步促进了资本主义生产的发展。建立起统一的资本主义政权后,美国相继颁布了促进资本主义生产的法案,极大地促进了生产力的发展。19世纪80年代,美国的工业生产超过英国而跃居世界首位;农业上,原来的种植园逐步变为资本主义性质的农场,农业生产也取得了快速发展,耕地面积增加,粮食产量大幅提高。

6. 结合材料分析社会形态更替的必然性与人们的历史选择性的辩证关系。

根据马克思主义唯物史观原理，一般地，社会形态由低级到高级依次更替，呈现出一种自然历史过程，不以人的意志为转移，但不同国家、不同民族会根据历史条件在一定范围内对发展道路作出符合社会主体价值追求的选择，从而使不同国家、不同民族的发展道路呈现出不同的特点。因此，社会形态的更替是必然性与社会主体历史选择性的统一。

在社会发展中，虽然作为社会主体的人们具有一定的历史选择性，但这种选择不是任意的选择，而是在遵循社会发展规律的前提下，根据一定的历史条件在一定范围内作出的符合社会发展规律的选择。在19世纪的美国，人民面临两种制度，但选择哪种制度，并不是由主观意志决定的，要从具体的社会条件出发。在19世纪工业革命已经推动资本主义工商业有较大发展的背景下，选择资本主义生产关系符合历史发展的趋势，这是正确的选择。另外，这种选择是广大人民群众的选择，而不是少数历史人物的选择，历史人物要想在社会发展中发挥作用，不仅要遵循社会规律，顺应历史趋势，还要代表广大人民群众的根本利益，这也正是林肯能够成为美国历史上伟大总统的重要原因。

五、本专题小结

社会存在包括地理环境、人口因素和物质生产方式。生产方式是指人们为获取物质生活资料而进行的生产活动的方式，它是生产力和生产关系的统一体。地理环境和人口因素可以加速或延缓社会发展的进程，物质生产方式是社会存在和发展的基础及决定力量：首先，物质生产活动及生产方式是人类社会赖以存在和发展的基础，是人类其他一切活动的首要前提。其次，物质生产活动及生产方式决定着社会的结构、性质和面貌，制约着人们的经济生活、政治生活和精神生活等全部社会生活。最后，物质生产活动及生产方式的变化发展决定整个社会历史的变化发展，决定社会形态从低级向高级的更替和发展。

唯物史观认为社会存在决定社会意识，但社会意识也具有相对独立性，对社会存在具有能动的反作用，先进的社会意识能反映社会发展的趋势和要求，对社会发展起着积极的促进作用；落后的社会意识不符合社会发展的趋势和要求，对社会的发展起着消极的阻碍作用。社会存在和社会意识辩证关系的原理对于社会发展包括社会文化建设具有重要指导意义。十九届四中全会《决定》指出,要"坚持和完善繁荣发展社会主义先进文化的制度,巩固全体人民团结奋斗的共同思想基础",其哲学依据正是先进的社会意识对社会发展具有促进作用。

生产力与生产关系矛盾运动的规律,是人类社会发展的基本规律。生产力是人类在生产实践中形成的改造和影响自然以使其适合社会需要的物质力量,具有客观现实性和社会历史性。

生产力具有复杂的系统结构,其基本要素包括劳动资料、劳动对象和劳动者。劳动者是生产力中最活跃的因素。科学技术是生产力中的重要因素,与生产力中的劳动资料、劳动对象和劳动者等因素相结合而转化为实际生产能力。生产关系是人们在物质生产过程中形成的不以人的意志为转移的经济关系。生产关系包括生产资料所有制关系、生产中人与人的关系和产品分配关系。生产力和生产关系是社会生产不可分割的两个方面。在社会生产中,生产力是生产的物质内容,生产关系是生产的社会形式,二者的有机结合和统一构成社会的生产方式。

生产力与生产关系的相互关系是:生产力决定生产关系,而生产关系又反作用于生产力。当生产关系符合生产力发展的客观要求时,对生产力的发展起推动作用;当生产关系不符合生产力发展的客观要求时,就会阻碍生产力的发展。生产力与生产关系的相互作用是一个过程,表现为二者的矛盾运动。这种矛盾运动中内在的、本质的、必然的联系,就是生产关系一定要适合生产力状况的规律。

经济基础与上层建筑矛盾运动的规律,是人类社会发展的另一个基本规律。经济基础是指由社会一定发展阶段的生产力所决定的生产关系的总和,社会的一定发展阶段中往往存在多种生产关系,但决定社会性质的是其占支配地位的生产关系。上层建筑是建立在一定经济基础之上的意识形态以及与之相应的制度、组织和设施,其中,政治上层建筑居主导地位,国家政权是核心。经济基础与上层建筑是辩证统一的,经济基础决定上层建筑,上层建筑反作用于经济基础,二者相互影响、相互作用。上层建筑为经济基础的形成和巩固服务,确立或维护其在社会中的统治地位。经济基础与上层建筑的相互作用构成二者的矛盾运动。经济基础和上层建筑之间的内在联系构成了上层建筑一定要适合经济基础状况的规律。

生产关系一定要适应生产力的规律以及上层建筑一定要适应经济基础的规律,决定了要不断地调整生产关系和上层建筑,使生产关系与生产力的发展相适宜,使上层建筑与变化的经济基础相适宜。这就是"改革无止境,永远在路上"的理论依据。

在人类社会发展过程中,交往随着生产力的发展而发展。交往是唯物史观的重要范畴,指在一定历史条件下的现实的个人、群体、阶级、民族、国家之间在物质和精神上相互往来、相互作用、彼此联系的活动。交往可以促进生产力的发展,促进生产关系的进步,促进文化的发展与传播,促进人的全面发展。

唯物史观视域中的"世界历史"是指各民族、国家通过普遍交往,打破孤立隔绝的状态,进入相互依存、相互联系的历史。生产方式的发展变革是世界历史形成和发展的基础。资本主义生产方式的发展和交往的普遍化推动了历史向世界历史的转变。世界历史的形成与发展为共产主义的实现提供了条件和路径。

生产力与生产关系矛盾运动的规律和经济基础与上层建筑矛盾运动的规律,是人类社会发展的一般规律。这些规律决定了社会形态的更替和历史发展的基本趋势。社会形态是关于社会运动的具体形式、发展阶段和不同质态的范畴,是同生产力发展一定阶段相适应的经济基础与上层建筑的统一体。社会形态包括社会的经济形态、政治形态和意识形态,是三者历史的、具体的统一,其中经济形态具有决定性意义。人类社会是不断发展的,社会的根本性变革和进步通过社会形态的更替来实现。

依据生产关系的不同性质,社会可划分为五种形态:原始社会、奴隶制社会、封建制社会、资本主义社会和共产主义社会(其第一阶段是社会主义社会)。这五种社会形态的依次更替,是社会历史运动的一般过程和一般规律,表现了社会形态更替的统一性,但不同的民族可以超越一种或几种社会形态而跳跃式地向前发展,呈现出不同的特点,使社会形态更替呈现出多样性。

社会形态更替的统一性与多样性,根源于社会发展的客观必然性与人们的历史选择性相统一的过程。社会形态更替的规律也是人们自己的社会行动的规律。规律的客观性并不否定人们历史活动的能动性,并不排斥人们在遵循社会发展规律的基础上,对于某种社会形态的历史选择性。不同民族总是自觉或不自觉地依据社会条件、本民族的特点、历史传统以及国际环境,来选择、设计、创造自己的社会存在形式。人们的历史选择性归根结底是人民群众的选择性。

社会形态的更替还表现为历史的前进性与曲折性、顺序性与跨越性的统一。社会形态更替的前进性、顺序性主要是指五种社会形态依次演进的基本趋势,其历史过程是一个"扬弃"的过程,但它并不否认历史发展的曲折性和跨越性。

六、延伸阅读

1. 马克思:《政治经济学批判》,《马克思恩格斯选集》(第 2 卷),人民出版社 2012 年版。

2. 恩格斯:《家庭、私有制和国家的起源》,《马克思恩格斯选集》(第 4 卷),人民出版社 2012 年版。

3. 列宁:《列宁专题文集:论辩证唯物主义和历史唯物主义》,人民出版社 2009 年版。

七、考核案例

"日不落帝国"的形成

英国曾是一个封建专制的农业国家,以国王为首的封建贵族集团是这个国家的统治者。农业在整个国民经济中占最大比重。全国有人口 550 万,其中 410 万人住在农村。最大的城市伦敦其人口只有 20 万,其他城市的人口最多也不超过 2 万。这样一个以农业为主的小国家,是如何成为称霸世界的"日不落帝国"的呢?

早在 13、14 世纪,英国的农村就为佛兰德尔和佛罗伦萨等地供应羊毛作为原料。同时,英国的手工业也较为发达,在 15 世纪,农村的半农半工的手工业就较为普遍,最初主要是毛纺织业。到 15 世纪末,穿梭于城乡之间的呢绒商人为了提高生产速度,逐渐地把单独的家庭手工业联系起来,形成了早期的毛织业手工工场。16 世纪时,分散的手工工场占主导地位。

1492 年哥伦布发现新大陆以后,世界贸易中心从地中海转移到了大西洋。英国正处在从欧洲到美洲的通道上,地理位置得天独厚。从 15 世纪末到 17 世纪初,随着英国海外贸易的发展和原始的资本积累,英国的资产阶级新贵族迅速发展起来。

自 16 世纪下半叶起,英国政府就奉行重商主义政策。到伊丽莎白时代,英国开始向海上迅速扩张,英国商人跟随海员走向了海外世界。为了发展贸易,英国政府大力扶植造船业,支持在海外成立特权贸易公司。其中影响最大的有1600年在印度成立的东印度公司和1670年在北美成立的哈德逊公司。英国在印度采取的是强迫式贸易,如强迫印度农民种鸦片,输出到各国取得高额利润,中国也是受害国之一。除此之外,英国殖民者对美洲和大洋洲殖民地的土著,一方面进行残酷的消灭屠杀,另一方面进行掠夺式的贸易。通过这样的方式使大量的财富和货币源源不断地流回国内。英国采用这种积极开拓海外贸易,进行掠夺的手段,使得被称为英国"民族工业"的制呢业得到迅速发展。为了适应市场需要,在英国的制呢业中,出现了以资本为中心进行经营的手工工场,雇佣劳动关系开始出现,新的剥削方式随之产生。手工工场工人的劳动时间长、工资低、劳动条件差。随着手工工场的发展规模越来越大,制呢业手工工场的发展也影响了其他部门,采煤、炼铁、造船等部门也采取了手工工场的生产方式。手工工场的发展影响到农村,在英国农村中出现了"圈地运动"。

圈地运动是土地集中的一种方法,从13世纪开始,到1876年英国议会颁布法令禁止圈地,跨越了600多年。圈地的主要形式有几种,包括小块零散土地的集中、对公荒地的圈占、议会圈地和打破土地租约的圈地。最初圈地主要是为了养羊,后来随着市场对粮食和原料作物需要的增长,圈地渐渐地被用以发展农业。圈地并非纯粹暴力掠夺,主要是打破长期租约或者重新拟定协议,但结果仍是大量农民失去赖以生存的生产资料,沦为身无分文的自由劳动力。随着这种圈地运动的深入,丧失土地的农民日益增多,为英国商人提供了大量的具有各种技能的廉价劳动力,于是集中的手工工场逐渐发展起来。圈地运动产生了一批资本主义性质的牧场和农场。牧场主和农场主采用雇用工人的剥削方式,农业工人随之出现。

通过16世纪英国的海外掠夺、海外贸易的发展和农村的圈地运动,英国积累了资本主义发展的资本。在资本积累的过程中,金融家、银行家、商业资本家和工场主都拥有大量的资本并投资于手工工场,他们有着同其他阶级不同的利益,从而形成了新的集团,资产阶级出现了。在农村中,出现了一批经营资本主义牧场和农场的牧场主和农场主,他们中有的人还经营工业和商业,他们也拥有资本,同资产阶级有着相同的利益,为了同封建贵族加以区别,他们被称为新贵族。在资本主义经济发展的过程中,资产阶级和新贵族的势力不断加强,他们同代表旧的生产关系的封建专制制度的矛盾越来越尖锐。

1603年，伊丽莎白一世去世，苏格兰的詹姆士·斯图亚特继位，为詹姆士一世，由此开始了斯图亚特王朝在英格兰和爱尔兰的统治。詹姆士一世登台便鼓吹"君权神授"，认为君主对臣民享有生杀予夺的权力。1625年詹姆士一世的儿子查理一世继位后，由于王室亏空，债台高筑，加之英国同西班牙和法国的战争需要大量财力支持，查理一世不得不行使国王的特权，强迫各地人民缴纳强制性的捐税，激化了国内矛盾。

　　斯图亚特王朝统治时期，英国资本主义经济得到了发展，资产阶级和新贵族已经形成了一股政治势力，在议会中，他们指责国王的专制统治，特别是利用议会批准征收新税和特别税的传统权力，同国王进行斗争。在斗争的过程中，议会形成了反对派。这使查理一世的专权受到了威胁，他绝不能让这种现象存在，终于在1629年解散了议会，开始了长达11年的无议会个人统治时期，直到1640年4月为了筹集战争的军费才重新召开议会。但议会同国王进行了抗争，起草了《大抗议书》，抨击查理一世暴政，他们要求限制王权，取消国王的专卖权，监督国王和大臣的活动。查理一世拒绝接受《大抗议书》，最终和议会决裂。在议会同国外斗争的同时，中下层人民反对封建专制的活动空前活跃。在农村，农民要求取消地租，获得土地；在城市，平民和失业的手工业者为生活所迫时常暴动。

　　1642年，查理一世挑起了内战，组织王军向议会军发起进攻。1643年，议会代表克伦威尔前往英格兰东部，募集了一支主要由自耕农和城市平民组成的骑兵，在马斯顿荒原战役（1644年）、纳西比战役（1645年）等战役中屡次击溃王军。内战结束后，查理一世于1649年被送上断头台处死。1658年，克伦威尔病逝，英国重新进入混乱时期。1660年斯图亚特王朝（查理二世）复辟，1685年查理二世去世，他死后，弟弟詹姆士二世继位，他推行反动政策，实行血腥报复。

　　1688年，支持议会的辉格党人和部分托利党人邀请詹姆士二世的女儿玛丽和时任荷兰奥兰治执政的女婿威廉（后来的玛丽二世和威廉三世）回国执政，发动宫廷政变，推翻斯图亚特王朝统治，这次政变没有流血而获得成功，因此史称"光荣革命"，并于1689年颁布了《权利法案》。《权利法案》以法律形式对王权进行明确制约，如规定：凡未经议会同意，以国王权威停止法律或停止法律实施之僭越权力，为非法权力；以国王权威擅自废除法律或停止法律实施之僭越权力，为非法权力；凡未经议会准许，借口国王特权，为国王而征收，或供国王使用而征收金钱，超出议会准许之时限或方式者，皆为非法；向国王请愿，乃臣民之权利，一切对此项请愿之判罪或控告，皆为非法;等等。《权利法案》标志着君主立宪制的确立。

英国资本主义生产方式的确立促使了英国工业革命的发生。工业革命始于18世纪60年代,以棉纺织业的技术革新为始,以瓦特蒸汽机的改良和广泛使用为枢纽,以19世纪三四十年代机器制造业机械化的实现为基本完成的标志,真正进入机器化大生产的时代,这不仅对英国,而且对整个欧洲乃至世界都产生了重大影响。

机器的发明必须以自然科学的进步为基础。16世纪以前,整个欧洲都受到宗教神学和经院哲学的影响,科学技术的发展受到严重阻碍。到16世纪末17世纪初,英国资产阶级已经成熟,在文艺复兴运动的影响下,人们的思想获得解放,在自然科学方面也取得了丰富成果。其中,对人们影响最大的哲学家之一是弗朗西斯·培根(1561—1626年),他提出了"知识就是力量"的口号,并指出人类认识自然就是为了改造自然,促进生产的发展。

英国的工业革命始于棉纺织业。在英国,尽管毛织业是最发达的工业,但这种工业是从封建社会后期发展起来的,受政府严格控制,是一个保守的、毫无生气的、传统的生产行业。棉纺织业则不同,它是一个新兴产业。英国棉纺织业是1588年由尼德兰技工引进的,到17世纪才在兰开夏建立生产中心。在此之前,它的生产基地散布在农村,不受行规和政府法规的约束,也不存在生产上的清规戒律,没有传统的阻碍,具有良好的技术革新环境。18世纪以前,英国棉纺织业的原料主要靠进口,生产技术相当落后,在国际市场上其产品质量不及印度,同类产品的价格比印度高50%—60%。为了求得生存,抵制印度棉布,必须努力提高产品质量,降低生产成本,增强市场竞争力,进行技术革新势在必行。而且,棉纺织品适宜于普通大众日常穿着,且价格较毛织品低,属于低档商品,国内外市场前景十分广阔。由此可见,棉纺织业更适合于发明新机器,推广新技术,创造新产品。

因此,到18世纪60年代,英国工业革命首先从新兴的棉纺织业的技术革命开始了。随着棉纺织机器的发明和推广,原来的动力(人力、畜力和自然力等)已经不能适应新的生产形势,蒸汽机的发明成为迫切的需要。工业革命的过程是发明促进发明,各工业部门发生连锁反应。从轻工业到重工业,从工作机到发动机,互相促进、互相推动,最后形成一个机器生产的完整体系。

此次工业革命始于18世纪中叶止于19世纪中叶,在80年左右的时间里,英国建立了强大的纺织工业、冶金工业、煤炭工业、机器工业和交通运输业。机器大生产空前提高了劳动生产率,生产力得到飞速发展,使英国由一个落后的农业国一跃成为世界上最先进的资本主义头号工业强国,号称"世界工厂"。到19世纪中后期,英国成为世界工厂、世界贸易垄断者、世界金融中心、海上霸王和世界最大殖民帝国,称霸世界达半个世纪之久。

然而,工业革命也带来了新的社会问题。1825年,英国出现了资本主义社会的第一次周期性的经济危机,1836—1848年又爆发了第一次无产阶级有组织、大规模的政治斗争——宪章运动。从此,无产阶级开始登上英国的政治舞台,成为推动社会发展的强大动力,并开始为孕育新的社会形态积聚力量。

案例问题思考

1. 英国资本主义生产关系是如何在封建社会内部萌芽发展壮大的?
2. 结合案例材料,试分析资本原始积累对资本主义生产关系的影响。
3. 英国《权利法案》的颁布使英国的上层建筑发生了怎样的变化?
4. 资本主义战胜封建主义具有一定的必然性,试结合案例材料分析理解其原因。
5. 结合案例材料,在封建社会末期及19世纪英国工业革命后,英国的生产关系与生产力之间的矛盾状态如何?试分析两个时期生产关系与生产力矛盾的异同。
6. 生产关系对生产力的反作用及上层建筑对经济基础的反作用在不同时期是不同的,试结合案例材料分析不同时期生产关系和上层建筑对生产力和经济基础的反作用。
7. 14世纪开始的欧洲文艺复兴运动极大地推动了资本主义的发展,试用相关哲学原理分析其原因。

专题七 人类社会发展的动力系统

一、主要内容、重难点问题

1. 主要内容
社会基本矛盾在历史发展中的作用

社会主要矛盾在历史发展中的作用

阶级斗争和社会革命在阶级社会中的作用

改革在社会发展中的作用

科学技术在社会发展中的作用

社会历史主体在历史发展中的作用

2. 重难点问题

重点：社会基本矛盾在社会发展中的作用；社会主体（人民群众和英雄人物）在历史发展中的作用

难点：社会基本矛盾与其他动力的关系；社会历史主体（人民群众和英雄人物）在历史发展中的作用

二、学习目标

掌握社会基本矛盾在历史发展中的作用，能够运用历史唯物主义的立场、观点、方法分析阶级斗争和社会革命在阶级社会中的作用，改革在社会发展中的作用、科学技术在社会发展中的作用以及人民群众在历史发展中的作用。能够理解我国当前各类重大发展举措背后的理论支撑，并将个人规划与进取融入国家发展大计之中。

导入问题：

习近平在十九大报告中指出，创新是引领发展的第一动力，是建设现代化经济体系的战略支撑。试用相关哲学原理分析我国现在为什么重视创新在发展中的作用？如何促进创新主体的创新积极性？

三、导学案例及问题思考

苏联和中国的社会主义实践

材料1　从俄国革命到苏联社会主义建设

弗拉基米尔·伊里奇·乌里扬诺夫，就是我们熟知的列宁，生于1870年4月22日，卒于1924年1月21日。列宁是苏联社会主义国家的缔造者，是伟大的革命家，同时也是社会主义建设的探索者。

1917年11月7日（俄历10月25日）"十月革命"胜利后，建立了世界上第一个社会主义国家政权——俄罗斯苏维埃联邦社会主义共和国，简称苏俄。然而，各种各样的叛乱白军和外国干涉军相互勾结、遍及全国,反对苏维埃政权,他们占据了全俄大部分领土,并且从各个方向包围了苏维埃政权控制的核心地区。

国内战争爆发后,苏俄的粮食、煤炭、石油和钢铁的主要产地陷入敌手,处境十分困难。苏俄政府为粉碎国内地主资产阶级和帝国主义发动的反苏维埃政权战争,不得不采取"非常措施"来打赢国内战争,巩固新生政权。措施包括:国内贸易国有化,余粮收集制,实物配给制(由合作社分配站按照工种定量配售食品及日用品,但其供应量远远不能满足居民的需要),劳动义务制,强制贯彻"不劳动者不得食"的原则,全部工业国有化等,这些非常措施被称为"战时共产主义政策"。

战时共产主义政策是在残酷的战争环境和物资极度缺乏的特殊条件下被迫实施的带有军事性的非常措施,它最大限度地集中了全国的物力和财力,保障了军事上的胜利,为保卫新生的苏维埃政权创造了必要的物质前提。但战时共产主义政策同时也存在一些问题,如余粮收集制在实施过程中出现了严重偏差,征收的不仅是余粮,必需的口粮和饲料粮甚至种子粮都被征收,严重破坏了农民的生产积极性,损害农民的切身利益,对工农联盟十分不利。在1920年年底国内革命战争基本结束的情况下,作为非常时期的非常措施不但没有因非常时期结束而收缩,反而进一步被加强,如余粮收集制的范围扩大到棉花、麻类、皮革等农副产品和经济作物,国有化由大中企业推广到广大小企业,进一步取缔一切私人贸易活动等,这些措施远远超出了社会能够承受的水平,结果造成社会的不稳定和生产下降,1921年春苏俄发生严重的经济政治危机。

1920年年底,苏俄因多年的战争而民穷财尽,1921年的重工业产量只有一战前的20%,1918年至1920年,彼得格勒失去了75%的人口,莫斯科失去了50%的人口。7年的战争加之严重的干旱造成了巨大的灾荒,约300万人至1000万人被饿死。农民普遍抗拒交粮,粮食的征收不得不动用军队才能完成。农民与工人的罢工活动甚至将矛头指向苏维埃政权,叛乱席卷了全国,甚至连十月革命的中坚分子喀琅施塔得水兵也参与叛乱。苏维埃政权的政治危机震惊了列宁,他说:"我们计划……用无产阶级国家直接下命令的办法在一个小农国家里按共产主义原则来调整国家的产品生产和分配。现实生活说明我们错了。"

1921年3月,布尔什维克党的第十次代表大会通过了由战时共产主义过渡到新经济政策的决议,新经济政策以粮食税代替征收,允许农民自由出卖余粮,允许私商自由贸易,将一部分小工厂还给私人,还准备把一些企业租给外国资本家。新经济政策是利用市场和商品货币关系发展经济的一种探索。它表明,列宁和布尔什维克党开始从国情出发,利用市场和商品货币关系来发展经济,逐步过渡到社会主义,新经济政策提高了人们的生产积极性,生产开始恢复和发展。1922年12月,在全国上下团结的基础上,召开了第一次全国苏维埃代表大会,宣布成立苏维埃社会主义共和国联盟(简称苏联),制定了第一部宪法。第一个社会主义国家终于在世界站稳了脚跟。1924年,苏联的工农业生产逐步恢复到战前水平,苏维埃政权得到进一步巩固。

随着1924年列宁的逝世和斯大林的上台,新经济政策被慢慢废除。1929年,斯大林公开宣布停止实施新经济政策,一种新的经济模式逐渐形成。

1927年至1928年,苏联在粮食收购问题上出现危机,斯大林认为造成危机的原因是"富农"的破坏。因此,一方面决定采取非常措施打击"富农",另一方面加快集体农庄建设。1929年11月初,斯大林发表《大转变的一年》,自上而下发动一场集体化运动。同年12月27日,他又提出从限制存有余粮的"富农"过渡到消灭"富农"。于是,全盘集体化就同他的"阶级斗争尖锐化"理论结合起来,成了一场疾风暴雨,"富农"被扫地出门,财产被没收,有的被处死,有的被驱逐到边远地区。

在斯大林"为集体化的飞快速度而斗争"的口号下,靠行政命令搞集体农庄成了普遍现象,有2.5万名城市工人、干部下乡强行搞集体化,许多州提出的口号是"谁不加入集体农庄,谁就是苏维埃的敌人"。这种强制政策不仅用于对付"富农",也扩大到对付中农和所有不愿参加集体农庄的农民。农业被看成国家工业化的手段和工具,农民则把集体农庄称为"第二次农奴制"。

1933年1月,联共(布)中央宣布:"把分散的个体小农经济纳入社会主义大农业轨道的历史任务已经完成。"2000多万农户被20多万个集体农庄所取代。集体农庄的生产由国家选派的干部按国家统一的计划进行生产,对农产品实行义务交售制。农民失去经营管理权,也失去了产品的处理权。不愿加入集体农庄的农民在绝望中屠宰牲畜、毁坏工具和焚烧谷物。1933年与战时困难的1916年相比,牲畜存栏骤降1/2至2/3,粮食总产跌入低谷,直到1952年粮食总产仍低于1913年,但国家征购却有增无减。

材料2 中国"大跃进"时的人民公社

在旧中国,占农村人口不到10%的地主和富农,拥有70%—80%土地和大部分耕畜、农具,而占农村人口90%以上的贫农、雇农、中农和其他劳动者,只拥有20%—30%的土地。广大农民为了养家糊口,不得不向地主租佃土地耕种,忍受残酷的剥削与压迫。可以说,"耕者无其田"是旧中国贫穷落后的根本原因。在土地革命时期,中国工农红军依靠"打土豪、分田地"调动广大农民参战的积极性,所以能突破国民党军队的重重围堵,完成两万五千里长征,顺利到达陕北。在抗日战争期间,依靠减租减息调动广大农民参战、支援前线的积极性,使抗日根据地得以发展壮大。解放战争时期,中国人民解放军之所以能在短短几年时间里打垮国民党几百万军队进而解放全中国,很大程度上是由于在广大解放区实行土地改革,大大调动了农民参战、支援前线的积极性。可以这么说,中国民主革命的胜利,是在中国共产党领导下依靠武装起来的农民取得的,而农民参战的积极性在很大程度上来源于保卫胜利果实——土地。从一定意义上来说,中国共产党的天下是依靠农民打下来的,农民的功劳比天高、比地厚!

经过土地改革,中国农村发生了翻天覆地的变化,广大农民在政治上、经济上彻底翻身得解放,这极大地激发了他们的生产积极性,极大地解放了农村生产力。这是新中国初期能够迅速战胜困难,恢复经济,并顺利开始实施第一个五年计划的最重要因素。

1952年年底至1956年我国进行了三大改造,1957年毛泽东在莫斯科会议上提出超英赶美战略构想,1958年《人民日报》元旦社论提出:准备再用20年到30年的时间在经济上赶上并超过美国,1958年5月,在中国共产党第八届全国代表大会第二次会议上,通过了毛泽东同志主持制定的"鼓足干劲、力争上游、多快好省地建设社会主义"的总路线,确认我国社会主义建设已经进入了"一天等于二十年"的"大跃进"时期。1958年8月,毛泽东同志视察河南省新乡县七里营人民公社,发出"人民公社好"的号召,随后,中共中央通过了《关于在农村建立人民公社问题的决议》。《决议》认为,建立工农商学兵相结合的人民公社,是农村经济发展的必然趋势,是在农村加速建成社会主义,并向共产主义过渡的桥梁。《决议》指出,在我国实现共产主义已经不是遥远的事了。接着,"人民公社化"的风暴骤起,两三个月内,全国就实现了公社化,有的地区还建立了以县为单位的人民公社或县联社。"人民公社"把穷富拉平,强调公有化的程度越高越好,把一切生产资料包括社员的自留地、家畜家禽等都收归公有,取消评工记分,推行"吃饭不要钱"的"按需分配"方式,提倡"放开肚子吃饭,鼓足干劲生产",普遍建立以村为单位的集体食堂。1959年、1960年中国发生连续两年的自然灾害,农业大幅减产,国民经济陷于空前困难,城乡市场供应紧张。1961年,安徽、贵州、甘肃、河南、湖南等一些贫困地区的农民,迫于食不果腹、衣不蔽体的窘境,悄悄地搞起"包产到户"即责任田的办法,得到一些地方领导的支持,但被认为是刮"单干风",是走资本主义道路,很快被打压下去。于是,毛泽东同志在党的八届十中全会上发出了"千万不要忘记阶级斗争"的号召。

"大跃进""人民公社化"运动造成的困难、带来的问题,是现今年轻一代难以想象的。邓小平同志说:"1958年'大跃进',一哄而起搞人民公社化,片面强调'一大二公',吃大锅饭,带来大灾难。"[1]曾任安徽省委书记的万里是这样说的:"1977年6月,党中央派我到安徽当第一书记。安徽是个农业大省,又是'左'倾错误的重灾区。'四人帮'在安徽的代理人推行学大寨的那一套'左'的东西特别积极,农村问题特别严重,农民生活特别困难……吃不饱,穿不暖,住的房子不像个房子样子,门窗都是泥土坯的,桌子、凳子也是泥土坯的,找不到一件木器家具,真是家徒四壁呀!我真没料到,解放几十年了,不少农村还这么穷!我不能不问自己,这是什么原因?这能算是社会主义吗?人民公社到底有什么问题?为什么农民的积极性没有了?我刚到安徽那一年,全省28万多个生产队,只有10%的生产队能维持温饱,67%的生产队人均年收入低于60元,40元以下的约占25%,我这个第一书记怎么能不犯愁啊?人民公社化后发生的三年困难时期,到处浮肿病,饿死人。据了解,光安徽省的所谓非正常死亡人口就三四百万。冰冻三尺,非一日之寒,过去'左'了那么多年,几乎把农民的积极性打击完了。"[2]

田纪云回忆道:1965年在贵州也曾率团到农村搞"四清",亲历"人民公社化"所谓的"优越性"。人民公社一般是一乡一社或一区一社,以生产队(自然村)为单位,集体吃饭,打钟上工,敲锣下工。一年四季,何时下种,种什么,何时收割,怎样收割,一切听从公社指挥。那个时候,农民要想务工经商,会被当成不务正业,搞点家庭副业还会被当成"资本主义

---

[1]《邓小平文选》(第3卷),人民出版社1993年版,第115页。
[2] 张广友、韩钢:《万里谈农村改革是怎么搞起来的》,载《百年潮》1998年第3期。

尾巴"割掉,一家养几只鸡都有规定,超过是不行的。哪块地种什么都要按上边的命令做。行距、株距都规定得很细。种的不对,就要拔掉。在这种制度下,农民简直成了公社的"奴隶",失去了生产的自主权,更没有产品的支配权,也就没有了生产的积极性。劳动时社员们像一把扇面,一字排开,一小时休息一次,一次半小时,实际上出工不出力,磨洋工,聊天、吹牛、说空话。结果是公共食堂办了不到一个月就垮了,连稀饭也喝不上了。

材料3　我国改革开放及其成就

经过十年"文化大革命",中国在20世纪70年代末期,基本上处于普遍贫困的状况。1978年,我国国内生产总值大约在1500亿美元,人均国内生产总值只有156美元,比非洲最落后的一些国家的水平还要低,譬如当年马拉维为163美元、马里为178美元、苏丹为427美元、津巴布韦为649美元,都比中国高。当时中国的人均国内生产总值排世界第121位,因此总体而言,整个国家都处于普遍贫困的状态。

1978年12月召开的党的十一届三中全会,是一次真正具有伟大历史意义的会议,此次会议拉开了我国改革开放的序幕。随后,我国逐步建立了社会主义市场经济体制,以公有制为主体、多种所有制经济共同发展的所有制结构,以按劳分配为主体、多种分配方式并存的分配制度。关于改革的标准,邓小平曾谈到著名的"猫论"——不管黑猫白猫,捉到老鼠就是好猫。后来,邓小平同志又进一步明确为"三个有利于"标准(是否有利于发展社会主义社会的生产力、是否有利于增强社会主义国家的综合国力、是否有利于提高人民的生活水平)。到了20世纪90年代初邓小平同志南巡的时候,改革开放的目标就比较清楚了,就是要促进生产力的发展,促进国家繁荣富强,提高人民生活水平。

改革开放初期,我国的粮食总产量只有3亿吨多一点,人均拥有粮食300公斤左右;从2013年起,我国粮食总产量一直比较稳定地保持在6亿吨以上,人均450公斤左右,粮食安全有了基本保障。根据国家统计局的数据,1978年我国的工业增加值为1622亿元,1992年突破1万亿元,2007年突破10万亿元,2012年突破20万亿元大关,2017年的工业增加值已接近28万亿元,折算成现价美元,已经超过4万亿美元,总值居世界第一。40年间的工业增加值年均增长10.8%。如果从中国制造业总值占世界制造业的比重来看,2010年达到了19.8%,首次居世界第一,此后都是稳居世界第一。从货物贸易的情况来看,如果用人民币计价,我国1978年的货物贸易(进出口)总额为355亿元,也就是200亿美元多一点,2017年增长到27.8万亿元,也就是超过4万亿美元了,年均增长18.6%,从而使我国货物贸易占国际市场份额的比重从0.8%增加到11.5%,居世界第一。从外汇储备情况来看,我国1978年只有1.67亿美元,全球排名第83位。从2011年开始,我国外汇储备就比较稳定地保持在超出3万亿美元的水平,居世界第一。经过40年的努力,中国有7亿多贫困人口摆脱了绝对贫困,2017年中国的人均国内生产总值已达8826美元,总体上处于中等偏上收入水平。所有这些变化都说明,改革开放40多年来,中国发生了巨大的改变,已经整体走出了贫困,正在稳步地向富裕社会或者说向"高收入国家"迈进。

回望我国40多年来一条重要的经验就是重视教育。1978年3月18日,邓小平在全国科学大会开幕式上的讲话中指出,科学技术人才的培养,基础在教育。各行各业都要来支持教育事业,大力兴办教育事业。邓小平始终把科学技术作为现代化建设的关键,把教育作为现代化建设的基础。1977年,邓小平分析了我国实现现代化的战略进程,自告奋勇地提出抓科技和教育工作。他指出我们要实现现代化,关键是科学技术要能上去;发展科学技术,不抓教育不行;不抓科学、教育,四个现代化就没有希望。1982年,在谈到党的十二大提出的到20世纪末国民生产总值翻两番的总目标时,邓小平指出,翻两番"大体上分两步走,前十年打好基础,后十年高速发展。战略重点,一是农业,二是能源和交通,三是教育和科学。搞好教育和科学工作,我看这是关键"。邓小平着眼于我国社会主义现代化建设的全局,站在实现现代化总目标和发挥社会主义制度优越性的高度,提出社会主义的根本任务是发展社会生产力,科学技术是第一生产力,科技人才培养的基础在教育,教育是实现"三步走"战略目标和现代化建设的重点等重要论述,形成了把教育摆在优先发展的战略地位的重要思想。

参考文献

1. 田纪云:《回顾中国农村改革历程》,《田纪云文集·农业卷》,中国民主法制出版社2016年版。

2. 胡必亮:《改革开放40年:中国经验及其世界意义》,载《学术前沿》2019年第4期。

案例问题思考

1. 结合材料分析阶级斗争在社会发展中的作用。
2. 结合材料分析社会革命在社会发展中的作用。
3. 结合材料分析理解苏俄战时共产主义政策颁布后,生产力和生产关系的矛盾发生了怎样的变化?
4. 结合材料分析理解苏俄新经济政策颁布后生产力和生产关系的矛盾发生了怎样的变化?
5. 斯大林时期苏联集体化运动和我国的人民公社化运动对生产力有什么影响?试结合材料分析此时两国生产力与生产关系矛盾的特点。
6. 结合材料分析改革在社会发展中的作用。
7. 结合材料分析科学技术在社会发展中的作用。
8. 结合材料分析社会基本矛盾在社会发展中的作用。
9. 结合材料分析社会主要矛盾在社会发展中的作用。
10. 结合材料分析人民群众和杰出人物在社会发展中的作用。

四、案例问题解析示例

本案例主要介绍了苏联和中国的社会主义实践,在两国的社会主义实践过程中,为了解决社会的基本矛盾和主要矛盾,经历了革命、阶级斗争、改革和发展等过程,它们在社会发展中都起到了至关重要的作用。

1. 结合材料分析阶级斗争在社会发展中的作用。

阶级是一个经济范畴,也是一个历史范畴。阶级斗争是阶级利益根本冲突的对抗阶级之间的对立和斗争,根源于阶级之间物质利益的根本对立,根源于社会经济关系的冲突。阶级斗争是社会基本矛盾在阶级社会中的表现,是阶级社会发展的直接动力。1917年沙俄统治时期,国内存在地主阶级和农民阶级、资产阶级和无产阶级,阶级之间的斗争使俄罗斯帝国政权瓦解,资产阶级政府成立之后,工兵农与资产阶级展开斗争,最终经过俄国十月革命推翻了资产阶级的统治,建立了第一个社会主义国家。在俄国,正是阶级斗争作为直接动力使其从一个封建政权的国家经由短暂的资本主义时期,最终成为第一个社会主义的国家。

2. 结合材料分析社会革命在社会发展中的作用。

一般地,社会革命主要是指社会形态的变更,即新的社会形态取代旧的社会形态,其实质是革命阶级推翻反动阶级的统治,用新的社会制度代替旧的社会制度,从而解放生产力。社会革命根源于社会基本矛盾的尖锐化,是阶级斗争激化的结果。革命对社会发展起到巨大作用,是"历史的火车头"。在俄国,二月革命终结了其封建专政政权的统治,十月革命又推翻了资产阶级政权,最终建立了社会主义国家。俄国的社会性质由封建社会到资本主义社会再到社会主义社会的变更都是通过革命完成的。

3. 结合材料分析理解苏俄战时共产主义政策颁布后,生产力和生产关系的矛盾发生了怎样的变化?

战时共产主义政策是在战争时期苏俄政府为粉碎国内地主资产阶级和帝国主义发动的反苏维埃政权的战争不得不采取的"非常措施":国内贸易国有化,余粮收集制,实物配给制,劳动义务制,全部工业国有化。战时共产主义政策实质上无论是对生产资料还是对消费资料都实行了公有制,这种公有制是建立在生产力遭到破坏、物质资料短缺的基础上,为了赢得战争胜利而采取的权宜之计,如果长期实施,这种公有制的生产关系由于超越了生产力的发展阶段反而会束缚生产力的发展。

4. 结合材料分析理解苏俄新经济政策颁布后,生产力和生产关系的矛盾发生了怎样的变化?

苏俄新经济政策是在战争结束后的 1921 年 3 月颁布的,新经济政策以粮食税代替征收,允许农民自由出卖余粮;允许私商自由贸易;将一部分小工厂还给私人,还准备把一些企业租给外国资本家。新经济政策实质上是在一定程度上和一定范围内恢复了私有制,这种多种所有制经济成分共同存在和发展的制度与当时的生产力发展水平相适应,这在一定程度上提高了劳动者的生产积极性,促进了生产力的发展。

5. 斯大林时期苏联集体化运动和我国的人民公社化运动对生产力有什么影响?试结合材料分析此时两国生产力与生产关系矛盾的特点。

斯大林时期苏联集体化运动和我国的人民公社化运动都超越了生产力的发展阶段,长期实施的结果反而阻碍了生产力的发展。斯大林时期,集体化运动的举措打击了"富农",也打击了中农和所有不愿参加集体农庄的农民,全盘集体化同"阶级斗争尖锐化"理论结合起来,不仅直接压制了人民群众的生产积极性,也使得生产关系回到战时共产主义时期,变得僵化落后,严重阻碍了生产力的发展。我国人民公社化时期,倡导"跑步进入共产主义",过度强调公有化的程度和整齐划一的生产劳动,这种制度使得农民失去了生产的自主权,更没有产品的支配权,也就没有了生产的积极性,严重阻碍了生产力发展和社会进步。无论是苏联集体化运动还是我国的人民公社化运动,都是在落后生产力的基础上建立起先进的生产关系,使生产关系超越了生产力的发展水平,与生产力发展不相适应,最终反而阻碍了生产力的发展。

6. 结合材料分析改革在社会发展中的作用。

改革是指在根本制度不变的前提下对生产关系和上层建筑的某些方面和环节进行变革,它是同一种社会形态发展过程中的量变和部分质变。改革是在一定程度上解决社会基本矛盾、促进生产力发展、推动社会进步的有效途径和手段,如我国 20 世纪 70 年代末开启的改革,不断地对我国社会主义制度进行完善,解放和发展了我国的生产力,使我国社会主义建设取得了巨大的成就。

7. 结合材料分析科学技术在社会发展中的作用。

科学技术作为先进生产力的重要标志,可以为劳动者所掌握并提升劳动者的素质,可以革新生产工具提高生产效率,可以扩大劳动对象的范围,可以提高管理水平等,总之,科学技术可以促进生产力的发展。科技革命是推动经济和社会发展的强大杠杆,对生产方式、生活方式产生了巨大影响,促进了思维方式的变革,这也是我国重视教育、重视创新的重要原因,科学技术是一把"双刃剑",要正确运用科学技术造福人类。

8. 结合材料分析社会基本矛盾在社会发展中的作用。

社会基本矛盾即生产力和生产关系、经济基础和上层建筑的矛盾,是历史发展的根本动力,其中生产力和生产关系的矛盾是更为基本的矛盾。在阶级社会,基本矛盾通过一定的阶层或阶级矛盾,或不同社会集团之间的利益矛盾和冲突表现出来,当基本矛盾尖锐化,阶级之间的利益矛盾积累到一定程度,就会引发阶级斗争甚至社会革命。社会基本矛盾运动的结果,不仅可以表现为阶级斗争和社会革命,把生产力从已不能容纳它的旧的生产关系中解放出来,如案例中的"七月事变"及列宁和托洛茨基领导的"十月革命",也可以表现为改革,如我国改革是为了调整生产关系和上层建筑中不适应生产力的环节和方面,解放和发展生产力。社会发展的过程也是不断解决矛盾的过程。

9. 结合材料分析社会主要矛盾在社会发展中的作用。

在实际生活中，社会基本矛盾往往要通过具体的社会矛盾表现出来，在社会发展过程的矛盾系统中，各种矛盾的地位和作用是不平衡的，存在主要矛盾和非主要矛盾的区别。社会主要矛盾是处于支配地位，在社会发展过程一定阶段上起主导作用的矛盾。社会主要矛盾不是一成不变的，它在一定条件下会发生转化。社会主要矛盾集中体现了社会中的诸多矛盾和问题，抓住了这一主要矛盾，就找到了正确理解和把握新时代的钥匙，是解决其他矛盾的"牛鼻子"。如案例中，苏维埃政权刚刚建立时，主要矛盾是解决国内叛乱和国外势力对新政权的绞杀，解决途径是发动战争。战争结束后，主要矛盾是落后的生产力不能满足人们的物质需要的问题，解决途径是解放和发展生产力。从斯大林的集体化经济模式和中国的"大跃进"等一系列的改革措施的结果可以看出，改革的原则、领域和措施，要建立在正确认识社会主要矛盾的基础之上，才能切实改变与生产力不相适应的生产关系，促进生产力发展和社会进步，使人民受益。而认不清社会的主要矛盾，罔顾人民群众的要求，甚至打击劳动人民生产的积极性，这样的改革注定不会成功。我国在社会主义建设中长期面临落后的社会生产与人们的物质文化需求之间的矛盾，进入新时代后我国的社会主要矛盾转变为人们对美好生活的追求与生产力发展不平衡不充分之间的矛盾，解决的途径依然是解放和发展生产力。我国在改革过程中始终坚持以人民为中心，不断解放和发展生产力，使我国社会主义建设取得了巨大的成就。社会发展正是在不断解决社会基本矛盾的过程中实现的。当然，抓社会主要矛盾也不能忽略次要矛盾。

10. 结合材料分析人民群众和杰出人物在社会发展中的作用。

人民群众是社会财富的创造者，是社会革命和改革的决定力量，最终在创造历史过程中起决定作用的还是人民群众。杰出人物，如列宁、毛泽东、邓小平等，比一般人站得高、看得远，解决历史任务的愿望比一般人强烈，特别是无产阶级的领袖人物，他们提出的思想和规划能够成为社会改革的先导，他们为群众指明了革命和改革的方向，在革命斗争和改革中起着核心作用，在社会发展过程中发挥了突出的作用。但是，杰出人物主导的一系列革命和改革措施，能否取得成效，要看是否符合社会发展规律，是否代表人民群众的愿望和要求。因此，要辩证看待人民群众和杰出人物在历史中的作用。首先,人民群众在创造历史过程中起决定性作用,但人民群众创造历史的活动也受一定社会历史条件的制约,人民群众的政治、经济地位和文化水平,都会影响他们创造历史的能力,先进的科学文化和崇高的思想道德,对人民群众创造历史的活动具有促进作用。其次,杰出人物是对推动历史发展作出重要贡献或起重要作用的人,但任何历史人物的出现都是必然性和偶然性的结合,他们会对社会进程产生影响,但这些作用只是历史发展中的偶然现象,不能改变历史发展的基本方向。而且,杰出人物发挥作用必须遵循客观规律和代表广大人民群众的根本利益。

五、本专题小结

社会作为一个有机的统一整体是由多种要素所构成的,而作为推动社会发展的动力也是多种多样的,各种动力又内在相互关联构成社会发展的动力系统。其中生产力与生产关系、经济基础与上层建筑的矛盾是社会发展的根本动力;阶级斗争是阶级社会发展的直接动力;而革命和改革都能够解放和发展生产力,因而成为推动社会发展的有力杠杆;人民群众作为实践的主体则是历史的创造者。

社会基本矛盾是历史发展的根本动力:首先,生产力是社会基本矛盾运动中最基本的动力因素,是人类社会发展和进步的最终决定力量。其次,社会基本矛盾特别是生产力和生产关系的矛盾,决定社会中其他矛盾的存在和发展。社会基本矛盾具有不同的表现形式和解决方式,并从根本上影响和促进社会形态的变化和发展。阶级社会中,社会基本矛盾的尖锐化,会引发阶级斗争甚至社会革命,进而促使一定社会形态的变迁、更替。在同一社会形态的发展中,社会基本矛盾通常是通过改革的方式解决的。

在实际生活中,社会基本矛盾往往要通过具体的社会矛盾表现出来,而各种具体矛盾的变化发展会导致社会发展呈现出一定的阶段性特征。在社会发展过程的矛盾系统中,各种矛盾的地位和作用是不平衡的,存在主要矛盾和非主要矛盾的区别。社会主要矛盾是处于支配地位,在社会发展过程一定阶段上起主导作用的矛盾。社会主要矛盾是社会基本矛盾的具体体现,社会基本矛盾是其他一切社会矛盾的根源,规定和制约社会主要矛盾的存在和发展。社会主要矛盾集中体现了社会中的诸多矛盾和问题,抓住了这一主要矛盾,就找到了正确理解和把握新时代的钥匙,是解决其他矛盾的"牛鼻子"。在坚持"重点论"的同时还要兼顾"两点论"。

社会主要矛盾不是一成不变的,它在一定条件下会发生转化。

阶级是一个经济范畴,也是一个历史范畴。阶级斗争是阶级利益根本冲突的对抗阶级之间的对立和斗争。阶级斗争根源于阶级之间物质利益的根本对立,根源于社会经济关系的冲突。一切阶级斗争,归根结底都是围绕经济利益这个轴心展开的。阶级斗争是社会基本矛盾在阶级社会中的表现,是阶级社会发展的直接动力。马克思主义的阶级分析方法是认识阶级社会的科学方法。

社会革命有广义和狭义之分。广义的社会革命是指在社会基本矛盾运动基础上的社会生活的全面变革,包括人与自然的关系、人与人的社会关系、思维方式、思想观念的重大变革。狭义的社会革命主要是指社会形态的变更,即新的社会形态取代旧的社会形态。社会革命的实质是革命阶级推翻反动阶级的统治,用新的社会制度代替旧的社会制度,解放生产力,推动社会发展。社会革命根源于社会基本矛盾的尖锐化。马克思主义重视社会革命的伟大作用,同时也不否认在阶级社会中改良作为革命的一种补充手段为争取劳动者境况的改善所起的作用。

改革是同一种社会形态发展过程中的量变和部分质变,改革是在一定程度上解决社会基本矛盾、促进生产力发展、推动社会进步的有效途径和手段。社会主义社会也是一个需要改革并经常进行改革的社会,中国的社会主义改革从性质上看是社会主义制度的自我完善和自我发展;从其广泛性和深刻性而言,从对我国社会生活的深远影响而言,则可以说是一场伟大的革命。

科学技术作为先进生产力的重要标志,是推动经济和社会发展的强大杠杆,对生产方式、生活方式产生深刻且巨大的影响,促进了思维方式的变革。科学技术是一把"双刃剑",要正确运用科学技术造福人类。

唯物史观认为是人民群众创造了社会历史。唯物史观在考察谁是历史的创造者时坚持了如下原则:立足于现实的人及其本质来把握历史的创造者;立足于整体的社会历史过程来探究谁是历史的创造者;从社会历史发展的必然性入手来考察和说明谁是历史的创造者;从人与历史关系的不同层次上考察谁是历史的创造者。

人民群众是一个历史范畴。从质上看,人民群众是指一切对社会历史发展起推动作用的人;从量上看,人民群众是指社会人口中的绝大多数。在不同的历史时期,人民群众有着不同的内涵,包含不同的阶级、阶层和集团,但其中最稳定的主体部分始终是从事物质资料生产的劳动群众。在当代中国,凡是拥护、参加和推动中国特色社会主义事业的人都属于人民群众的范畴。

人民群众是社会历史实践的主体,是社会物质财富的创造者,是社会精神财富的创造者,是社会变革的决定力量。人民群众创造历史的过程同社会基本矛盾运动推动社会前进的过程相一致。人民群众创造历史的活动受到一定社会历史条件的制约。

唯物史观关于人民群众是历史创造者的原理,要求我们坚持马克思主义群众观点,贯彻党的群众路线。马克思主义群众观点的主要内容包括:坚信人民群众自己解放自己,全心全意为人民服务,一切向人民群众负责,虚心向人民群众学习。群众路线是我们党的生命线和根本工作路线,也是我们党的优良传统。

唯物史观从人民群众创造历史这一基本前提出发,既明确了人民群众是历史的创造者,也不否认个人在历史上的作用。杰出人物是历史人物中对推动历史发展作出重要贡献或起重要作用的人;不管什么样的历史人物,在历史上发挥什么样的作用,都要受到社会发展客观规律的制约,而不能决定和改变历史发展的总进程和总方向。任何历史人物的出现都体现了必然性与偶然性的统一。历史人物的作用及性质取决于他们的思想、行为是否符合社会发展规律,是否符合人民群众的意愿。唯物史观主张,评价历史人物时应该坚持历史分析方法和阶级分析方法。

从人类社会发展的动力系统可知,在社会主义社会,只有通过自身调节即社会改革和科学技术发展,才能不断解决生产关系不适合生产力、上层建筑不适合经济基础的方面和环节,使社会主义制度不断自我完善,这是社会主义社会解决矛盾的基本途径。

六、延伸阅读

1. 毛泽东:《关于正确处理人民内部矛盾的问题》,《毛泽东文集》(第7卷),人民出版社1999年版。

2. 邓小平:《在武昌、深圳、珠海、上海等地的谈话要点》,《邓小平文集》(第3卷),人民出版社1993年版。

3. 邓小平:《改革是中国的第二次革命》,《邓小平文选》(第3卷),人民出版社1993年版。

4. 胡锦涛:《在纪念党的十一届三中全会召开30周年大会上的讲话》,人民出版社2008年版。

七、考核案例

法国大革命

法国大革命又称法国资产阶级革命(1789年7月14日—1794年7月27日),开始于巴黎人民攻占巴士底狱,结束于热月政变。这段法国激进的社会与政治动荡期,给法国以及欧洲带来了深刻广泛的影响。法国的意识形态和政治体制在大革命期间发生了史诗性的转变:统治法国多个世纪的绝对君主制与封建制在三年内土崩瓦解,过去的封建宗族和宗教特权不断受到激进的左翼政治团体、平民和农民的冲击,传统君主制的阶层观念、贵族以及天主教会被自由、平等、博爱等新原则推翻。

17—18世纪的启蒙运动通常被认为是法国大革命的铺垫和前奏。启蒙运动是继文艺复兴后,在欧洲历史上出现的第二次伟大的思想解放运动,持续了一个世纪。法国是启蒙运动的中心,法语中"启蒙"的本意是"光明",当时先进的思想家认为,人们的思想处于黑暗之中,应该用理性之光驱散黑暗,把人们引向光明。他们著书立说,积极批判专制主义、宗教愚昧和封建特权主义,宣传自由、平等和民主。启蒙运动的重要代表人物及其著作有伏尔泰的《哲学书简》、卢梭的《社会契约论》、孟德斯鸠的《论法的精神》、康德的《纯粹理性批判》、霍布斯的《利维坦》等。

在大革命前夕,法国人被分成三个等级,第一等级由教士组成,教士在2450万人的总人口中占10万左右。第二等级由贵族组成,总数约达40万人。第三等级包括其他人——2000多万农民、约400万城市商人和工匠。因而,前两个等级仅占总人口的不到2%,但是,他们拥有约35%的土地,并享有政府保护人的大部分好处。贵族和教士作为特权等级,不仅不负担纳税义务,而且占据了宗教、军政、司法的要职,对农民、城市平民及资产阶级等第三等级实行专政,压制言论。税收负担落在第三等级的肩上,尤其是落在农民的肩上,后者占人口的80%以上,但仅拥有30%的土地,而且,农民须向教会缴纳农产品什一税,向贵族缴纳各种封建税,向国家缴纳田赋、所得税、人头税和其他税。由于1720年至1789年总的物价水平上涨了65%,而农产品(农民的收入来源)的价格远远落后于物价水平,农民的税收负担特别繁重。城市的工匠也心怀不满,因为他们的工资在几十年间仅上涨了22%。相比之下,资产阶级并没有因纳税感到困窘,而且大部分商人都从物价上涨中获得了不小的收益。然而,资产阶级对旧政权极不满意,他们愤恨自己受到贵族的冷落,被王室看作二等臣民并被排除在官僚机构、教会和军队的高级职位之外。简言之,资产阶级想要获得与他们日渐增长的经济力量相称的政治权力和社会声望,要求政治民主、权利平等和个人自由。

路易十五时代,连续七年战争导致国库空虚,及至路易十六时代,法国因参加美国独立战争再次造成了巨大的财政压力,以至于当时法国国债总额高达 20 亿法郎。路易十五无力改革法国君主制,也没有解决路易十四遗留的经济问题,老旧而效率低下的财政系统无法负担政府债务,而不合理的税务制度又让这一切雪上加霜,财政困境最终成了平民肩上的负担。这一切导致法国经济日益恶化,社会开始动荡不安。

路易十六当政后,首先任用了 73 岁的重臣莫普,想借他的威望和经验来帮助自己理顺体制的混乱,但这样的目标没有实现,国王旋即任用有新思维的杜尔阁,并同意后者在改革中推行宗教宽容政策,废除奴役和特权,并且逐步扩大国民政治权利,直至最终实行全民选举。在那之后,杜尔阁开始设法触碰导致法国财政危机的税收问题,打算取消教士和贵族阶层的免税待遇。具体来说,他建议免除农民徭役,取消省界壁垒,废除贸易关卡,振兴工业发展,最重要的是让贵族和僧侣同第三等级负担一样的税率。在政治上,他想利用现存的省议会扩大政治开放,让人民能够获得政治权利,参与国家的政治生活。这项改革,按照路易十六的说法,杜尔阁和他自己是想要为人民谋求利益。但教士和贵族阶层马上站在了改革的对立面,利用掌控的司法权力抵制改革。路易十六只好免去杜尔阁的职位,改由马尔泽布尔来继任。与杜尔阁一样,马尔泽布尔也是主张要给每一个人以权利的。在法律上,取消拷打逼供,给被告人以辩护的权利;在政治上,取消国王的"密札"和新闻出版检查,让所有人都有人身安全和言论出版自由;在宗教上,反对宗教迫害,实现宗教自由。由于他的改革与杜尔阁差别不大,依然无法进行,他也同样落了个下台的结局。随后克吕尼走马上任,但好景不长,仅仅 6 个月他就下了台,银行家雅克·内克继任。尽管内克在改革方案的设计和措施上都非常谨慎,但仍然不能为特权阶级所接受。1781 年,就在内克抛出财政改革报告书几个月后,他就被迫辞职,再次成为改革的牺牲者。之后卡隆上任,他一反内克所提出的方案,采用刺激消费的方法来解决财政问题。事实上,这一方法也不为特权阶层所接受。于是,布里安走马上任。经历了前面这么多次的失败,此时的他也无良策,他提出的开征税收的方案也不为特权阶层所接受。现实的状况表明,小修小补是无济于事的。于是,他觐见国王,说道:"倘使要保持国家的安全,零碎的办法是无济于事的,必须将整个根基改造才可使之免于倾毁……加税已不可能,靠借债只是毁灭,单注目于经济改革是不够的。唯一真正能够使国家财政走上轨道的方法,就是清除国家组织中一切有害的东西,只有这样方能使国家重新恢复生机。"[1] 为此,布里安提出以纳税平等、建立省议会为核心的新计划。其主要内容为:在经济上,实行谷物贸易自由,取消关卡,统一国内市场,统一税收;政治上,建立以财产为基础的各级议会。当这样的改革方案提交给"显贵会议"讨论时,特权阶级死保他们的权利不受到一点点损失,坚决抗议这一计划。在特权阶级的抗议下,改革再次失败,1787 年 4 月 4 日,布里安被解职。这样,我们看到,从莫普到内克,其方针的指导思想是希望贵族们能够识大体,顾大局,主动放弃一些自己的特权和利益。但是,令人惋惜的是,贵族们根本不愿意这样做。在这样的情况下,要想拯救危机中的国家,只有召开多年没有行使过权利的三级会议了。

1787 年,由于财政紧张,路易十六试图不顾占有者的社会地位,向所有地产征收统一税,但遭到教士和贵族的反对,于是按贵族要求允诺在 1789 年召开三级会议决定税收改革问题。1789 年 5 月 5 日在凡尔赛宫召开的三级会议并不代表法国人民,而是代表以往所划分的三个等级。从一开始,第三等级就是最有生气的、最具决定性的。第三等级占有人数上的优势,600 名代表,而其他两个等级各有 300 名代表。实际上,第三等级的代表超过了另外两个等级代表的总和,因为不仅一些教士,而且一些思想解放的贵族,也站到了第三等级一边。平民们想通过迫使国王把三级会议改成国民会议而取得他们的第一个胜利。这是一个极其重要的改变,因为只要决议是在等级的基础上作出,第三等级就永远处于 1/3 的少数地位,而一旦三个等级的代表联合组成国民议会,平民(包括他们在另外两个阵营中的盟友)就会处于多数。国王起初被迫同意,但后又试图武力解散会议,危急关头,国民议会中的平民因为巴黎平民的起义而得救。

1789 年 7 月 14 日,巴黎的工人、手工业者、城市贫民纷纷涌上街头,夺取武器,开始了武装起义,攻破并拆毁了巴黎一座用作监狱的王室古堡——巴士底狱。这一事件本身并没有什么实际作用,因为巴士底狱这时已很少被使用,不过,巴士底狱在平民的心目中是压迫的象征,此时这

---

[1] 李宏图:《路易十六:一个悲剧性的改革家》,载《探索与争鸣》2004 年第 7 期。

一象征被摧毁了。巴士底狱的陷落标志着民众登上了历史舞台。他们的干预挽救了资产阶级，从此以后，后者不得不在着急时刻依靠街头下层民众提供"一次革命"。这样的时刻在后来的岁月里有过许多次，如资产阶级为取得权力而进行反对国王、反对特权阶层、最后反对整个欧洲的旧秩序的斗争时就是如此。

攻占巴士底狱成了全国革命的信号。各个城市纷纷仿效巴黎人民，武装起来夺取市政管理权，建立国民自卫军。在农村，到处都有农民攻打领主庄园，烧毁地契。面临这种革命形势，国民议会中的贵族和教士只得屈服于现实，和平民一起投票废除封建制度。不久，由人民组织起来的制宪会议掌握了大权。这一年，制宪会议颁布了"废除一切旧义务"的"八月法令"，废除一切有关封建税、免税特权、教会征收什一税的权利以及贵族担任公职的专有权等的旧制度。1789年8月26日又通过了著名的《人权宣言》，向全世界庄严宣布了"人身自由，权利平等"的原则——"就人们的权利而论，人人生而自由、平等，且始终如此……国家实质上是所有主权的来源……法律是公众的意志表达……自由存在于做任何不损害别人的事情的权力中……"最后一个条款表明，资产阶级并没有失去对革命方向的控制："财产权是神圣不可侵犯的，除了在有明显的公共需要、法律上得到确定和先前规定的损失赔偿是公正的情况下，没有一个人应当被剥夺这种权利。"这份宣言是革命的基本要旨。宣言被印成许多的传单、小册子并被翻译成许多语言，使"自由、平等、博爱"的革命口号传播到整个欧洲，最后传播到整个世界。在民众压力下，国民议会于8月10日暂时停止了国王的职权，号召人们参加国民公会的选举。1793年1月21日，国民公会经过审判以叛国罪处死路易十六。1793年6月3日—7月17日颁布了三个土地法令，使大批农民得到土地。6月24日公布了1793年宪法，这是法国第一部共和制的民主宪法。

没收教会财产，是以国家名义对一个阶层财产的侵犯，不仅如此，这也使得法国及其革命在欧洲陷入空前孤立。为了扼制法国革命形势，奥地利和普鲁士与法国爆发战争，后来英国、荷兰和西班牙也加入了反对法国的联盟，法国民众在"自由、平等、博爱"的革命口号的鼓舞下英勇抗敌，粉碎了敌人的联盟，保卫了国家。

1794年7月27日，法国大革命中的市民革命宣告结束。1830年7月，巴黎人民发动七月革命，建立新的君主立宪政体政权，这就是以路易·菲利浦为首的七月王朝，此次巴黎革命在没有经过什么反抗的情况下完成,反映了国内普遍存在的对封建势力的不满。至此,法国大革命才彻底结束。因此,从广义上来说,法国大革命持续的时间远远不止五年,直至1830年7月君主立宪制在法国确立,法国大革命才算真正结束。

参考文献

1. [美]斯塔夫里阿诺斯:《全球通史:从史前史到21世纪》,吴象婴等译,北京大学出版社2006年版。

2. 李宏图:《路易十六:一个悲剧性的改革家》,载《探索与争鸣》2004年第7期。

案例问题思考

1. 法国大革命前夕,生产力与生产关系、经济基础与上层建筑之间,存在怎样的矛盾?并说明这种矛盾在历史发展中的作用。

2. 分析大革命前夕,法国分为哪些阶级,他们之间有怎样的斗争,这种阶级斗争在社会发展中起到了怎样的作用?

3. 路易十六统治时期,为了解决路易十四和路易十五遗留下的经济问题,锐意改革,为人民谋求利益,也一度使国力有所增强。但最终没能阻挡革命的到来。结合案例资料,分析改革和革命的原因,并比较改革和革命在社会发展中的作用。

4. 《人权宣言》的颁布在资本主义发展中具有重要的历史意义,试用相关哲学原理分析其原因。

5. 结合材料分析理解人民群众在社会发展中的作用。

专题八 商品经济和价值规律

一、主要内容、重难点问题

1. 主要内容

商品经济及其形成和发展

商品的二因素及生产商品的劳动的二重性

价值形式及货币的产生

价值规律及其作用

以私有制为基础的商品经济内部的基本矛盾
正确认识马克思主义劳动价值论的意义

2. 重难点问题

重点：商品的二因素及生产商品的劳动的二重性；价值规律及其作用；以私有制为基础的商品经济内部的基本矛盾

难点：商品价值量的决定；以私有制为基础的商品经济内部的基本矛盾

二、学习目标

了解马克思主义劳动价值论的相关原理，掌握马克思主义关于商品经济发展的一般规律，能够运用马克思主义的立场、观点、方法分析商品经济发展中的问题，理解我国关于市场经济发展的相关政策。

导入问题：

我国提出要让市场在资源配置中发挥决定性作用，而且要将"市场这只看不见的手"和"政府这只看得见的手"结合起来，试分析其原因。

三、导学案例及问题思考

案例1　变化不定的价格

材料一

20世纪80年代初，第一部商用移动电话面世，这部重达1公斤的手机通话时长仅半小时，售价3995美元，是名副其实的昂贵"砖头"。1987年，第一台手机进入中国市场。在20世纪90年代初，被称为"大哥大"的手机售价高达两三万元，却经常供不应求。今天，手机的体积越来越小，功能越来越多，然而价格却降低了很多，其已成为普通人必备的通信工具。据统计，2018年中国智能手机用户数量已达到13亿，几乎人手一部手机。

材料二

2019年11月27日京东网上商城一些商品价格：

商品名称	某品牌5G手机	某品牌汽车	某品牌皮鞋	某品牌香米(5千克)
价格(元)	6899	154800	999	79.9

案例问题思考

1. 从材料一、材料二可以看出手机的功能越来越多，但价格却经历了一个不断下降的过程,试分析为什么同一商品的价格会不断下降。

2. 从材料二可以看出,不同的商品有不同的价格,试分析其原因。

3. 马克思创立了劳动二重性理论,认为劳动二重性决定了商品二因素,试结合材料进行分析理解。

4. 商品价格普遍下降有利于刺激消费,从长期看,如何保持物价持续普遍下降(排除币值变化、行政干预等因素)?

案例2　连云港40多年的变迁

票证始于20世纪50年代,作为20世纪计划经济的历史见证,票证记录了时代的变迁,反映了我国经济由落后到快速发展、物资由贫乏走向丰富、人民生活水平不断提高的历史巨变。

1953年我国开始实行粮食统购统销政策,这一政策取消了原有的农业产品自由市场,统购就是计划收购,统销就是计划供应,实行高度集中的价格管理体制,绝大多数商品和服务的价格都由政府根据"统一领导,分级管理"的原则管理。1955年,国家陆续印发粮油票证,继而各省、市、自治区,乃至地、县都开始发行地方粮油票等,从此,吃的、穿的、用的,五花八门的票证就这样进入了老百姓的生活。"凭票购物"是当时社会经济生活中的一种普遍现象,没有票证在那个年代寸步难行。在物资匮乏的年代,票证与百姓生活密切相关,尤其是粮票,一直是城镇居民获得口粮的主要凭证。

那时候,供销系统的购销站、代购代销站就是老百姓的"购物天堂",副食品、日用品等日常需求基本由此供应。1981年7月,刚从徐州供销学校毕业的张义贵被分配到连云区高公岛供销社。提起那段难忘的经历,张义贵打开了话匣子,他回忆道:"那时候买粮食要粮票,买油要油票,买布要布票,买肉要肉票,甚至买盒火柴都要凭票。逢年过节尤其是春节流行发购物券,我们都是提前掌握每个大队有多少户,每户有几口人,然后提前把物资按份准备好,到时候根据购物券直接发放。"

在当时物资紧缺的大背景下,小小一张票,那就是人人定量有份的保证。如果没有票证即使有钱也买不到东西。"当时高公岛供销社供应的物资种类相对全面,日常的粮油、白糖、豆腐等都有,根据票证按量发放。比较高档一点的有永久自行车、缝纫机、大前门香烟,还有酒等,就是供应量太少。那时候按照票证,大前门香烟都是一包两包的卖,想买多也没有。碰到谁家小伙子要结婚想买烟酒,那就很紧张了,几乎天天都要往供销社跑",张义贵说。

1978年年底,党的十一届三中全会拉开了中国经济体制改革的序幕。价格改革作为市场经济改革的切入点,对经济体制改革起到至关重要的作用。1984年,连云港市物价局会同有关部门将110种工业品价格、60种农副产品收购价格和53种农副产品销售价格下放给县区管理,并放开714种三类小商品价格和家禽购销价格。1992年,连云港市放开的市管品种达102种,放开价格商品在社会商品零售额中的比重上升到87%。

粮票于1993年退出历史舞台。这一年,我国决定在全国范围内取消粮票和油票。当年3月5日,江苏省政府发布《关于加快粮食流通体制改革步伐的通知》:从1993年4月1日起,全省取消粮食油料定购任务,收购价格放开。据1993年3月26日的《连云港报》报道:根据省委、省政府的通知精神,连云港市决定从1993年4月1日起,全面放开粮食、油料购销价格,不再使用粮食、食油票券,40年统购统销的历史宣告结束。粮油价格的放开意味着粮食统销和发放粮油票证定量计划供应制度终止,从计划经济转向社会主义市场经济的征途又迈进了一步,而被称为"中国计划经济第一票"的粮票的谢幕,也标志着票证时代的彻底终结。在1993年,连云港市还放开了钢铁产品价格、水泥出厂价格,薄荷油、山羊板皮、对虾等价格,同时将宾馆、招待所客房价格由国家定价改为指导价,小旅馆和低等级床位价格放开。至此,连云港市放开商品价格比重已达95%,由市场形成价格的机制初步形成。

随着价格改革的持续推进,市场形成价格的定价机制进一步发挥作用,越来越多市场主体的活力和创造力得到了进一步释放。"改革开放以来,随着计划经济体制下的流通格局被逐步打破和社会主义市场经济的不断发展,有效供给能力显著增强,社会商品大为丰富,长期存在的短缺状态宣告结束,供应市场的商品品种繁多、数量充足、商品质量明显提高,大众化消费增速加快,网络购物火爆,消费品市场向满足大众消费多样性和个性化需求方向迈进",连云港市商务局市场运行和消费促进处主任科员刘维海说。

40多年前,中国刚刚从计划经济向市场经济转型的时候,是世界上最贫穷的国家,人均国内生产总值只有156美元,连撒哈拉沙漠以南国家的1/3都不到。但在过去这40多年中,中国的平均经济增长达到了9.5%,在人类历史上,还没有出现过这么高水平这么长时间的增长,2018年,中国人均国内生产总值接近1万美元。

"居民消费逐渐从注重量的满足转向追求质的提升。文化娱乐、休闲旅游、大众餐饮、教育培训、医疗卫生、健康养生等服务性消费成为新的消费热点",刘维海说。与此同时,网络购物的兴起也改变了居民的消费习惯,为此,连云港市重点开展了电子商务应用的试点和示范工程,打造规范运行的电子商务平台,天马网络、菜篮子网、东海水晶网等平台积极探索"线上市场"与"线下市场"互动营销的方式,促进实体市场与网上市场的有机结合,港城人的消费体验越来越完美。如今,与计划经济年代的票证定量供应相比,港城人足不出户便能"买遍世界",生活质量发生了飞跃。

改革开放40多年来,市场经济的发展促使港城消费市场规模持续扩大,消费结构不断转型升级,对满足人民日益增长的美好生活需要起到了重要的推动作用。尤其是随着改革开放政策的进一步深化和供给侧结构性改革的持续推进,新业态继续快速增长,新商业模式不断涌现,港城市场发展的活力和后劲将持续释放,推动港城经济向高质量发展迈进。

在连云港发展过程中,民营企业已经成为该市经济的市场主体,截至2018年9月,全市私营个体户累计达35.8万户,其中私营企业8.6万户,个体经营户约27.2万户。全市私营个体经济总注册资本达到4346.6亿元,其中私营企业总注册资本达到4032.0亿元,个体经营户总注册资本314.6亿元。民营企业的经济贡献持续稳步增长。截至2018年9月末,全市民营经济增加值为1034.3亿元,比全市国内生产总值增速高0.4个百分点;占全市国内生产总值比重为51.5%,对经济增长的贡献率为55.5%,拉动经济增长1.6个百分点。全市民营经济实现税收189.7亿元,占全市全部税收的68.9%。私营个体经济实现税收98.6亿元,其中私营企业实现税收83.7亿元,个体经营户实现税收14.9亿元。全市共有民营外贸企业742户,占全市全部外贸企业的9.0%。实现进出口总额38.3亿美元,占全市进出口总额的53.8%;其中出口额18.8亿美元,占全市全部外贸企业的59.9%。

资料来源

1.《改革开放40年:计划经济向市场经济转变:从解决温饱迈向全面小康》,载连云港新闻网,http://www.lyg01.net/news/lygxw/2018/0919/125420.shtml。

2. 刘益鸣、林新:《连云港市民营企业发展困局及其对策研究》,载《大陆桥视野》2019年第3期。

案例问题思考

1. 改革开放后,我国逐渐放开了市场价格,逐步由计划经济过渡到市场经济,党的十四大后我国确立了社会主义市场经济体制的改革目标,十八届三中全会《中共中央关于全面深化改革若干重大问题的决定》(以下简称《决定》)中进一步提出,应使市场在资源配置中起决定性作用,结合材料试分析原因。

2. 改革开放后,我国逐渐建立起了市场经济体制,大力发展商品经济,试分析为什么社会主义国家可以发展商品经济。

3. 结合材料试分析市场机制发挥配置资源作用的条件是什么。

四、案例问题解析示例

案例 1

该案例为导入型案例,由 2 个材料组成,案例内容包含了本专题重难点问题,即商品的价值决定问题。马克思主义劳动价值论认为,商品的价格以价值为基础,而价值是人类抽象劳动的凝结,也就是说,是人类劳动创造了商品的价值,价格以价值为基础受市场供求关系影响围绕价值上下波动。在市场价格形成的问题上,西方经济学则认为是市场的供求关系决定了价格的形成,是消费者和生产者竞争的结果,该观点只看到了表面现象,而没有解决消费者和生产者竞争形成的均衡价格到底是怎么决定的问题。

1. 从材料一、二可以看出手机的功能越来越多,但价格却经历了一个不断下降的过程,试分析为什么同一商品的价格会不断下降。

商品的生产者很多,每个生产者生产商品所花费的时间都不一样,商品的价值量的大小是由生产商品所花费的社会必要劳动时间所决定的,而不是由个别劳动时间所决定。但一种商品的价值不是固定不变的,它会随着生产效率的提高而不断下降,价值量大小与生产效率成反比。生产效率低,则生产商品所花费的劳动时间长,商品价值就高;反之,生产效率高,则生产某种商品所花费的劳动时间就少,商品价值就低。故随着社会的发展,生产效率的不断提高,一种商品的价值便会不断下降,其价格也就会随之下降。如案例中的手机,在刚刚推出时价格昂贵,以至于只有少数社会成员才能消费得起,随着生产技术的进步,生产手机的效率不断提高，生产一部手机所花费的社会必要劳动时间不断缩短，尽管手机的功能越来越完善，越来越智能，但手机价值已经远远低于其刚推出时的价值，成为人们普遍使用的通信工具了，这充分说明价值量与生产效率成反比，由价值量决定的价格也就会不断下降。

2. 从材料二可以看出，不同的商品有不同的价格，试分析其原因。

在某一时期不同的商品价格不同是因为其所包含的价值量不同，即生产不同种商品所花费的社会必要劳动时间不同，也就有了不同商品的不同价格。案例中手机、汽车、皮鞋和大米的价格不同，根本原因是生产这些商品所花费的社会必要劳动时间是不同的，生产汽车所花费的社会必要劳动时间要长于手机、皮鞋和大米，其价值最高，价格也最高。另外，生产不同商品的劳动复杂程度不同，也影响到商品的价值量。如生产汽车的劳动相对于生产大米的劳动是复杂劳动，复杂劳动在相同时间内创造的价值量多于简单劳动所创造价值量，所以每单位时间内创造的汽车的价值量大于每单位时间内创造的大米的价值量。综上，生产不同商品所耗费的社会必要劳动时间不同，且劳动复杂程度不同，所以不同商品就会有不同的价格水平。

3. 马克思创立了劳动二重性理论，认为劳动二重性决定了商品二因素，试结合材料进行分析理解。

根据马克思主义劳动价值论，商品是劳动产品，生产商品的劳动可分为具体劳动和抽象劳动，具体劳动是指生产一定使用价值的具体形式的劳动，抽象劳动是指撇开一切具体形式的、无差别的一般人类劳动，即人的脑力和体力的耗费。生产商品的具体劳动创造商品的使用价值，抽象劳动形成商品的价值。一方面，如案例中生产汽车、手机、皮鞋和大米分别是在不同的生产环境下，运用不同的生产工具和生产技术进行劳动，是不同的具体劳动，因而生产出不同的使用价值；另一方面，将这些不同具体劳动的具体特点抽象化，生产汽车、手机、皮鞋和大米的劳动都耗费了人们的体力和脑力，从这个角度看，这些不同生产者的劳动又是同质的，马克思把这种具体特点被抽象化的劳动叫作抽象劳动，正是抽象劳动的耗费凝结在了商品中形成了商品的价值。

4. 商品价格普遍下降有利于刺激消费，从长期看，如何保持物价持续普遍下降（排除币值变化、行政干预等因素）？

由于商品价格由价值决定，价值量大小与生产效率成反比，因此欲保持物价持续普遍下降,需要不断提高整个社会的生产效率,降低商品的社会必要劳动时间,降低商品的价值,从而降低商品的价格。这一过程往往是从单个生产者提高效率开始,单个生产者的个别劳动时间低于社会必要劳动时间,能够获得超额价值。由于存在市场竞争,所有的生产者都会提高个别劳动时间,最后引起社会必要劳动时间缩短,从而商品的价值量变小,商品价格下降。

案例 2

案例 2 的内容是关于连云港市在改革开放 40 多年中的发展变化情况:伴随着价格的逐步放开,连云港发展速度越来越快,商品供应也越来越丰富,人民生活不断得到改善。从本案例可以看出价值规律对商品经济社会的积极作用,这也正是我国要发展商品经济,建立社会主义市场经济体制的重要原因。

1. 改革开放后,我国逐渐放开了市场价格,逐步由计划经济过渡到市场经济,党的十四大后我国确立了社会主义市场经济体制的改革目标,十八届三中全会《决定》中进一步提出,应使市场在资源配置中起决定性作用,结合材料试分析原因。

放开市场价格实质上就是遵循价值规律,由市场机制配置社会资源,使市场在资源配置中起决定性作用。

第一,自发地调节生产资料和劳动力在社会各生产部门之间的分配比例。不论社会制度如何,为了进行生产和再生产,生产资料和劳动力在各个生产部门之间的分配都应该遵循一定的比例。在商品经济条件下,按比例合理分配社会劳动的客观要求,是通过价值规律的自发作用实现的。第二,自发地调节社会收入的分配。在商品经济条件下,商品是按照由社会必要劳动时间所决定的社会价值进行交换的。由于生产条件和技术水平不同,生产中实际耗费的劳动时间也不一样。那些生产条件好、技术水平高,劳动生产率较高、个别劳动时间低于社会必要劳动时间的生产者,生产商品的个别劳动耗费较少,从而其商品的个别价值低于社会价值,若按照社会价值卖出,则可以获得较多的收入。相反,那些生产条件差、技术水平低的商品生产者,生产同种商品的个别劳动耗费较多,若还要按照社会价值卖出,不仅无利可图,甚至可能亏本或破产。那些可以获得较多收入的生产者,在竞争中处于有利地位;反之,只能获得较少收入的生产者,在竞争中处于不利地位。第三,自发地刺激社会生产力的发展。商品生产者为了获得较多的利益,并在竞争中获胜,必然要不断改进技术,提高劳动生产率,从而推动社会生产力的发展。

从材料中可以看到,伴随着市场价格的逐步放开,由市场机制发挥配置资源的作用,生产者可以通过商品生产获得较好的收入,其生产积极性得到提高,连云港市的商品供应增加很快,商品供应短缺的局面很快得以改善,不再需要实行配给制,各种票证也逐渐退出了历史舞台,这充分说明了市场机制配置资源的效率。

2. 改革开放后,我国大力发展商品经济,逐渐建立起了市场经济体制,试分析为什么社会主义国家可以发展商品经济。

商品经济得以产生的社会历史条件有两个:一是存在社会分工,二是生产资料和劳动产品属于不同的所有者。所谓社会分工,是指社会劳动划分和独立化为不同部门和行业,这是商品经济产生的前提条件。随着社会分工的产生和发展,形成了专门生产各种不同产品的生产者和经济单位。各行各业的生产者为了满足自身在生产和生活方面的多种需要,就要互通有无,以取得对方产品作为生产资料或者消费资料,因而产生了相互交换产品的需求。随着时代的发展,社会分工将会越来越细,再加上社会主义条件下仍存在不同利益的生产者,所以生产者之间需要彼此交换产品。

生产资料和劳动产品属于不同的所有者,是商品经济产生的根本条件。在私有制下,生产资料和劳动产品归私人所有,一个人要想得到别人的产品以满足自己的需要,就只能进行交换。私有者为了维护自身的利益,在彼此发生经济联系和相互交换产品时,要求遵循等价交换原则,因而劳动产品便必然采取商品的形式,产品的生产和交换便必然采取商品生产和商品交换的形式,这种形式就是商品经济。从材料中可以看出,新中国成立后由于生产力落后,人们的物质文化需求难以得到满足,进入新时代后虽然生产力在某些领域有相当发展,但仍然不充分不平衡,为发展生产力,还需要允许鼓励非公有经济成分的长期存在和发展。从材料中可以看出,民营经济包括民营企业和个体经济,成为连云港重要的市场经济主体,为连云港经济发展作出重要贡献。另外,即使是国有企业,彼此之间也存在着相对独立的经济利益,是市场经济中的微观经济主体。因此,国有企业以及各种不同性质的企业都有各自的利益,符合商品经济存在和发展的条件。我国的经济形态是商品经济,而且只有大力发展商品经济,使商品供给满足人们日益升级的消费结构,才能满足人们追求美好生活的愿望。

另外，发展商品经济由市场机制配置资源既能增加商品的供应，又能促进生产力的发展，满足人们对美好生活的追求，符合社会主义价值追求，因此作为处于社会主义初级阶段的我国可以而且应该发展商品经济。

3. 结合材料试分析市场机制发挥配置资源作用的条件是什么。

市场机制发挥配置资源作用的一个重要条件就是要由市场形成价格。市场价格以价值为基础受供求关系影响上下波动，而这种价格的波动对于生产者来说意义重大，因为生产者可以根据市场价格的变动判断某种商品的供求状况，从而作出扩大或减少产量的决策，影响资源在社会各领域的流动，即影响着资源在各领域的配置。而影响生产者进行决策的价格必须是真正反映市场供求状况的价格，这样才能使生产者根据价格作出符合市场需求的生产决策，如果价格不是由市场形成的，而是由政府确定的，则这时价格很难正确反映市场真正的供求状况，生产者就会难以对市场需求作出正确判断，从而也就无法作出正确的决策。因此，市场机制发挥配置资源作用的一个重要条件就是，要由市场自发形成反映市场供求状况的价格。

五、本专题小结

本专题主要介绍了商品、商品的二因素、生产商品的劳动的二重性、商品价值的决定、价值规律及其作用、价值形式的发展及货币的产生、商品内部的基本矛盾等问题，主要教学目的在于让同学们掌握商品价值的决定以及价值规律的作用，理解马克思主义劳动价值论对于指导我国社会主义市场经济运行仍有重要意义，理解我国当前不仅要使市场在资源配置中起决定性作用，同时还要更好地发挥政府的作用；另外，马克思主义劳动价值论揭示了私有制条件下商品经济的基本矛盾，为从物与物的关系中揭示人与人的关系提供了理论依据。

商品是以交换为目的的经济形态，其产生的前提条件是社会分工，根本条件是生产资料和劳动产品属于不同的所有者；社会分工使不同的生产者产生了交换的要求，生产资料和劳动产品属于不同的所有者使商品交换成为可能。

商品包含使用价值和价值二因素，使用价值是指商品满足人们需要的某种属性，是商品的自然属性；商品价值是指包含在商品中的人类无差别劳动。商品的二因素是由生产商品的劳动二重性所决定,具体劳动生产出商品的使用价值,抽象劳动生产出商品的价值。商品的价值形成经历了简单价值形式、扩大的价值形式、一般价值形式和货币的发展过程,而货币的形式也在处于不断的发展过程中。商品得以交换是因为商品中包含了同质的无差别的人类抽象劳动。根据马克思主义劳动价值论,商品价值量由生产商品的社会必要劳动时间决定,商品交换以价值量为基础实行等价交换。价格是商品价值的货币形态,受供求关系影响,价格往往与价值不一致,而是围绕价值上下波动。但从长期来看,商品市场价格总是以价值为基础,各种商品之间总有一定的比价;从商品价格变动的平均数来看,商品价格与价值是一致的;从商品价格变动的长期来看,商品价格与价值是一致的。正是由于商品价格围绕价值上下波动,才使价值规律发挥了自发调节社会资源配置、自发调节收入分配和促进生产力进步的作用。但是由市场机制配置资源也存在一些消极作用,如容易形成垄断破坏市场竞争秩序,在调节收入分配的同时会出现收入差距问题,在配置资源时出现资源浪费等问题,而且还难以提供一些公共产品,因此还需要发挥好政府这只"看得见的手"来克服市场这只"看不见的手"的缺陷。

对于同一种商品来说,其价值不是固定不变的,而是会随着社会生产力的发展而不断降低,因为生产效率提高了,生产该商品所花费的社会必要劳动时间就缩短了,相应地,商品的价值就会降低,而价格以价值为基础,最终导致商品越来越便宜。

商品二因素使用价值与价值的矛盾、生产商品的劳动二重性具体劳动和抽象劳动的矛盾、社会必要劳动时间和个别劳动时间的矛盾都是由商品经济的基本矛盾所决定的。以私有制为基础的商品的基本矛盾是指生产商品的劳动一方面是私人劳动,另一方面又是社会劳动。在资本主义条件下,这一矛盾又进一步发展成资本主义的基本矛盾,即生产社会化和生产资料资本主义私人占有之间的矛盾。

马克思主义劳动价值论扬弃了英国古典政治经济学的观点,为剩余价值论的创立奠定了基础;马克思主义劳动价值论揭示了私有制条件下商品经济的基本矛盾,为从物与物的关系中揭示人与人的关系提供了理论依据。另外,劳动价值论创立于工业化初期的蒸汽机时代,我们还需要在新的历史条件下深化对马克思主义劳动价值论的认识,根据变化了的实践在继承的基础上有所创新、有所前进。

六、延伸阅读

1. 马克思:《商品和货币》,《资本论》(第 1 卷),人民出版社 2008 年版。

2.《马克思主义政治经济学概论》编写组:《马克思主义政治经济学概论》,人民出版社 2017 年版。

七、考核案例

消费者国外"爆买"与国内产品的过剩

近年来,随着生活水平的提高,许多国人选择春节出境旅游。但国人春节出境游的重要主题是购物消费。国人青睐的国外商品从动辄数万元的奢侈品,上千元的智能马桶盖、电饭煲、空气净化器等高端耐用品,到现在的儿童感冒药、丝袜、指甲钳、保温杯、电动牙刷、钢笔等低价日用品。从消费数据看,2014 年,中国游客在日本的消费金额约合 292 亿元人民币,占全体外国游客消费额的 1/4;人均消费金额约 12085 元人民币,远远超过访日外国游客的平均水平。据《中国跨境消费年度指数报告(2016)》称,2015 年,我国赴美游客一年支出达到 269 亿美元,是云南省一年的财政收入总和。据统计,仅 2015 年,中国游客的海外支出高达 2290 亿美元,约等于葡萄牙全国一年的国内生产总值。2016 年春节,600 万出境过年的中国游客"刷出"境外消费 900 亿元人民币的新纪录。2018 年,约有 838 万中国游客去日本旅游,人均消费金额约合 1.38 万元人民币。

相对于中国消费者在国外"爆买",国内一些产品却是大量过剩。这从家电业可窥一斑。家电业从 2010 年开始由盛转衰,随后几年,产能过剩一直是家电业挥之不去的梦魇。工业和信息化部的数据显示,2015 年 1—10 月,中国家用视听行业低速增长,销售产值同比增长 4.4%,低于 1—9 月 0.4 个百分点,低于全行业平均水平 4.1 个百分点。不仅是黑电,白电市场同样不容乐观。以空调市场为例,据国家信息中心披露的数据,2015 冷年(2014 年 8 月—2015 年 7 月),全国空调零售量为 4046 万台,与 2014 年同期相比下降了 5.40%,销售额同比减少 10.5%,行业首度陷入负增长态势。随着市场增幅明显放缓、淡旺季差缩小,企业"以价换量"

策略收效甚微,继续向渠道大量压库,导致渠道库存居高不下。

2010年之前家电业非常辉煌。2009年,家电下乡、以旧换新、空调节能补贴等利好政策相继出台,家电企业每销售一台符合规格的产品,国家就给予10%—13%的政策补贴。中国家用电器行业协会发布的"十二五建议"对"十一五"进行了回顾写道,在家电业近30年的发展史上,"十一五"(2005—2010年)是非常值得庆祝的5年。在这期间,国家实施家电下乡、以旧换新、节能惠民等一系列政策,推动家电业迅速发展。5年内,年销售额超过500万的家电企业达3133个,增加59%;从业人员102万人,同比增长22%。

然而,在国家利好政策下,国内家电企业过分聚焦在产能的投资上,没有及时地将主攻方向放在技术研发和产品创新上,导致大量低端产品积压。奥维咨询黑电事业部总经理董敏表示,以彩电行业为例,由于企业的产能过剩,导致产品经理不断开发新产品,试图快速吸引消费者的眼球,达到增加出货量的目的,但服务于促销的产品会存在差异化设计有而不精、华而不实的问题,忽略了消费者的真正需求,消费者也越来越厌倦这样的产品。于是,彩电市场上出现了资源浪费、效率过低、产品价格下降、企业的净利润下滑等问题。资深产业观察家罗清启表示,家电业本质上的问题其实不是产能过剩,而是有效产能不足,一方面庞大的产能没有对接消费需求而成为无效产能,另一方面消费端的需求却没有得到很好地满足,这从传统意义上看是产能过剩,而本质上却是市场形势的变化带来的产能与需求的错位。当时的中国家用电器行业协会秘书长徐东生认为,中国家电业的核心技术并不多,这些年,中国家电企业普遍靠规模取胜。

其实,国内产品过剩而国人去国外"爆买"并不是中国独有。20世纪六七十年代,日本经济腾飞,日本民众手里有钱了,但日本的产品却无法满足他们的要求,于是他们奔赴世界各地疯狂购物,距离日本比较近的夏威夷成为日本著名的奢侈品消费地。接下来,日本的制造业跟上了日本民众的消费观,也就有了后来的"日本制造"。而中国,正在经历同样的过程。

资料来源

《什么造成了家电业产能过剩和库存高企?》,载中华网,https://tech.china.com/news/11146421/20151222/20987783_all.html。

案例问题思考

1. 运用马克思主义劳动价值论相关原理,结合案例材料分析商品经济社会中发生商品过剩的必然性。
2. 结合材料分析理解价值规律的积极作用和消极作用。
3. 一方面是中国消费者国外"爆买",另一方面是中国国内产品供应过剩,试分析"两只手"调控下的市场经济为什么还会出现国内商品供应过剩。
4. 如何才能使中国消费者的国外"爆买"转化为国内消费需求?

专题九　资本主义制度的本质

一、主要内容、重难点问题

1. 主要内容

资本主义制度确立的历史过程

劳动力商品及其特殊性

劳动力成为商品的条件

资本主义所有制的特点

绝对剩余价值生产和相对剩余价值生产

资本积累及其后果

资本主义的基本矛盾与经济危机

资本主义政治制度及其本质

资本主义意识形态及其本质

2. 重难点问题

重点:劳动力商品的特殊性;劳动力成为商品的条件;绝对剩余价值生产和相对剩余价值生产;资本积累及其后果

难点:劳动力商品的特殊性;相对剩余价值生产的内涵、条件及后果

二、学习目标

了解资本主义生产关系的特点,理解资本主义生产资料私有制与生产社会化之间的矛盾是引起资本主义贫富差距和经济危机的根本原因;

正确认识和把握资本主义政治制度和意识形态的本质,理解资本主义上层建筑与经济基础的辩证关系;并且认识到解决资本主义社会内在矛盾的根本办法是改变资本主义的生产关系。

导入问题:

在美国"占领华尔街运动"中,示威民众明确提出了"1%对99%"的问题,说明贫富差距是美国一个非常严重的社会问题;法国经济学家托马斯·皮凯蒂在2014年出版的《21世纪资本论》中提出,300多年来资本主义发展的数据证明资本主义国家贫富差距在不断扩大。请思考为什么贫富差距问题一直是困扰美国等资本主义国家的普遍问题?

三、导学案例及问题思考

美国"大萧条"前夕

1. 亨利·福特的生产流水线和"咆哮的20年代"

在20世纪初,由于受到工业革命的影响,美国经济发展迅速,工业企业到处可见。但是,有一个问题极为严重,这就是工人的流动性极高,工人在一个企业工作没多久便辞职离开另寻工作。为什么工人的流动性很高呢?原因就在于当时劳资关系紧张,工人往往会组织工会,通过工会的力量与资本家进行对抗,工人的工资很低但工作强度却很大;而且当时美国的许多工厂规模不大,通过加工贸易的低廉成本来赚取不多的利润,所以各个工厂都想方设法压低工人的工资,从而降低企业的成本。但是,这一切都因为一个人而改变,他就是美国工业文明的代表人之一:亨利·福特。

福特作为第二次工业革命的代表,于1913年第一次将流水线引进福特工厂,从而实现了工业史上的巨大革命。在流水线组装之前,福特必须要将工人人数增长1倍才能使自己的企业产量翻番,而安装了流水线之后,工人数量没变,产量却翻番,流水线作业极大地提升了企业的生产效率。但是,生产线的工作高度重复和机械化,由于工作高度紧张而极度消磨精神,所以在安装了流水线之后,福特公司的员工却在以令人担心的速度流失。这是怎样的生产流水线呢?

1913年,在福特汽车公司大规模流水线生产方式下,工人不用自己搬运加工品和零部件,载着待加工的底盘的流水线从工人身旁缓缓经过,工人们只需仔细地从按照规定间隔放置的零部件堆放点上,拿起规定的零部件装到底盘上；工人的动作节奏需要严格控制，否则就会落后于流水线传送的速度。单一重复的动作大大增强了工人的熟练程度，从而大大提高了生产效率。在流水线上，工人装配一台飞轮磁石电机曾经需要 20 分钟，后来工作被分解成 29 道工序，装配时间最终降低到 5 分钟，效率提高了 4 倍；直到 1913 年 10 月，装配一台发动机还要 10 个小时，半年后用传动装配线降低到 6 小时。1914 年，福特安装了第一条自动传送带，它使组装一辆车的最高纪录从 728 小时降到 93 分钟。

由于采用了自动流水作业线，福特公司汽车产量在 1913 年至 1914 年翻了一番，工人数量从 14336 名减少到 12880 名。福特公司后来日产量达 4000 辆时，工人还不到 5 万名——如果没有流水线，福特将不得不雇用 20 多万人。1908 年，福特开始生产 T 型车时，制造一辆车需要 12.5 小时，他的理想是一分钟一辆车，而实现这个理想，他只花了 12 年，于 1920 年就达到了这个目标。又过了 5 年，即 1925 年，他的公司每 10 秒钟就生产一辆车。

事实上，由于采用装配线这一新方法以及它所带来的种种变化，在福特工厂工作是非常痛苦的，工作单调乏味，对技能的要求越来越低，劳动强度却越来越高，一连几个小时千篇一律的操作使人紧张得快要发疯。一名叫查理斯·马迪森的工人，在福特公司工作一周后就离开了，他在日记中写道："这是一座把人变成机器的人间地狱……"1914 年 1 月，一位工人的妻子写信给亨利·福特说："你的传送带比奴隶主的皮鞭还厉害！""天哪，福特先生，我丈夫回家后连饭都没吃就瘫倒在床上……"《福布斯》杂志载文报道，持续运转的传送带，使下班的男女工人疲惫不堪，常常瘫倒在公共汽车或街道上。人们开始三五成群地辞职，逃离这种令人深恶痛绝的操作方法。新移民冲进这些工厂以寻求工作机会以及能让他们去西部并在那里定居下来的钱，然后他们又很快离开这里，去到其他汽车制造厂工作。如果假定当时汽车制造业员工的轮换率平均为 100%，那么在福特工厂则是 380%。福特马上意识到工人的流失会使他的公司蒙受巨大损失，于是进行了"薪资革命"，将劳动力稳定下来。

为了留住工人，福特作出让人意外的决定。1914 年 1 月 5 日，福特和卡曾斯将报纸记者们召集到工厂，宣布他们在海兰园工厂的雇佣政策发生变化。第一，减少工作时间，将每天的 10 小时减少到 8 小时。第二，将工作的两班倒变成三班倒，这将带来大量新的工作岗位。但第三条才是大新闻：根据当时形势，福特将基本工资提高 1 倍，由原先的 2.5 美元上升到 5 美元一天。福特提高工资的决定让公司一年的工资开支增加了 1000 万美元,这个数字在当时都是天文数字。他们希望,这一措施能有助于留住工人。

亨利·福特将工人日工资由 2.5 美元上涨至 5 美元,其实是与传统做法相背离的,因为那时低工资被认为是降低成本的重要途径,且劳资关系紧张,没有资本家愿意为工人支付高工资。然而,福特对此有不同看法,他认为工人是工厂最重要的资产,所以要给工人涨工资,工资翻倍能够有效地提升员工的士气,降低员工的流动性,从而有助于企业工艺的改善。福特说:"一天工作 8 小时,每天付给员工 5 美元,这是我们用来削减成本的最绝妙招数。"5 年后,福特的公司将美国汽车市场的半壁江山据为己有。高工资保证了公司能够雇用高水平工人,不仅没有赔本,反而赚得更多。由于成本不断下降,T 型福特车价格随之下降,其售价约相当于当时美国人均年收入的一半,工人们的收入提高后反过来也可以买得起他们制造的产品。福特开创了一个全新的行业,这一行业的工资水平成为全国的参考标杆。而且,这个行业将底特律变为高收入的大都市。

福特策略的成果是显著的,几年的时间内福特汽车就从一个并不出众的小厂成了世界最大的汽车制造品牌,不到 1 年,员工年流动率由 380% 降到 16%,劳动率上涨了 40%—70%。招募的预备工人数量由 53000 名降到 2000 名。在 1914 年到 1916 年,福特的利润实现翻番,由 3000 万美元增长至 6000 万美元,而福特的 T 型车甚至成了汽车产业的神话。

借助流水线,福特"单一品种、超大规模"的战略得以实施,为 T 型车在 20 年内生产 1500 万辆的目标奠定了基础。效率的提升也使产品得以大量生产,而且工人人数减少,产品价格自然降低,使得汽车从五六千美元的"富人专利"变成了几百美元的大众消费品。汽车消费正是从 20 世纪 20 年代兴起的,这是 20 世纪第一次出现消费经济繁荣的 10 年。1927 年,美国拥有世界上 4/5 的汽车,平均每 5.3 人有一辆;而在机械化程度最高的英国和法国,平均每 44 人才拥有一辆。福特的名字,不仅成了汽车的标志,而且成了一种生产方式的标志,以至于在经济学中出现了"福特制""福特主义"的名词,其含义是在实行产品标准化的基础上,利用高速传送装置,把生产过程组成流水作业线,连续不停地运转,从而提高劳动生产率,降低生产成本。而福特汽车工业的管理模式也大大改变了美国工人的工作方式,日工作时间从当时普遍的 10 小时或 12 小时减少到 8

小时。在移民经常被严重剥削的时代，福特的做法帮助许多人在美国稳定地扎下根来。

福特最先察觉到高产量、高工薪和高消费之间的内在联系。早在 1914 年，他就提出了"每天工作 8 小时付 5 美元工资"的举措。这一举措在当时的美国工业界引起了很大的震动，后来逐渐成为美国工业界的一项制度性措施，工人的收入也因此得以普遍提高。对此福特自己很清楚，正如他所说，"其实我提高工人的工资并不是对贫苦人的施舍，只是想把公司由于工作效率的提高而产生的利润让大家分享。当员工生活富裕之后，消费水平也会随之提高，这些货币在市场上流通也会使 T 型车的销量提高"。不少经济史著作认为，福特的超高薪模式触发了美国的一场消费革命，从而推动美国成为世界上最富裕的国家，并且成为企业高薪文化的一个起源。20 世纪 20 年代，许多大企业都开始为员工提供养老金，给予医疗福利和就诊补贴，并且大幅上调工资。在 20 世纪 20 年代，美国经济取得了巨大成就，这一时期被称作"咆哮的 20 年代"。

2. 繁荣背后的隐忧

20 世纪 20 年代的大繁荣中隐藏着危机。在大繁荣中，收入越多的阶层收入增加越快。根据 Stuart Chase 的统计，1920—1929 年，1% 最富有的人享受着 75% 的收入增长。尽管 1922—1928 年美国的人均国民收入从 625 美元增加到 742 美元，但不同阶层所分得的收入却是不同的。其中，占城市总人口 71% 的工人的工资收入仅占总收入的 38%，而企业主阶层却获得 41% 的国民收入。全美前 10% 的富有阶层共 270 万户，拥有 270 亿美元的收入，平均每户 1 万美元，而剩下的 90%（共 2430 万户）拥有 540 亿美元的收入，平均每户仅 2200 美元。到 1929 年，这种收入分配的不均更加严重，当时美国 0.1% 最富有家庭的收入等于 42% 最贫困家庭的收入，即 2.4 万户最富有家庭的总收入相当于 115 万户中下层家庭的收入总和。大约有 71% 的家庭年收入低于 2500 美元，60% 的家庭年收入低于 2000 美元。2.4 万户最富有家庭的年收入超过了 10 万美元，其中 513 户的年收入在 100 万美元以上。[1]

斯坦利·L. 恩格尔曼和罗伯特·E. 高尔曼使用计量经济学工具测算出了美国 1913—1946 年的基尼系数以及贫困率数据。通过他们的计算我们可以知道，基尼系数整体呈现上升趋势，从 1919 年的 0.48 增加到

---

[1] Stuart Chase, Prosperity: Fact or Myth, Charles Boni Paper Books 1929, p. 82.

了1930年的0.589。另外,与基尼系数的趋势类似,贫困率也几乎是逐年升高,贫困率从1919年的51.6%增加到了年65.8%,增长幅度达到28%[1]。恩格尔曼和高尔曼的测算结果毫无疑问地证明了美国"大萧条"前夕糟糕的贫富差距问题。在1919—1930年,美国经济出现爆发式增长,但是随之而来的收入分配问题也隐藏在其中,贫富差距越来越大,贫困线以下的家庭比例不但没有下降,反而出现了增长。这一切为后来美国"大萧条"的爆发埋下了巨大的隐患。

另有数据表明了贫富差距产生的原因。从1920年到1929年,工人每小时的工资只上升了2%,而工人的生产率却猛增了55%,工人工资落后于不断上升的生产率。这表明"福特制"所增加的利润大部分被企业主占有,分配不公随着生产力的不断提高而扩大。同时,农民的实际收入也由于农产品价格不断下跌、租税和生活费用日益上升而减少。1910年,每个农场工人的收入不到非农场工人收入的40%,而到1930年,这一比例已低于30%。农村的这种贫穷是一个严重的问题,因为当时美国农业人口占总人口的1/5,此外,所谓工业部门工资水平较高,其中不少是假象。在这十年里,新机器的应用把大批工人排挤掉了。例如,在1920—1929年,工业总产值几乎增加了50%,而工业工人人数却没有增多,交通运输业职工实际上还有所减少。在工资水平很低的服务行业,工人增加最多,其中毫无疑问也包括了许多因技术进步而失业的技术工人。因此,那些表示工资略有提高的统计数字,看来没有把真实情况反映出来。由于工农群众是基本消费者,这两类人遇到经济困难对消费品市场一定会有影响。20世纪20年代工业生产之所以能扩大,是由于对新工厂、新设备的巨额投资。这项投资使建筑业、机床制造业以及钢铁工业等有关部门雇用了大批工人。因此,资本支出或投资一减少,各生产资料生产部门的工人就会大批失业。到1929年,消费品市场容纳不了增产的商品,也就不再需要扩充厂房和设备了。例如,据估计1929年美国整个工业的开工率只达到80%。在这些条件下,投资额(用1958年美元计算)从1929年的404亿美元降为1930年的274亿美元,进而减少到1932年的47亿美元了。投资的缩减则导致生产资料生产企业的破产和工人的失业。这个问题因住房建筑的减少而更加严重起来。住房营造在1925

---

[1] [美]斯坦利·恩格尔曼和罗伯特·高尔曼:《剑桥美国经济史》(第三卷),中国人民大学出版社2008年版,第207页。

年达到登峰造极的地步,此后就江河日下了。1929年动工兴建的住房只有50万幢(1925年约有100万幢)。1927年以后,汽车工业也急剧衰落。

1929年8月,在人们毫无戒备时,股市到达巅峰。但绝大多数人没发现,或是不愿发现,当时已经出现产量下降、失业率上升的苗头,股市中股价与实际价值正迅速背道而驰。1929年10月24日、29日在经历了黑色星期四和黑色星期二之后,"大萧条"拉开了帷幕。

参考文献

1.《以退为进:亨利·福特涨工资的"心机"》,载搜狐网,https://www.sohu.com/a/342387387_100205160。

2. 刘巍、李杰:《美国大萧条的逻辑起点:收入分配不公(1919~1929)》,载《国际经贸探索》2014年第12期。

案例问题思考

1. 结合材料理解劳动力商品的所有者和生产资料所有者的地位如何?福特制企业提高工资后有没有改变二者的地位?

2. 福特制企业采用生产流水线后减少了工人数量,但利润却不断增加,是不是生产流水线也创造了剩余价值?为什么?

3. 福特虽然缩短了工时且提高了工人工资,但却获得了比其他资本家更多的利润,为什么?

4. 试结合材料分析,尽管20世纪20年代工人收入有所改善,但为什么还会出现收入差距不断扩大的趋势?

5. 根据马克思资本积累理论,随着资本的不断积累,失业大军会越来越多,试结合材料进行分析理解。

6. 试结合材料分析资本主义经济危机爆发的根本原因。

7. 资本主义国家能从根本上解决资本主义经济危机吗?为什么?

四、案例问题解析示例

本案例介绍了福特制产生的背景,福特制对生产效率的影响以及福特制盛行所带来的繁荣背后的社会收入差距等问题,揭示了资本主义生产的实质是追求更多的剩余价值,而且,伴随资本主义生产效率不断提高的却是社会收入差距的不断扩大,社会矛盾的不断尖锐化,最终导致经济危机的爆发。

1. 结合材料理解劳动力商品的所有者和生产资料所有者的地位如何？福特制企业提高工资后有没有改变二者的地位？

在资本主义条件下，工人除了自己的劳动力之外一无所有，为了生存不得不出卖自己的劳动力，受雇于资本家，资本家和工人之间是雇佣和被雇佣的关系。工人的劳动力与资本家的生产资料相结合生产出新的产品，工人在劳动的过程中将生产资料的价值转移到新的产品中，同时又创造出新的价值，而资本家给工人的工资就属于工人新创造价值的一部分，工人的工资实质上是劳动力商品的价值；而另一部分被称为剩余价值，剩余价值为资本家所占有。工人名义上具有人身自由，可以选择受雇于或不受雇于某个资本家，但工人一无所有决定了工人必须受雇于资本家，而资本家也可以随时解雇工人。因此，资本家和工人之间是剥削与被剥削的关系，是不平等的关系。

福特制企业提高工资后并没有改变资本家和工人之间剥削与被剥削的关系。虽然福特制企业提高了工人的工资，甚至缩短了工时，工人的绝对收入有所提高，但工人的劳动强度增大，工人在每个工作日创造出更多的新价值，资本家得到的剩余价值也更多。因此，本质上看，福特制企业的高工资制并没有改变资本家和工人之间剥削和被剥削的关系。

2. 福特制企业采用生产流水线后减少了工人数量，但利润（剩余价值）却不断增加，是不是生产流水线也创造了剩余价值？为什么？

利润或剩余价值是资本带来的，资本在资本主义生产过程中采取生产资料和劳动力两种形态，根据这两部分资本在剩余价值生产中所起的不同作用，可以将资本区分为不变资本与可变资本。不变资本是以生产资料形态存在的资本。生产资料的价值通过工人的具体劳动被转移到新产品中，其转移的价值量不会大于它原有的价值量。以生产资料形式存在的资本在生产过程中只改变自己的物质形态而不改变自己的价值量，不发生增殖，所以马克思把这部分资本叫作不变资本。可变资本是用来购买劳动力的那部分资本。可变资本的价值在生产过程中不是被转移到新产品中去，而是由工人的劳动再生产出来。在生产过程中，工人所创造的新价值，不仅包括相当于劳动力价值的价值，而且包括一定量的剩余价值。由于这一部分资本的价值是一个可变的量，所以马克思把这一部分资本叫作可变资本。把资本区分为不变资本和可变资本，进一步揭示了剩余价值的源泉。剩余价值既不是由全部资本创造的，也不是由不变资本创造的，而是由可变资本雇用的劳动者创造的。

福特制企业的生产流水线属于不变资本,在参加产品的生产时,其原有的价值随着工人的劳动转移到产品中去,生产流水线本身并不创造新价值,更不能创造剩余价值。创造新价值和剩余价值的只是工人的劳动,也就是新价值和剩余价值的源泉是劳动力商品,即可变资本。在生产自动化条件下,劳动的熟练程度和强度日益提高,在其他条件不变的情况下,这种劳动会创造出更多的价值和剩余价值,因此雇佣工人的劳动仍然是剩余价值的唯一源泉。

3. 福特虽然缩短了工时且提高了工人工资,但却获得了比其他资本家更多的利润,为什么?

这是由于福特制企业采取了相对剩余价值生产方法。在资本主义制度下,工人的工作日包括必要劳动时间和剩余劳动时间两个部分,其中必要劳动时间是生产出劳动力价值的时间,剩余劳动时间是生产出剩余价值的时间。在必要劳动时间既定的条件下,工作日越长,剩余劳动时间越长,资本家从工人身上榨取的剩余价值就越多,从而剩余价值率就越高。这种生产剩余价值的方法叫作绝对剩余价值生产方法。但延长工作日会遭到工人的反抗,于是资本家就采取相对剩余价值生产方法。相对剩余价值是指在工作日长度不变的条件下,通过缩短必要劳动时间而相对延长剩余劳动时间所生产的剩余价值。为了在工作日长度既定的条件下提高剥削程度,资本家在调整必要劳动时间与剩余劳动时间的比例上下功夫,通过缩短必要劳动时间、相对延长剩余劳动时间的方法,增加剩余价值的生产。这种生产剩余价值的方法叫作相对剩余价值生产方法。相对剩余价值生产的一个条件就是提高生产效率,使得在必要劳动时间缩短的条件下仍能创造更多的新价值和剩余价值。福特制企业提高工资并且缩短工时的做法其实是改变了剩余价值生产方法。

福特安装了流水线之后极大地提升了企业的生产效率;而且流水线可以大大减少工人数量,如福特公司日产量达 4000 辆时,工人还不到 5 万——如果没有流水线,将不得不雇用 20 多万人,因此流水线的安装已经大大降低了劳动力成本;提高工资能够有效地提升员工的士气,对员工形成激励,进一步提高工人的生产效率,而且高工资能够降低员工流动率,工人长期从事熟悉的工作将有助于企业工艺的改善;而效率的提升、劳动力成本的降低也使产品价格自然降低,有利于增加销量,也会使利润进一步增加。因此,福特制高工资不仅没有赔本,反而赚得更多,原因就在于采用了相对剩余价值生产方法。当然,福特的生产流水线也增加了工人劳动强度,通过增加劳动强度而多生产的剩余价值属于绝对剩余价值,也就是说,福特采用生产流水线既是相对剩余价值生产方法,也包含了绝对剩余价值生产方法的因素。

4. 试结合材料分析,尽管20世纪20年代工人收入有所改善,但为什么还会出现收入差距不断扩大的趋势?

福特制企业提高工资并且缩短工时的做法是相对剩余价值生产方法。相对剩余价值生产的重要条件是整个社会生产效率的提高。由于整个社会生产效率的提高,生产商品所需要的社会必要劳动时间就会随之减少,商品价格随之降低,如福特制企业采取生产流水线后汽车价格就下降很多,成为工人也能够消费的商品。因此,商品价格的降低会使劳动者所需要的生活资料的价值降低,劳动力商品的价值也随之降低,这就使资本家可以在较短的时间内生产出劳动力商品的价值,从而使必要劳动时间随着整个社会生产效率的提高而不断缩短。而必要劳动时间缩短,剩余劳动时间就相应延长,也就是说,在工人创造的新价值中,劳动力商品价值的比重在不断下降,而剩余价值的比重在不断提高,劳动力商品价值与剩余价值的差距随着全社会生产效率的提高会不断扩大。而工资本质上就是劳动力商品价值。这意味着,社会生产效率越高,工人收入与资本家收入之间的差距就越大。福特企业的发展也能够说明:福特企业虽提高了工人工资,但却赚取了更多的利润,相对于工人工资增长的速度,剩余价值增长速度更快。随着资本积累和生产规模的扩大,社会财富日益集中到资产阶级手中,而社会财富的直接创造者——无产阶级则只占有少部分的社会财富。这样必然加剧社会的两极分化,即一极是掌握大部分财富的少数人,另一极是只拥有社会财富较小部分的多数人。这就是美国20世纪20年代经济繁荣的同时,工人收入虽然有所增加,但社会收入差距仍然扩大的重要原因。

5. 根据马克思资本积累理论,随着资本的不断积累,失业大军会越来越多,试结合材料进行分析理解。

资本积累是指剩余价值的资本化。资本主义再生产往往是扩大再生产,扩大再生产通过剩余价值资本化来实现,资本家将剩余价值不断地转化为资本用于扩大再生产。根据马克思资本积累理论,随着资本的不断积累,资本的有机构成不断提高,由于可变资本相对量减少,资本对劳动力的需求日益相对地减少,其结果就是不可避免地造成大批工人失业,形成相对过剩人口。所谓相对过剩人口,就是劳动力供给超过了资本对它的需要。这种过剩人口之所以是相对的,是因为其并不是社会生产发展绝对不需要的,而是由于其不为资本价值增殖所需要,成为"过剩"或"多余"的。案例材料中,福特制企业流水线的采用就大大减少了工人的数量,在流水线组装之前,福特必须要将工人数量增长 1 倍才能让自己的企业产量翻番,而安装了流水线之后,工人数量没变,产量却在翻番,甚至在福特公司日产量达 4000 辆时,工人还不到 5 万——如果没有流水线,将不得不雇用 20 多万人。福特制企业的例子很好地说明随着资本的积累,失业大军越来越多的重要原因。

6. 试结合材料分析资本主义经济危机爆发的根本原因。

资本主义发展到一定阶段,就会发生以生产过剩为基本特征的经济危机。生产过剩是资本主义经济危机的本质特征,但是这种过剩是相对过剩,即相对于劳动人民有支付能力的需求来说社会生产的商品显得过剩,而不是与劳动人民的实际需要相比的绝对过剩。

资本主义经济危机爆发的根本原因是资本主义的基本矛盾,即生产社会化和生产资料资本主义私人占有之间的矛盾,这一基本矛盾的一个重要表现就是生产无限扩大的趋势与劳动人民有支付能力的需求相对缩小的矛盾。

从案例中可知,福特建立流水线后,生产效率显著提高,也由此为福特带来了更多的剩余价值,福特的利润增长越来越快。从整个社会看,则表现为社会收入差距越来越大。如材料中所示,1920—1929 年,1% 最富有的人享受着 75% 的收入增长。到 1929 年,这种收入分配不均的现象更加严重,当时美国 0.1% 最富有家庭的收入等于 42% 最贫困家庭的收入;从工资增长率和生产增长率看,从 1920 年到 1929 年,工人每小时的工资只上升了 2%,而工厂中工人的生产率却猛增了 55%,工人工资落后于不断上升的生产率;从基尼系数看,其整体呈现上升的趋势,于 1929 年达到一个新的高点,从 1919 年的 0.48 增加到了 1930 年的 0.589;贫困率也几乎是逐年升高,从 1919 年的 51.6% 增加到了 1930 年的 65.8%。1919—1930 年,美国经济出现爆发式增长,但是随之而来的收入分配问题也隐藏在其中,贫富差距越来越大。贫富差距的扩大使社会的消费能力跟不上社会生产扩张的能力,不可避免地会造成产品相对过剩的经济危机。

资本主义基本矛盾的另一个重要表现就是：单个企业内部生产的有组织性和整个社会生产的无政府状态之间的矛盾，这一矛盾打破了社会化大生产应该在各部门间按比例配置资源的要求，造成因商品交换困难而出现相对过剩的经济危机。

7. 资本主义国家能从根本上解决资本主义经济危机吗？为什么？

只要存在资本主义制度，经济危机就是不可避免的。资本追求剩余价值的本性促使资本家不断进行资本积累。随着资本积累的增长，一方面，资本主义生产越来越具有社会性，其表现是：生产资料的使用社会化，生产过程成为许多人协同进行的社会化的大生产；各个企业、各个部门之间相互联系和相互依赖的程度日益加强；社会分工不断扩大，生产的范围从一个企业扩展到一个国家，甚至扩展到全球，整个社会的经济活动密切地联结成一个整体。另一方面，资本越来越集中于少数资本家手中，生产什么、生产多少、如何生产，完全服从于资本家追逐剩余价值的目的，按照资本家个人的意愿来进行；生产出来的产品完全由资本家所占有，并按照他们的私利来进行交换和分配。这样，在生产社会化和生产资料资本主义私人占有之间便产生了深刻的矛盾。资本主义越发展，科学技术以至于社会生产力越发展，生产社会化的程度越高，不断发展的社会生产力就越成为资本的生产力，资本、生产资料、劳动产品就越来越集中在少数资本家的手里，资本主义基本矛盾的尖锐化就越是不可避免。随着资本积累的不断增长，这种矛盾日益加剧，资本主义最终会被新的、更能适应社会化大生产要求的社会形态所取代。

五、本专题小结

本专题重在揭示资本主义制度的本质，包括资本主义经济制度的本质、资本主义政治制度的本质以及资本主义意识形态的本质。由于经济基础决定上层建筑，所以本专题主要通过介绍马克思主义剩余价值理论揭示资本主义经济制度的本质。

马克思的剩余价值理论，揭示了资本主义生产方式的本质及其运动规律，阐明了资本主义生产方式产生、发展和必然灭亡的历史趋势。剩余价值理论是在劳动价值论的基础上建立起来的，该理论宣布了资本主义的必然灭亡和社会主义的必然胜利，为科学社会主义奠定了坚实的理论基石。

社会形态的演进和更替,是生产力与生产关系、经济基础与上层建筑矛盾发展的必然结果。在漫长的历史发展进程中,人类社会历经原始社会、奴隶社会和封建社会,进入资本主义社会。资本主义萌芽于14世纪末15世纪初地中海沿岸的一些城市。资本主义产生的途径有两个:一是从小商品经济分化出来,二是从商人和高利贷者转化而来。

　　资本主义生产关系产生之后,其成长是一个缓慢的过程。新兴资产阶级开始进行资本的原始积累,利用暴力手段为资本主义的迅速发展创造条件。所谓资本原始积累,就是生产者与生产资料相分离,资本迅速集中于少数人手中,资本主义得以迅速发展的历史过程。资本原始积累主要是通过两个途径进行的:一是用暴力手段剥夺农民的土地,二是用暴力手段掠夺货币财富。生产力和生产关系的进一步发展,对上层建筑的彻底变革提出了强烈要求,即在政治上完成资产阶级革命,用资产阶级政权取代封建地主阶级的政权。资产阶级政治统治的建立和资本主义生产方式支配地位的形成,标志着资本主义制度的最终确立。

　　资本主义经济制度是以资本主义私有制和雇佣劳动为基础的一种剥削制度。资本主义经济制度的形成是以劳动力成为商品为前提条件的。劳动力是指人的劳动能力,是人的脑力和体力的总和。劳动力成为商品,要具备两个基本条件:其一,劳动者是自由人,能够把自己的劳动力当作自己的商品来支配;其二,劳动者没有别的商品可以出卖,自由得一无所有,没有任何实现自己的劳动力所必需的物质条件。劳动力是特殊的商品,它的价值和使用价值具有不同于普通商品的特点。它包括三个部分:(1)维持劳动者本人生存所必需的生活资料的价值;(2)维持劳动者家属生存所必需的生活资料的价值;(3)劳动者接受教育和训练所支出的费用。劳动力商品在使用价值上有一个很大的特点,就是它的使用价值是价值的源泉,它在消费过程中能够创造新的价值,而且这个新的价值比劳动力本身的价值更大。

　　资本主义所有制是生产资料归资本家所有的一种私有制形式。在资本主义所有制条件下,资本家拥有生产资料的所有权,劳动者与生产资料相分离,为了维持生存,劳动者不得不通过将劳动力出卖给资本家来实现与生产资料的结合,资本家与工人的关系变成雇佣劳动关系。在这种关系中,资本家不但拥有生产资料的所有权,而且拥有对雇佣劳动者的支配权,并凭借这种所有权和支配权实现对全部劳动产品的占有和支配。资本主义所有制是雇佣劳动赖以存在的基础,是资本与雇佣劳动之间剥削与被剥削关系的体现。这就是资本主义所有制的本质。

资本主义生产的直接目的和决定性动机,就是无休止地获取尽可能多的剩余价值。资本主义生产过程是劳动过程和价值增殖过程的统一。所谓价值增殖过程,是超过劳动力价值的补偿这个一定点而延长了的价值形成过程。在价值增殖过程中,雇佣工人的劳动分为两部分:一部分是必要劳动,用于再生产劳动力的价值;另一部分是剩余劳动,用于无偿地为资本家生产剩余价值。因此,剩余价值是雇佣工人所创造的并被资本家无偿占有的超过劳动力价值的那部分价值,它是雇佣工人剩余劳动的凝结,体现了资本家与雇佣工人之间剥削与被剥削的关系。资本是能够带来剩余价值的价值。

资本在资本主义生产过程中采取生产资料和劳动力两种形态,根据这两部分资本在剩余价值生产中所起的不同作用,可以将资本区分为不变资本与可变资本。以生产资料形式存在的资本在生产过程中只改变自己的物质形态而不改变自己的价值量,不发生增殖,所以马克思把这部分资本叫作不变资本。可变资本是用来购买劳动力的那部分资本。由于这一部分资本的价值是一个可变的量,所以马克思把这一部分资本叫作可变资本。把资本区分为不变资本和可变资本,进一步揭示了剩余价值的源泉。它表明剩余价值既不是由全部资本创造的,也不是由不变资本创造的,而是由可变资本雇用的劳动者创造的。

资本家提高对工人剥削程度的方法是多种多样的,最基本的方法有两种,即绝对剩余价值的生产和相对剩余价值的生产。绝对剩余价值是指在必要劳动时间不变的条件下,由于延长工作日的长度和提高劳动强度而生产的剩余价值。相对剩余价值是指在工作日长度不变的条件下,通过缩短必要劳动时间而相对延长剩余劳动时间所生产的剩余价值。缩短必要劳动时间是通过全社会劳动生产率的提高实现的。全社会劳动生产率的提高是资本家追逐超额剩余价值的结果。在资本主义发展初期,资本家主要依靠绝对剩余价值生产来提高剥削程度。随着生产技术条件的不断改进和工人阶级反抗资本家延长工作日的斗争力量的增强,相对剩余价值生产的作用就日益突出了。

资本主义再生产就其实质而言,是物质资料再生产和资本主义生产关系再生产的统一。资本主义再生产的特点是扩大再生产。资本积累是资本主义扩大再生产的源泉。剩余价值的资本化,就是资本积累。随着资本积累和生产规模的扩大,社会财富日益集中到资产阶级手中,而社会财富的直接创造者——无产阶级则只占有少部分社会财富,这样必然加剧社会的两极分化,即一极是财富越来越集中于少数人手中,另一极是多数人只拥有社会财富的较小部分。资本积累不但是社会财富占有两极分化的重要原因,而且是资本主义社会失业现象产生的根源。随着资本积累的增长,一方面,资本主义生产越来越具有社会性,另一方面,资本和产品越来越集中于少数资本家手中。这样,在生产社会化和生产资料资本主义私人占有之间便产生了深刻的矛盾。这正是资本主义越发展贫富差距越大的根本原因,也是美国之所以发生"占领华尔街"运动的重要原因。社会贫富差距影响社会生产的可持续发展,随着资本的不断积累,生产和消费的矛盾日益加剧,社会矛盾日益加深,资本主义最终会被新的、更能适应社会化大生产要求的社会形态所取代。

资本在运动过程中,必须保持货币资本、生产资本和商品资本三种职能形式在空间上的并存性;必须保持每一种职能形式的依次转化,即在时间上的继起性,只有这样,才能保证资本无止境的价值增殖运动。然而,这个条件在资本主义制度下并不总是能够具备的。

社会生产是连续不断地进行的,这种连续不断重复的生产就是再生产。社会再生产的核心问题是社会总产品的实现问题,即社会总产品的价值补偿和实物补偿问题。两大部类生产在规模上和结构上经常处于失衡状态。这种失衡和脱节经常表现为生产过剩,以至于社会总产品的实现,即实物替换和价值补偿难以顺利进行,最严重的就是引发经济危机。

在资本主义制度下,工人的工资是劳动力的价值或价格,这是资本主义工资的本质。生产社会化和生产资料资本主义私人占有之间的矛盾,是资本主义的基本矛盾。资本主义经济危机爆发的根本原因是资本主义的基本矛盾,这一基本矛盾具体表现在以下两个方面:其一,生产无限扩大的趋势与劳动人民有支付能力的需求相对缩小的矛盾;其二,单个企业内部生产的有组织性和整个社会生产的无政府状态之间的矛盾。资本主义经济危机具有周期性,这是由资本主义基本矛盾运动的阶段性决定的。

资本主义政治制度是在资本主义经济基础之上建立的,它反映了资本主义社会的经济关系,反映了政治上占统治地位的资产阶级的要求。同时,资本主义政治制度作为上层建筑,又反过来保护其经济基础,为巩固和发展资本主义经济基础提供政治保障。

资本主义意识形态是在资本主义国家中占统治地位,反映了作为统治阶级的资产阶级利益和要求的各种思想理论和观念的总和。在资本主义国家中，占统治地位的政治、经济、法律、哲学、伦理、历史、文学、宗教等人文社会科学的理论和学说，都属于资本主义意识形态的范畴，其中一以贯之的核心思想，主要是私有制神圣不可侵犯观念和个人主义价值观，以及与之相适应的自由、民主、平等、人权等观念。资本主义意识形态的本质可以概括为以下两个方面：第一，资本主义意识形态是资本主义社会条件下的上层建筑，是为资本主义的经济基础服务的。第二，资本主义意识形态是资产阶级的阶级意识的集中体现。

六、延伸阅读

1. 马克思：《雇佣劳动与资本》，《马克思恩格斯选集》（第 1 卷），人民出版社 2012 年版。

2. 马克思：《资本论》，《马克思恩格斯选集》（第 2 卷），人民出版社 2012 年版。

七、考核案例

日本丰田制生产模式

1. 丰田制下的效率提升

丰田制是继福特制之后的又一生产模式，该模式使日本垄断企业取得了丰厚的利润。丰田模式的核心目标是建立一种流水线的、尽可能毫不间断的生产组织，通过精心计划、前后紧密衔接的生产流程把每个生产阶段所制造的半成品非常及时地直接送入下一道生产程序，而不是放到仓库里。丰田公司要求企业最大限度地减少仓库的半成品储备，储存的半成品零件最多只限于提供给下一道工序工人在 40 分钟内即可完成的工作量，这就要求各个生产阶段要准时完成定额生产任务，彼此之间及时准确地协调合作。

丰田制下，雇佣劳动者以群体的方式进行工作，即"工作小组"。这是怎样的工作小组呢？我们假设分配在装配线上的时间是 1 分钟，但是由 6 个人组成的小组的真正工作时间平均是 55 秒。这就意味着在一开始，分配给这个小组的时间是 360 秒，而实际上，由于合理的秩序和习惯，雇佣劳动者只用了 330 秒。在这种情况下，管理层会将分配的时间降低到原来的90%即324秒。决策部门不再规定这些时间如何在劳动者之间具体分配,而是由小组自己决定。后者会召开内部会议以找到管理层要求的这36秒。从理论上说,30秒是容易实现的,因为这可以通过按顺序工作而匀出来。例如,在以前,安装保险杠的工人可以一次拿几个螺丝钉而不是一个一个地拿,从而能够节省一些时间,省下来的这几秒钟可以让他稍微喘口气。但是现在,由于管理者要求缩减时间,这种特殊的小把戏就成为正常的生产过程。通过这种方式,团队可以用324秒完成原先需要360秒的任务,从而装配线1小时能生产66辆车。如果假设生产没有任何提高,在这种情况下,汽车的生产速度仍然是每小时60辆。那么,这324秒怎样在小组的成员中分割呢?答案是:前5个人每人有60秒的时间而最后一个人只有剩下的24秒。人们可能认为这324秒会平均分配给6个人,即每人54秒。在这一点上,受到丰田管理制度的启发并将日本制造业的生产方式加以理论化的门田安弘明确指出:这是绝不可能的。他论述了在平均分配下的等待时间(他的例子是6个工人从A到F,第6个工人F被有效率地分配了15秒):"在任务重新在A到E这5个工人中分配以后,F工人的0.75分钟的等待时间不应该被平均分配到生产线上的6个人身上[1]。如果是这样,它又会被简单地隐藏起来,因为每个工人都会放慢他的工作步伐以适应他空余出来的等待时间。而且,如果要再次修改作业标准就会遇到工人的抵抗。因而,采取第一种策略就是必要的,以便发现是否能够在装配线上进一步提高效率以削减留给F工人的部分工作。"因此,他们会想方设法在生产过程中削减分配给F工人的这额外的24秒。如果这个小组成功做到了这一点,那么这就意味着5个人就可以将这一工作完成,因此可以去掉一个工人。对公司而言,这是一个很大的收获。当然,这个工人并不会被解雇,他会在这个工厂被重新安排工作。通过这种方式,企业总体上就可以雇用更少的员工。但是管理者又会回来说,"好吧,现在我们只给你们292秒的时间"。

丰田工程师、在后来成为生产负责人的大野耐一在BBC的采访中说,"如果我发现一项工作非常有效率地完成了,那么我会让他们试着用一半的人来完成这项工作,经过一段时间后,如果他们做到了,我会说,好,再减去一半的人"。为了解释激发工人进行革新的动力,他在访谈中又接着说,"当他们承受的压力如此巨大以至于他们感到这是一个关乎生

---

[1] 在门田安弘的例子中,最开始是有7个工人,其中1个已经被去掉了。

存还是死亡的问题时,他们就会发挥出所有的聪明才智"。评论家将这种方法称为"压力管理"。

丰田模式大大地提高了对工人熟练技术水平的要求,它不再需要福特制生产流水线上从事简单重复操作动作的群众性工人,而是转而招聘拥有多种生产知识和技能的熟练技术工人。例如,一位从事维修保养的工人必须掌握机械力学、水力学、空气力学、电子学、电子技术信息学等多方面的理论知识和实际技能。这些高素质工人依据具体要求组织建立各种人数不等的工作小组,小组内的劳动分工不像福特制那么僵化琐碎,甚至可以说,由于每名成员都具有多种知识技术,随时可以从事工作小组中任何一个劳动岗位的工作,其中包括某些非技术性工作。在丰田模式中,没有西方普遍流行的把熟练技术工人与非技术工人严格分开的劳动分工,但是对工人整体科学知识、操作水平的要求却大大提高。

丰田模式要求工人具有更高的责任感和质量意识。工作小组的每位成员都享有在福特制中几乎无法设想的自我安排的职权,经理赋予小组工人部分自治权利,具体表现为:当发现有可能产生故障的时候,每位工人都有权力按动身边的电钮,使整条流水线及时刹车并进行抢修。在普通福特制流水线上,只要工人实现企业领导规定的"标准效益"就算完成任务,而丰田制却要求小组工人实现"特殊效益""额外附加效益"。他们不仅要运用肌肉确保指定任务的实现,而且还要用自己的头脑附加履行控制职能和监督职能。丰田公司的创始人丰田本人就多次强调"要从工人的头脑中而不是仅仅从他们的肌肉中挖掘金钱"。福特制中经理人员对整个生产过程、对全体生产工人的监督在丰田制中变成工人们自觉自愿的自我生产监督和相互监督。

上述措施使得日本企业机器设备利用率上升到一个更高的水平,远远超过了福特制时期,从而促使日本企业在采用与西方企业相差不多的技术设备的条件下创造出高于西方的劳动生产率。整个20世纪80年代日本汽车工业在世界市场上独占鳌头。

丰田模式实行一种特殊的工资奖励制度。日本的劳资协议不对每名工人的劳动时间、劳动定额、技术水平做具体的规定。经理人员只对工作小组提出要求,而工人的工资与资金数额大部分依据小组的集体效益决定,所以每个人的效益工资都以小组集体效益工资水平为基准,上下略有浮动。这种制度被称作"小组计价工资制",它刺激工人关心所在小组的整体工作效益,激发了一种"团队意识"。所以尽管每位工人都拥有使整条流水线紧急刹车的部分自治权利,但绝不会滥用这种权利。在白天发生事故导致机器运转时间不足的时候,工人们会自觉自愿地不要任何工资补贴从事夜班工作以避免自己和小组同事的工资损失。一名工人患病休息,小组同事会要求他尽快返回劳动岗位以减少小组的工作压力。

一方面,工人参与各种生产过程并不能决定增殖的分配政策,各种收入分配制度安排使管理部门在工资决定上可以进行"弹性"控制。比如将工人收入分为工资和红利两部分(在日本,工人收入约有 1/3 来自红利)。红利是否分配取决于生产组织的目标实现程度,如果年度目标没有实现,管理部门将取消红利的分配,实际上降低了工人的工资。尤其是考虑到经济的周期波动,萧条时工人的工资比产品价格下降的速度快,繁荣时工资比产品价格上涨的速度慢,从较长时期看,虽然丰田制企业劳动强度的提高和劳动时间的延长增加了生产组织的价值,但工人的收入与付出存在明显的不对称。

20 世纪 80 年代,西欧各大公司纷纷以日本丰田为榜样,与福特制决裂,在企业生产组织管理领域进行了一场变革。西欧公司企业生产组织结构转换的首要措施就是裁减福特制时期大批雇用的半熟练技术工人和非技术工人。这种新的合理化浪潮被称为"减肥生产"或"苗条生产",被视为赶超日本劳动生产率的灵丹妙药。1973 年至 1983 年,德国西门子公司职工队伍削减 20%,被裁减人员全部是工人,而且几乎都是半熟练技术工人或非技术工人。当时西欧社会失业者数目不断增加,而各公司企业依旧大量裁员,日益趋向于仅仅保留一支人数压缩到最低限度、技术熟练、灵活机动、精锐善战的基本职工队伍。这支队伍的成员可以来源于不同就业者群体。企业经营者试图把生产工人的丰富经验,专业工人的灵巧手工技艺与技术员、工程师的科学专业知识尽可能完善地结合在一起。

2. 日本企业的资本积累

二战后初期的民主改革,使日本改善了劳资关系,制定了劳动法,因此,靠技术革新提高劳动生产率是必然选择。于是日本靠从美国引进技术和加强对劳动力的培养与训练两条途径,为提高劳动生产率创造了条件,并惊人地实现了劳动生产率指数由 1955 年的 100,到 1970 年的 604,年平均增长 12.7%。随着日本经济的迅速发展,劳动力需求不断增大,加上工会斗争的频发,日本工人的工资也显著提高。1960—1974 年,日本实际工资上升2.36倍。但是,劳动生产率的上升幅度更大,1963—1974年,提高了3.18倍。所以,日本工人从总增加价值中所得的份额逐渐下降。1975—1988年,日本制造业工人的工资增长了22%,而同期制造业的劳动生产率却提高了125.5%,再从劳动分配率(雇佣者所得占整个国民所得的比率或对劳动者的支付额占企业附加价值的比率)看,1985年仅为36%,在发达的资本主义国家中也是最低的,这就大大增加了相对剩余价值。据统计,日本主要企业的剩余价值率1955年为230.3%,1965年为256.2%,1975年为208.89%。

高的剩余价值率带来的丰厚利润使资本积累迅速扩大,企业自有资本猛增。1957年年末,日本全部公司的自有资本为40090亿日元,到1970年年末,猛增到237258亿日元,13年间增加了5.9倍。由于实缴资本的增加只是公司资本积累的一部分,并不能完全说明公司资本积累的全部规模,所以,大企业的资本积累实际上又远远高于上述数字,大企业的资本积累在此期间增加10多倍,甚至40倍。大规模的资本积累,保证了大规模的建设投资。1950—1973年,日本国内投资率(投资额占国民生产总值的比重)为28.9%,居主要资本主义国家之冠。1955—1970年,日本固定资本投资由17784亿日元增加到255461亿日元,1970年比1955年增加13倍以上。提高剥削率,扩大资本积累,增加建设投资,这是战后日本工业和整个社会经济得以高速发展的重要源泉和基础。

资本积累引起资本有机构成的不断提高,使就业机会相对减少,相对过剩人口日益增加。1970—1980年,日本的劳动人口由5153万人增至5650万人,增加了9.6%;可是全部产业的常用雇佣指数只增加了5.3%。其中,加工工业的该项指数还下降了12.2%。这就说明,就业总劳动人口中产业工人的人数减少,有固定工作的职工比重下降,做日工、打零工的职工比例增大。在此期间,日本的完全失业人数已由59万人增加到114万人。据调查,1974—1979年,由于裁减、公司倒闭或其他原因,全国离职者达1343万人,其中重新就业的有728万人,完全失业的有88万人,余下的527万人被当作"非劳动力化"而置旁不顾。事实上他们并非已经丧失劳动能力,也不是不再求职,只不过是受到种种限制找不到合适的工作。这支庞大的产业后备军的存在,严重地影响着日本工人的工资、劳动条件和生活状况的改善。

由于技术革新,生产的连续化、自动化和电子计算机控制,日本工人的劳动强度再次加强,肉体与精神空前疲劳,各种职业病和工伤事故频繁发生。然而,在劳动力再生产过程的消费生活领域,由于生产发展引起生活方式改变,社会必需的开支有增无减,加之通货膨胀、物价上涨和纳税负担加重,日本劳动人民的实际生活水平持续下降。日本经济企划厅1981年公布的《国民生活白皮书》披露,1980年劳动人民的户平均实际收入比上年减少了0.4%,可分配收入减少了1.1%。而纳税及社会保险开支所占家庭收入的比例,由1970年的8.3%提高到1980年的12.8%。住宅取得能力也由1978年的74.5%下降为1980年的67%。家庭主妇为生活所迫,纷纷出门谋职,1980年人数高达256万人,是10年前的2倍。

上述情况表明,日本垄断资本越提高劳动生产率,越扩大资本积累,日本工人阶级的劳动条件便越恶劣,生活负担更重。

参考文献

1. [比利时]亨利·霍本:《资本主义劳动优化的历史:泰勒制、福特制和丰田主义》,载《海派经济学》2008年第1期。

2. 李振英:《战后日本经济高速增长的原因》,载《广西大学学报》(哲学社会科学版)1984年第1期。

3. 周树立:《日本私人企业发展简论》,载《经济经纬》2000年第4期。

4. 张锁柱:《战后日本高速度资本积累的主要途径与特点》,载《现代日本经济》1990年第1期。

5. 裴万久:《日本垄断财团与日本经济》,载《世界经济》1982年第11期。

6. 张世鹏:《后福特主义浅说》,载《国际社会与经济》1996年第12期。

7. 漆志平:《二战后西方企业劳资关系的演进分析》,载《开发研究》2010年第1期。

案例问题思考

1. 资本主义企业获取剩余价值的途径有哪些?为什么说提高劳动生产率能够获得更多的相对剩余价值?试结合材料进行分析。

2. 丰田模式提高生产效率后工人和资本家的收入比重发生了怎样

的变化？结合材料分析随着生产力的发展，工人和资本家收入比重的变化趋势。

3. 试结合材料分析为什么生产效率提高会造成工人失业率上升？
4. 试结合材料分析理解资本主义经济危机的必然性。

专题十　资本主义社会的动态演进

一、主要内容、重难点问题

1. 主要内容

私人垄断资本主义的形成及特点

国家垄断资本主义的内涵、特点和实质

经济全球化及其影响

第二次世界大战后资本主义的新变化及实质

2008 年国际金融危机以来资本主义的矛盾与冲突

资本主义的历史地位及其为社会主义所代替的历史必然性

2. 重难点问题

重点：国家垄断资本主义的内涵及特点；当代资本主义的新变化及其原因和本质

难点：国家垄断资本主义的实质；当代资本主义的新变化的本质

二、学习目标

了解资本主义从自由竞争发展到垄断的进程，科学认识国家垄断资本主义和经济全球化的本质，正确认识第二次世界大战后资本主义的新变化及 2008 年国际金融危机以来资本主义的矛盾与冲突，深刻理解资本主义的历史地位及其为社会主义所代替的历史必然性，坚定资本主义必然灭亡、社会主义必然胜利的信念。

导入问题：

马克思曾预言资本主义必然灭亡，但资本主义仍具有一定的生命力，是马克思错了吗？为什么？

三、导学案例及问题思考

悄然变化中的资本主义

1. 罗斯福新政

1928年当选美国总统的胡佛是一位自由市场经济的坚定支持者,他在竞选时的口号十分鼓舞人心。他说:"如果我当选,将使美国人家家锅里有一只鸡,家家有一辆汽车。"然而,胡佛的话音落下不久,纽约证券交易所爆发了一场空前的灾难。1929年10月24日,有人忽然卖掉手中被高估的股票,惊惶和疯狂地抛售如同多米诺骨牌一样一发而不可收拾。历史上最大的一次经济危机开始了。信奉自由主义经济模式的胡佛政府认为,坚持了一百多年的自由市场既然能带来空前的繁荣,那么它也会在自我调节中克服这场危机。然而,胡佛政府的期待落空了,"大萧条"一天天地延续,国家徘徊在动荡的边缘,1700多万人失业,近200万人流浪街头。

就在西方世界遭遇经济危机的时候,新生国家苏联却是风景那边独好。苏联创造了一种新的经济社会管理模式,人们称之为计划经济。从1928年到1932年,也就是西方资本主义世界大萧条的那几年,苏联实施了第一个五年建设计划,从农业国一跃成为工业国,整个社会一派欣欣向荣。苏联五年建设计划的成功引起西方政治家和经济学家的高度关注。一直认为政府管得越少越好的美国人,也尝试着以新的眼光看待政府和经济发展的关系,并且重新开始关注30年前西奥多·罗斯福总统用政府干预的手段来化解社会危机的经验。

1932年,纽约州州长富兰克林·罗斯福,成为民主党的总统候选人,并竞选成功。危急时刻,上任伊始的罗斯福开始了大刀阔斧的改革,史称"罗斯福新政",其核心内容是"三R"计划:即复兴(Recover)、救济(Relief)、改革(Reform)。复兴是指为失业者提供工作机会,使陷入萧条的经济恢复运转。如银行暂停营业进行整顿,以恢复其信誉;政府为减产的农民提供补助,恢复农产品生产。救济指救助急需帮助的大批失业者和贫民,通过成立各种救济机构、推行"以工代赈"计划和举办公共工程计划救助急需帮助的大批失业者和贫民。改革是指采取长远措施改善全国总体经济状况。

富兰克林·罗斯福让联邦政府通过社会保障法、最低工资法律、福利法律、政府雇用以及其他措施，承担起保障美国人民经济安全的责任，支持人们获得经济上的自由。在一次演讲中，富兰克林·罗斯福向公众提出公民应该享有"免于匮乏的自由"，因为真正自由的人，必须有基本的经济保障。罗斯福提出的这一自由，意味着摆脱贫穷不再是个人的行为，也就是说，政府应该承担起保障人们免于贫困的责任。

罗斯福新政从一开始就遭到一部分资本家的反对，报纸上连篇咒骂罗斯福是"向富人敲竹杠"，说罗斯福天天都吃"烤百万富翁"；在关于社会保障法的听证会上，有人高喊"这个法案是从《共产党宣言》第18页逐字逐句抄来的"。甚至有人建议联邦调查局调查一下罗斯福是不是共产党的秘密党员。针对一系列批评，罗斯福说道："从来在美国没有另外一个人比我对资本主义制度的私人企业、私有财产和私人利润有着更坚强的信仰……当这个私人利润和自由企业的制度面临毁灭的时候，是这个政府挽救了它。""作为一个国家，我们拒绝了任何彻底的革命计划。为了永远地纠正我们经济制度中的严重缺点，我们依靠的是旧民主秩序的新应用。"

"罗斯福新政"使美国首开由政府干预经济的先河。到1940年，美国国民收入恢复到1929年经济危机爆发前的水平，二战结束后美国成为世界超级大国。在美国的影响下，英国和欧洲资本主义国家纷纷效仿美国，建立起政府干预经济的宏观经济管理模式，成为由政府提供高福利的国家。

2. 员工持股的兴起

19世纪末到20世纪初，美国贫富间的紧张局势加剧，工人暴动越来越多。为缓和劳资矛盾，1916年，零售商西尔斯和罗巴克公司决定用公司的股票资助职工退休计划。职工通过这一计划持有公司的股票，从而得到更多的退休补助金，由此诞生了美国第一个职工持股计划。职工持股计划不仅能激励和留住员工，也能提高公司的营利能力。20世纪20年代，美国掀起了一场被称为"新资本主义"的雇员所有制运动，伊斯曼·柯达等一些大公司实行了著名的职工持股计划，鼓励员工用自己的积蓄或奖金购买本公司的股票。当时，员工购买股票很简单，公司宣布一个计划，然后在每个工资支付期（2周或1个月）从员工的工资支票上减去一小部分用于购买公司股票。一般公司会折价向员工出售股票，每个员工都有属于他们自己的个人股票账户。随着时间的推移，雇员在公司购买的股票逐渐增加。到1930年，美国当时约有2.5%的员工购买了10

亿美元的公司股票，相当于美国实施员工持股计划在20世纪80年代初期所拥有的股票额。20世纪30年代经济大衰退期间，员工持股计划处于停滞状态，直到1939年国会财经委员会发布了一项有关员工持股制的研究报告之后才扭转了这一局面。报告指出，委员会认为已建立起来的各种形式的员工利润分享计划能够并且已经在制造和谐、平等、有效和令人满意的劳资关系方面获得了显著成功，我们相信它对于长久维持资本主义制度是不可缺少的。基于以上观点，国会通过了有关法规，政府可以向采用递延形式的员工利润分享计划的企业和员工提供税收优惠。员工持股制又开始升温。

20世纪50年代末，美国员工持股计划的现代创始人路易斯·凯尔索提出了"二元经济学"理论，并在加利福尼亚将自己的理论付诸实践，成功建立了美国第一个现代员工持股计划。1974年，美国国会通过"美国雇员退休收入保障法案"，明确提出了公司实行员工持股计划，并就各类税收优惠政策作出了法律规定。其后，美国国会和政府又相继颁布了20多部法律，50个州中也有一半颁布鼓励员工持股的立法。这些法律的颁布，极大地促进了美国员工持股计划的推行。据美国学者理查德·奈德勒的研究，美国拥有股票的家庭数量增长得很快，拥有股票的家庭占美国家庭总数的比例1983年为19%，1989年为31.6%，1992年为36.6%，1995年为40.2%。到1998年，全美实施员工持股的企业有14000多家，包括90%以上的上市公司和世界排名500强的大企业，有3000多万名员工持股，资产总值超过4000亿美元。20世纪90年代末，英国约有1750家公司、200万名员工参加了政府批准的员工持股计划。法国工业部门企业员工持股率超过50%，金融业中有的企业达90%以上。德国把实施员工持股作为吸引员工参与管理、保留人才、促进企业发展的一项基本制度。日本绝大多数的上市公司实行了员工持股。一般来说，20世纪初，西方社会中控制一家公司的最低持股比例大都为40%—50%，二战后降到20%。

雇佣劳动者持有本公司的一部分股票，可参与年终利润分配，可以增加一部分福利和收入，可以享受企业成长的成果，但也意味着必须承担相应的风险，这样，雇佣劳动者和企业结成了经济利益共同体，劳资关系有所改善。据统计，1977年，美国企业罢工128次，涉及120万人，而1997年，仅发生罢工29次，涉及39.9万人。雇佣劳动者的政治行为发生了变化，成为持股者以后，雇佣劳动者不再像以前那样强烈地反对政府的减税政策,这说明他们已意识到作为投资者的利益,意识到企业和自身利益的契合点。股权分散化打击了工会权势在企业的扩张,资本家从工会手中夺走了不少雇佣劳动者。雇佣劳动者同资本家的集体谈判能力受到影响,工会运动受到削弱。有资料显示,1945年,美国的非农业劳动力中的工会参加比例曾达到35.5%,1975年下降到25.5%,1994年仅为15.7%。

随着资本主义国家福利制度的完善、经理管理和资本民主化的发生,美国的社会分层和阶级结构也发生了明显的变化,传统的上层最富有阶级(资本家阶级)和下层最贫穷阶级(产业工人阶级)范围相对缩小,而介于二者之间的中间阶层却不断扩大,中产阶级日益成为美国的主流社会阶层。直到20世纪60年代末经济出现滞胀,贫富差距在1973年后重新开始扩大,劳资关系出现新的紧张局面。

3. 撒切尔夫人改革

20世纪70年代后,资本主义国家又处在严重的困境之中,经济停滞与物价上涨同时出现,失业率居高不下。此时的英国处于"大萧条"以来最糟糕的状态。1975年,撒切尔夫人在英国大选中获胜,随即开始注重发挥自由市场经济的作用,同时减少国家对经济生活的干预,实施"撒切尔夫人革命",拉开了20世纪英国最重要的福利国家改革。其改革内容除了货币政策还包括:

第一,国有企业私有化政策。撒切尔夫人把国有企业的股份大量出售给个人,鼓励私人资本进入原属国家投资经营的领域,在撒切尔夫人结束任期时,英国工业中的国有部分已减少了60%。此外,还取消物价管制委员会,缩小国家企业局的权力,废除了180多项限制经济活动的规定,特别是废除了实施40年之久的外汇管制条例,任凭英镑汇率自由浮动,以此来更多地发挥市场和竞争的调节作用。

第二,限制工会权力,压制工会运动。对英国工会和罢工运动采取针锋相对的正面斗争策略,取代过去政府所采取的协商、谈判和妥协的方针。撒切尔夫人用铁腕手段,抵制工会组织利用其对劳动力的垄断势力向政府不断索取市价以外的补贴。1984年,英国全国矿工联合会发动大罢工,但撒切尔夫人以毫不妥协的态度应战。撒切尔夫人在储备了大量的煤,确保停工对发电不构成影响之后,对工会采取了强硬的措施,派出警察阻止任何罢工的支持者接近罢工矿场区域,皇家骑警更与罢工矿工的纠察队在约克郡欧格里夫爆发了激烈的流血冲突,工会被迫无条件投降。

第三,改革税制,降低税率,削减教育、医疗和社会福利等公共开支,增加公共产品提供领域的市场经济成分。撒切尔夫人政府将高收入人群的边际税率从80%降到40%,将低收入人群的税率从33%降到30%。例如:在疾病的补贴待遇方面,改变原来由国民保险支出的办法,将生病前8周的待遇变成病假工资,由雇主支付,后来又将病假工资支付期延长到28周,从而把部分负担转移给企业;同时削减给付的实际价值,即结束与收入相关的补充给付。

经过10年的革命,企业活力和个人创造力的释放使英国这个"欧洲病夫"很快焕发活力,遏止了经济衰退,经济迅速转入繁荣周期。但这其中也存在很大的隐患,1980年后英国贫富差距进一步加大。在教育、医疗、基础设施等公共领域投资不足,削弱了英国经济的可持续增长能力。简言之,撒切尔政府在激发英国经济活力的同时,又增加了新的社会问题。而同时期在美国,里根政府实行了美国历史上最大规模的减税计划,紧缩社会福利规模并逐步扩大私人和地方经营的规模,减少联邦政府的干预,放松对企业的管制。

4. 危机再起

1973年,第一次石油危机爆发,引发了战后资本主义体系首次严重的经济危机。企业用即时生产和外包制取代以大规模生产与机械化管理为特征的福特主义,生产单位规模缩小,奉行小批量生产,减少库存;企业竭力减少核心工人(全时员工)岗位,而增加雇用弹性工时、部分工时、临时性派遣的劳工,甚至随传随到者,以及在家工作、接受订单的家庭劳动力。此后,资本主义国家劳动者待遇急转直下。如1975年,美国劳动者工资收入合计占国内生产总值的50%,80年代和90年代劳动力成本基本持平。2001年,工资与国内生产总值的比例还有49%。可到了2012年,这一比例已降至43.5%。

由于20世纪80年代以来美国政府实施了有利于富人的税收和不利于穷人的社会服务,预算削减使美国的贫富差距急剧扩大。在1973—1995年这20多年中,最富有的20%家庭的收入占全部的比重从1973年的41.0%上升到1995年的48.7%;同期,最贫穷的20%家庭的收入比重从6.0%下降到3.7%。虽然美国在20世纪90年代有一个较长的繁荣期,但贫困率仍反弹到13.8%。随着穷人收入比率的下降,富人的收入份额却急剧上升。据世界银行统计,2000年最贫穷的20%家庭的收入占全部收入的3.6%,而最富有的20%家庭的收入占全部收入的49.7%。

在美国,贷款是非常普遍的现象,人们通常都是长时间贷款买房。而收入并不稳定甚至根本没有收入的人,因为买房信用等级达不到标准,就被定义为次级信用贷款者,简称次级贷款者。不少金融机构在美国房市扩张的过程中,大幅承作次级房贷,使次级房贷的规模快速膨胀;而在美国房市不景气时,美联储为抑制通货膨胀持续升息,导致贷款者还款压力大增,造成次级房贷违约率大幅攀升,一些以经营次级房贷为主的金融机构被迫停止业务,甚至倒闭。2008年7月,美国房地产泡沫开始破裂,美国房地产抵押贷款的巨头——房地美和房利美先后破产。9月14日,美国第四大投资银行雷曼向政府申请破产保护,由此引发华尔街金融风暴,之后迅速向世界蔓延,金融危机爆发。

案例问题思考

1. 罗斯福新政使资本主义国家进入国家垄断资本主义阶段,结合材料分析国家垄断资本主义产生的原因。

2. 结合材料理解国家垄断资本主义的内涵。

3. 罗斯福新政有没有改变资本主义国家的性质?结合材料分析理解国家垄断资本主义的本质。

4. 进入国家垄断资本主义阶段后,资本主义生产关系出现了一些新的变化,结合材料理解资本主义新变化的原因。

5. 资本主义生产关系的新变化有没有改变资本家与工人的地位?试结合材料分析理解资本主义新变化的实质。

6. 罗斯福新政使美国走出了大萧条,撒切尔夫人改革和里根改革分别使两国走出了经济滞胀,结合材料分析理解资本主义国家的改革能否根本解决资本主义生产关系和生产力的矛盾?为什么?

7. 结合材料分析资本主义发展的历史趋势。

四、案例问题解析示例

本案例通过介绍资本主义社会发展中的曲折历程,帮助同学们理解资本主义变化的原因和实质,认识到资本主义的变化其实是对自身的自我否定,认识到资本主义社会的暂时性,其发展趋势是走向新的社会形态。

1. 罗斯福新政使资本主义国家进入国家垄断资本主义阶段,结合材料分析国家垄断资本主义产生的原因。

国家垄断资本主义的形成和发展不是偶然的,它是科技进步和生产社会化程度进一步提高的产物,是资本主义基本矛盾进一步尖锐化的必然结果。首先,社会生产力的发展,要求资本主义生产资料在更大范围内被支配,从而促进了国家垄断资本主义的产生。其次,经济波动和经济危机的深化,要求国家垄断资本主义的产生。最后,缓和社会矛盾,协调利益关系,要求国家垄断资本主义的产生。国家垄断资本主义始于美国罗斯福新政,罗斯福之所以实施政府干预经济的改革,是由于美国在20世纪30年代初深陷大萧条的泥潭,实践证明自由放任的经济政策无法使美国走出这次严重的经济危机。经济危机中大量工人失业,社会混乱,经济停滞,而苏联的社会主义成功实践引起了西方资本主义国家的反思。罗斯福上任后为了走出经济危机,恢复经济社会发展秩序,采取了由政府干预经济的措施,从此资本主义开始进入国家垄断资本主义阶段。

2. 结合材料理解国家垄断资本主义的内涵。

国家垄断资本主义是国家政权和私人垄断资本融合在一起的垄断资本主义,其主要形式有五种:第一种是国家所有并直接经营的企业;第二种是国家与私人共有、合营企业;第三种是国家通过多种形式参与私人垄断资本的再生产过程;第四种是宏观调节,主要是国家运用财政政策、货币政策等经济手段;第五种是微观规制,主要是国家运用法律手段规范市场秩序。罗斯福新政制定了多种法律来规范经济发展,并建立了国有企业,或是与私人合作建立企业,通过向私人企业订货、补贴等方式来影响企业发展。二战后,西方资本主义国家纷纷效仿美国由政府干预经济,建立国有企业或是国私合营企业等,20世纪70年代后,资本主义国家又通过各种方式将国有企业私有化。运用财政政策和货币政策逆经济风向调控经济是国家垄断资本主义经常使用的手段。20世纪60年代后期,资本主义国家纷纷陷入滞胀,为解决滞胀,以英国和美国为代表的资本主义国家又回归了自由放任的经济政策。

3. 罗斯福新政有没有改变资本主义国家的性质?结合材料分析理解国家垄断资本主义的本质。

富兰克林·罗斯福让联邦政府通过社会保障法、最低工资法律、福利法律、政府雇用以及其他措施,承担起保障美国人民经济安全的责任,支持人们获得经济上的自由。但罗斯福新政所采取的上述措施是为了维护整个资产阶级的利益,维护资本主义制度。罗斯福新政是在美国资本主义深陷危机的时刻通过干预经济和缓和社会矛盾挽救了资本主义,并没有从根本改变资本主义国家的性质。但国家垄断资本主义使资本主义生产关系在自身范围内发生部分质变,标志着资本主义发展进入了新的阶段。

4. 进入国家垄断资本主义阶段后,资本主义生产关系出现了一些新的变化,结合材料理解资本主义新变化的原因。

第二次世界大战后,资本主义发生新变化,具体体现在所有制关系、分配关系、劳资关系、政治制度等多方面。

第二次世界大战后资本主义国家建立了一些国有企业、国私合营企业等,这是由于随着科学技术革命和生产力的发展,生产社会化程度不断提高,生产资料需要在更大范围内被支配;资本主义国家还建立了保障体系,提高工人的福利待遇,目的是缓解生产和消费的矛盾,避免经济危机发生。企业主动建立员工持股制度,使工人持有一定的企业股份,并凭借股份获得一部分企业剩余价值,这在一定程度上也使资本主义的所有制关系和分配关系发生部分质变。企业之所以实施员工持股计划是为了缓和劳资矛盾,提高工人的生产积极性。正因为有利于缓和劳资矛盾和提高企业工人生产积极性,员工持股计划得到了政府的支持。此外,西方资本主义世界大萧条时苏联社会主义建设的成就使西方开始思考计划经济的优越性,社会主义制度初步显示的优越性对当代资本主义产生了重要影响。

5. 资本主义生产关系的新变化有没有改变资本家与工人的地位?试结合材料分析理解资本主义新变化的实质。

资本主义进入国家垄断资本主义阶段之后,私人垄断资本仍然是其最主要的资本形式。在国家垄断资本主义阶段,资本主义国家福利制度的完善、经理管理和资本的民主化的发生,一定程度上改善了劳资关系,缓和了社会矛盾,如劳动者成为持股者以后,不再像以前那样强烈反对政府的减税政策,不再像以前那样反对资本家,工会运动力量削弱,使资本主义经济得到较稳定的发展。虽然这些措施使工人不再是一无所有,但这些措施并没有从根本上改变资本家与劳动者之间的雇佣与被雇佣的关系,因为在总资本中,劳动者的资本所占比重仍低于垄断资本比重,而且劳动者人数众多,股权非常分散,单个劳动者的股权相对于垄断资本来说就微乎其微了,其所分得的剩余价值相比垄断资本来说也是微乎其微,因此,这种生产关系的变化只是资本主义生产关系的部分质变,当代资本主义发生的变化是在资本主义制度基本框架内的变化,并不意味着资本主义生产关系的根本性质发生了变化,资本家与劳动者根本上仍是雇佣和被雇佣的关系。

从撒切尔夫人的改革来看,当经济发展遇到滞胀时,资本主义国家政府又进行了削减福利、将国有企业出卖给个人的改革,这说明资本主义国家的福利制度、国有企业都是为了服务私人垄断资本,而不是为了提高劳动者的福利待遇。

6. 罗斯福新政使美国走出了大萧条,撒切尔夫人改革和里根改革分别使两国走出了经济滞胀,结合材料分析理解资本主义国家的改革能否根本解决资本主义生产关系和生产力的矛盾?为什么?

罗斯福新政所采取的措施确实使美国走出了经济危机,战后各主要资本主义国家效仿美国也取得了一定的效果,劳动者收入也相应有所提高,使资本主义经济从战后到 20 世纪 60 年代末持续稳定增长,但这些并不能从根本上解决资本主义国家的内在矛盾,这些矛盾由于国家干预并没有表现出来,但矛盾积累的结果是资本主义国家普遍陷入滞胀,经济停滞和失业并存。

在国家垄断资本主义手段对滞胀束手无策时,撒切尔夫人和里根总统又进行了一次削减福利、减税和放松管制的改革,使资本主义一定程度上又回归到自由放任的状态。改革使资本主义经济走出滞胀,但又加剧了资本主义的内在矛盾,收入差距拉大,其结果是爆发 2008 年国际金融危机。这次危机是自 20 世纪 30 年代大萧条以来最为严重的全球性经济危机,它迅速从局部发展到全球,从发达国家传导到新兴市场国家,从金融领域扩散到实体经济领域,造成了一系列灾难性后果。在这场危机的影响下,西方国家经济发展"失调",政治体制"失灵",社会融合机制"失效"。

因此,无论是罗斯福新政加强政府干预的改革,还是撒切尔夫人和里根的回归自由放任的改革,都不能从根本上解决资本主义生产关系和生产力的矛盾。

7. 结合材料分析资本主义发展的历史趋势。

任何社会形态都具有暂时性,都要经历产生、发展、灭亡的过程,资本主义也是如此。从人类社会发展的长河来看,资本主义终究要被社会主义所取代,这是历史发展的基本趋势。从案例材料看,资本主义国家为解决其生产关系和生产力的矛盾也在主动地进行改革,这些改革是资本主义生产关系的量变或部分质变,是资本主义生产关系的自我否定。如在传统资本主义生产关系中劳动者一无所有,现在资本主义国家的一些劳动者可以拥有一些股权分得一些剩余价值,尽管股权比重很少,分得的剩余价值也很少,但毕竟使资本主义生产关系发生了一些变化。量变或部分质变的积累达到一定程度必然会引起质变,使资本主义最终从根本上否定自身,被新的生产关系所代替。

五、本专题小结

任何社会形态都要经历一个产生、发展和走向衰亡的过程,资本主义也是如此。本专题主要介绍随着资本主义社会基本矛盾的发展,资本主义社会的动态演进过程。第二次世界大战后,资本主义经历了一个繁荣发展的时期,经济和社会生活出现了一些新的变化。近年来,资本主义世界又发生了以金融危机为标志的经济和社会性危机。在这一过程中,资本主义无论是从生产关系,还是从上层建筑方面都发生了量变或部分质变,这是资本主义的自我否定。

资本主义的发展经历了两个阶段:自由竞争资本主义阶段和垄断资本主义阶段。19 世纪 70 年代以前,资本主义处于自由竞争阶段;从 19 世纪 70 年代开始,自由竞争资本主义逐步向垄断资本主义过渡;19 世纪末 20 世纪初,垄断代替自由竞争并占据统治地位,垄断资本主义得以形成。

私人垄断资本主义是在生产集中和资本集中的基础上形成的。所谓垄断,是指少数资本主义大企业为了获得高额利润,通过协议或联合,对一个或几个部门商品的生产、销售和价格进行操纵和控制。自由竞争引起生产集中和资本集中,生产集中和资本集中发展到一定阶段必然引起垄断,这是资本主义发展的客观规律。

垄断的产生有以下原因:第一,当生产集中发展到相当高的程度,极少数企业就会联合起来,操纵和控制本部门的生产和销售,实行垄断,以获得高额利润。第二,企业规模巨大,形成对竞争的限制,也会产生垄断。第三,激烈的竞争给竞争各方带来的损失越来越严重,为了避免两败俱伤，企业之间会达成妥协，联合起来，实行垄断。垄断是通过一定的垄断组织形式实现的。垄断组织是指在一个或几个经济部门中，占据垄断地位的大企业联合。

垄断是在自由竞争中形成的，是作为自由竞争的对立面产生的。但是，垄断并不能消除竞争，反而使竞争变得更加复杂和激烈。这是因为：第一，垄断没有消除产生竞争的经济条件；第二，垄断必须通过竞争来维持；第三，社会生产是复杂多样的，任何垄断组织都不可能囊括包罗万象的社会生产。垄断条件下竞争的特点表现在：竞争是为获取高额垄断利润，并不断巩固和扩大自己的垄断地位和统治权力；竞争除了采取各种形式的经济手段，还采取非经济手段，使竞争变得更加复杂、激烈；在垄断时期，国际市场上的竞争越来越激烈，不仅表现为经济领域的竞争多种多样，而且表现在竞争扩大到经济领域以外。

金融资本是由工业垄断资本和银行垄断资本融合在一起而形成的一种垄断资本。在金融资本形成的基础上，产生了金融寡头。金融寡头是指操纵国民经济命脉，并在实际上控制国家政权的少数垄断资本家或垄断资本家集团。

垄断资本的实质在于获取垄断利润，垄断利润是垄断资本家凭借其在社会生产和流通中的垄断地位而获得的超过平均利润的高额利润。

国家垄断资本主义是国家政权和私人垄断资本融合在一起的垄断资本主义。国家垄断资本主义的产生，是垄断资本主义生产关系在自身范围内的部分质变，标志着资本主义发展进入了新的阶段。

国家垄断资本主义的形成和发展不是偶然的，它是科技进步和生产社会化程度进一步提高的产物，是资本主义基本矛盾进一步尖锐化的必然结果：首先，社会生产力的发展，要求资本主义生产资料在更大范围内被支配，从而促进了国家垄断资本主义的产生；其次，经济波动和经济危机的深化，要求国家垄断资本主义的产生；最后，缓和社会矛盾，协调利益关系，要求国家垄断资本主义的产生。

国家垄断资本主义的主要形式有五种：第一种是国家所有并直接经营的企业；第二种是国家与私人共有、合营企业；第三种是国家通过多种形式参与私人垄断资本的再生产过程；第四种是宏观调节，主要是国家运用财政政策、货币政策等经济手段；第五种是微观规制，主要是国家运用法律手段规范市场秩序。

国家垄断资本主义是垄断资本主义的新发展，它对资本主义经济的发展产生了积极的作用：首先，国家垄断资本主义的出现在一定程度上有利于社会生产力的发展；其次，资产阶级国家凌驾于私人垄断资本之上，代表整个垄断资产阶级的利益，调节经济过程和经济活动，这在一定范围内突破了私人垄断资本的狭隘界限；再次，通过国家的收入再分配手段，使劳动人民生活水平有所改善和提高；最后，在国家垄断资本主义的参与和干预下，各主要资本主义国家的农业、工业、商业、通信业及交通运输业的现代化水平迅速提高，社会生产和社会生活的面貌改观，加快了这些国家国民经济的现代化进程。但是，国家垄断资本主义的出现并没有从根本上改变垄断资本主义的性质。国家垄断资本主义在本质上是资产阶级国家力量同垄断组织力量结合在一起的垄断资本主义。

金融自由化与金融创新是金融垄断资本得以形成和壮大的重要制度条件。金融自由化和金融创新推动资本主义经济的金融化程度不断提高。金融垄断资本的发展，一方面促进了资本主义经济的发展，另一方面也造成了经济过度虚拟化，导致金融危机频繁发生，不仅给资本主义经济，也给全球经济带来灾难。

垄断资本在国内建立了垄断统治后，必然要把其统治势力扩展到国外，建立国际垄断统治。垄断资本向世界范围的扩展是通过跨国公司这一国际垄断组织形式实现的。

经济全球化是指在生产不断发展、科技加速进步、社会分工和国际分工不断深化、生产的社会化和国际化程度不断提高的情况下，世界各国、各地区的经济活动越来越超出某一国家和地区的范围而相互联系、相互依赖的过程。从本质上讲，经济全球化是生产力发展和社会化大生产的必然要求。经济全球化也是一把"双刃剑"，它在促进经济发展的同时也带来了一些负面影响。

第二次世界大战后，资本主义经济政治都发生了新变化。这些变化主要表现在以下几个方面：第一，生产资料所有制的变化。19世纪末20世纪初，随着股份公司成为主要的企业组织形式，私人股份资本所有制取代私人资本所有制成为占主导地位的所有制形式。第二次世界大战后，资本主义生产资料所有制又发生了新的变化，这就是国家资本所有制形成并发挥重要作用，法人资本所有制崛起并成为居主导地位的资本所有制形式。第二，劳资关系和分配关系的变化。随着社会生产力的发展和工人阶级反抗力量的不断壮大，资本家及其代理人开始采取一些缓和劳资关系的激励制度，如职工参与决策、终身雇佣、职工持股，以及建立普及化、全民化的社会福利制度,等等。第三,社会阶层和阶级结构的变化。一是资本家的地位和作用已经发生很大变化;二是高级职业经理成为大公司经营活动的实际控制者;三是知识型和服务型劳动者的数量不断增加,劳动方式发生了新变化。第四,经济调节机制和经济危机形态的变化。第二次世界大战后,资本主义国家为尽快恢复国民经济,在继续发挥市场机制主导性作用的同时,开始对经济进行全面干预。第五,政治制度的变化。政治制度出现多元化的趋势,公民权利有所扩大。

第二次世界大战后,资本主义发生新变化的原因主要有以下几个方面:首先,科学技术革命和生产力的发展,是当代资本主义发生新变化的根本推动力量。其次,工人阶级争取自身权利和利益的斗争,是推动当代资本主义发生新变化的重要力量。再次,社会主义制度初步显示的优越性对当代资本主义产生了重要影响。最后,主张改良主义的政党对资本主义制度的改革,也对当代资本主义新变化发挥了重要作用。当代资本主义发生的变化是在资本主义制度基本框架内的变化,并不意味着资本主义生产关系的根本性质发生了变化。

由美国次贷危机引发的2008年国际金融危机是自20世纪30年代大萧条以来最为严重的全球性金融危机,它迅速从局部发展到全球,从发达国家传导到新兴市场国家,从金融领域扩散到实体经济领域,造成了一系列灾难性后果。在这场危机的影响下,西方国家的经济生活、政治生活和社会民生等方面出现了经济发展"失调",政治体制"失灵",社会融合机制"失效"等问题。

与封建社会相比,资本主义显示出巨大的历史进步性:第一,资本主义将科学技术转变为强大的生产力;第二,资本追求剩余价值的内在动力和竞争的外在压力推动了社会生产力的迅速发展;第三,资本主义的意识形态和政治制度作为上层建筑在战胜封建社会自给自足的小生产的生产方式,保护、促进和完善资本主义生产方式方面起着重要作用,从而推动了社会生产力的迅速发展,促进了社会进步。

然而,资本主义的历史进步性并不能掩盖其自身的局限性,表现在:第一,资本主义基本矛盾阻碍社会生产力的发展;第二,资本主义制度下财富占有两极分化,引发经济危机;第三,资产阶级支配和控制资本主义经济和政治的发展和运行,不断激化社会矛盾和冲突。

资本主义基本矛盾导致资本主义社会条件下经济危机不可避免,阶级矛盾不会消失,资本主义灭亡的趋势是不可避免的,但由于资本主义在发展过程中,为了解决资本主义生产关系和生产力的矛盾,解决上层建筑和经济基础的矛盾,从政府到私人资本都对制度进行了变革,使得资本主义所有制关系、分配关系、阶层阶级关系以及国家对经济的调控职能等方面都发生了变化,使资本主义的生产关系和上层建筑能够适应生产力的不断发展,使得资本主义仍然能够焕发出生机。

但从人类社会发展的长河看,资本主义终究要被社会主义所取代,这是历史发展的基本趋势。第一,资本主义基本矛盾"包含着现代的一切冲突的萌芽";第二,资本积累推动资本主义基本矛盾不断激化并最终否定资本主义自身;第三,国家垄断资本主义是资本社会化的更高形式,将成为社会主义的前奏;第四,资本主义社会存在着资产阶级和无产阶级两大阶级之间的矛盾和斗争。因此,马克思关于资本主义必然灭亡的决断是正确的,符合社会发展规律。资本主义之所以仍具有生命力,是因为资本主义国家通过改革一定程度上解决了生产力与生产关系,经济基础与上层建筑的矛盾,顺应了社会发展规律,但当资本主义生产系再也不能为生产力释放发展的空间时,资本主义就趋于灭亡。

资本主义向社会主义的过渡必然是一个复杂的、长期的历史过程。首先,任何社会形态的存在都有相对稳定性,从产生到衰亡都要经过相当长的时间跨度;其次,资本主义发展的不平衡性决定了过渡的长期性;最后,当代资本主义的发展,还显示出生产关系对生产力容纳的空间,说明资本主义为社会主义所代替尚需较长时间。

六、延伸阅读

1. 马克思、恩格斯:《共产党宣言》,人民出版社2018年版。
2. 列宁:《帝国主义是资本主义的最高阶段》,人民出版社2015年版。
3. 习近平:《共担时代责任,共促全球发展》,载《求是》2020年第24期。

七、考核案例

金融危机后的美国

金融危机之后的12年,奥巴马和特朗普总统先后上任,他们分别实施了奥巴马新政和特朗普新政两种截然相反的政策。

1. 奥巴马新政

2009年奥巴马临危就任美国总统,他所面临的国内局面是:受个人消费支出和私人国内投资下降以及由此带来的进口减少的影响,美国实际国内生产总值出现负增长,消费价格指数下跌,国内采购和零售销售额下降,公司倒闭或被并购,使得众多行业陷于萧条状态,失业率持续攀升,实际个人可支配收入不断下降,消费者信心指数大跌,经济危机进一步加深。为了重振美国经济,奥巴马采取了一系列刺激经济复苏的新政措施。

为应对危机,奥巴马早在2008年11月竞选获胜后,就让其经济班子紧锣密鼓地筹划一项大规模的经济刺激计划,但一直遭到共和党的强力抵制。在民主党的极力推动下,参议院和众议院直到2009年2月13日才通过该计划的最终版本。2009年2月17日,奥巴马签署了《美国复兴与再投资法》,又称经济刺激法案。该法案代表了联邦政府在力图扭转日益恶化的经济形势方面作出的巨大努力。经济刺激计划总共投入7870亿美元,包括减税和政府投资两大部分。其具体项目有:为劳动者和企业减税、降低医疗成本、促使教育现代化、优化环境、为低收入者和失业者及退休者提供补贴、建设基础设施、建设政府部门公共设施、开发新能源、解决住房问题、发展高科技等。而政府投资则是这项计划的重点,奥巴马政府希望,在私营部门受到金融危机严重打击的情况下,通过大规模政府开支,扩大就业,拉动经济增长。奥巴马新政扭转了实际国内生产总值大幅下降的趋势,实际国内生产总值由下降速度放缓到实现增长,商品和服务消费支出增多,私人存货减少和固定资产投资增加,出口扩大,金融部门恢复元气,主动要求偿还政府救助金。新政大量资金的投入也带来一系列问题,例如,联邦政府财政赤字激增,贸易逆差增加,失业率持续攀高,并由此遭到国内外不少人士的批评。

让奥巴马引以为傲的是他推动了医保法案的通过和实施。在他的推动下,2010年3月21日,奥巴马医改法案以219票赞成、212票反对的微弱优势在众议院获得通过。根据新法律,美国公民必须购买医疗保险,联邦政府将为无力购买医保的人提供补助;凡雇用超过50名员工的企业必须向员工提供医保,政府将对为员工购买医疗保险的小企业减免税收;对高收入群体加征个人所得税并对高额保单加征消费税等。该项改革被称为美国社会保障体系45年来最大的变革,3600万没有医保的美国人将被纳入医保范围,医保覆盖面将扩大至96%。奥巴马医改方案的目标是

"广覆盖"和"低成本",为美国全民提供"可以负担得起"的医疗保险。法案的主要内容包括:2014 年实现全民医保;联邦政府对低收入家庭给予医保补贴;建立以州为基础的医疗保险交易所,通过税收调节医疗保险费用;加强对保险行业的监督,要求保险公司不得以投保者的过往病史为由拒保或者收取高额保费等。

美国是发达国家中唯一没有实行全民健康保险或国家卫生服务制度的国家。美国的人均医疗费用为 8600 美元,是其他发达国家的 2 倍左右,是个名副其实的"病不起"的国家。这与美国的经济大国地位是不相称的。因而,建立全民医疗保障体系,一直都是美国人的一个梦。

在奥巴马任职时期,美国逐渐走出了经济衰退与停滞。《今日美国》说,奥巴马作为总统的第一份工作是将支离破碎的美国经济碎片拼凑起来。尽管过程并不平顺,但奥巴马最终还是成功了。他留下了一个远比继承时强劲的经济,失业率下降至 4.6%,股市接连触及新高,原来未被健康医疗保险覆盖的 2020 万人被纳入健康医疗保险体系,这个国家也已经转向更加清洁的能源:天然气、风能和太阳能。

但另一方面,奥巴马在卸任时也表示,美国经济发展的同时,贫富差距问题非常严重,最富有的 1% 人口集中的财富和收入越来越多。另外,由于减税和增加支出,奥巴马任职的 8 年,美国国债就增加了 9 万亿美元,再加上 1981 年至 2008 年的 28 年的累计,国债达到约 10 万亿美元,留给特朗普的是近 20 万亿美元的债务。

2. 特朗普新政

2017 年 1 月 20 日,美国第 45 任总统唐纳德·特朗普宣誓就职后,签署的第一道行政命令,就是叫停了奥巴马医改计划继而提出了被反对者认为是特朗普对富人献礼的医改法案,一个重要原因是奥巴马医改计划引起了富人的强烈不满。"奥巴马医改计划"实施后增加的开支通过减少联邦医疗项目开支和对富人增税等方式予以筹集。这等于让富人为穷人埋单,这种"劫富济贫"引起富豪阶级和中产阶级对医改的反感。

除了医改,"特朗普经济学"还瞄准推进美国实体经济复苏和增加居民就业的政策。从财税政策方面,进行公司所得税改革、个人所得税改革、扩大基础设施投资、扩大军事支出。从监管政策来看,放松金融监管、减少对制造业和基建项目的监管、放松能源监管。2017 年 12 月,在美国国会通过《减税与就业法案》前夕,总统特朗普曾经夸下海口:"对于中产阶级,对于就业,对于大多数人而言,这都将是极好的消息……我认为我们的国内生产总值增长年速最终将达到4%、5%,甚至是6%。我们东山再起了。我们真的就要开始嗨起来了。"

然而法案实施效果如何呢?道琼斯旗下的市场观察(Market Watch)新闻网站刊文指出,显而易见,减税确实对美国国内生产总值增长和就业局面改善提供了一点帮助,但这作用只有一年左右。美国经济增长于2019年趋向疲软,减税的推动力正在消退已经是不可辩驳的现实。真正"嗨起来"的,只有企业利润和股市。这一点好处的代价就是,在目力所及的时间内,美国都将不得不持续面对万亿量级的联邦预算赤字。对于大多数普通纳税人而言,《减税与就业法案》带来的好处是极为有限的。

2020年1月,加州大学伯克利分校的两位经济学家赛斯和祖克曼在他们的新书《不公正的胜利》中深入阐述了他们的观点,即超级富豪们没有承担他们本该承担的纳税义务。根据他们的研究,美国400个最富有家庭在2018年的平均实际税率为23%,比美国50%的收入底层家庭的24.2%低了1个百分点。这在很多选民看来是不可接受的,因为在1950年至1980年,富人常常要缴纳超过50%的税。在这样的历史条件下,继续给富人减税很难得到广大民众的支持。所以赛斯和祖克曼作为幕僚,一直建议民主党总统参选人伊丽莎白·沃伦提出旨在缩小贫富差距而且较为温和的"财富税"法案,即对超级富豪的存量财富每年征税。

2017年税改的争议焦点是,特朗普政府将富人承担比例较多的公司所得税税率从35%降至21%,造成了富人总体征收税率低于工薪阶层的实际执行效果。根据国会预算办公室的估算,收入居于中间的五分之一的家庭在2021年之前可以获得6.6%的收入增长,但是收入最高的五分之一的家庭却可以在同期获得高达17%的收入增长。由于减税法案从2018年年初开始执行,收入最高的5%家庭的综合税率降低了3%,而其余95%家庭只平均降低了1%。这些数据也增加了公众对于减税法案的批评声浪。根据CBS电视台的分析,造成这种现象的另外一个重要原因是投资性收入的增加幅度远远高于工资性收入。从2016年至2021年,工资的平均增长幅度可能只有1.3%,但是资本增值的幅度却可以达到6.3%。

美国政府的减税政策进一步加剧了民众的收入不平等,在德意志银行集团列出的2020年经济和市场面临的20种风险名单中,财富不平等、收入不平等和医疗保健不平等的现象持续增加竟然位列第一。摩根大通首席执行官杰米·戴蒙也指出,美国收入不平等是个大问题。他承认,收入不平等正对美国造成损害,特别是对于那些看着首席执行官们的薪酬飙升而自己的收入却停滞不前的人而言。他说:"我认为富人在很多方面变得越来越富有。而在大约15年左右的时间里,中产阶级的收入却停滞不前,这对美国并不是很好。"

与特朗普的减税政策相比,美国另一位总统候选人、马萨诸塞州联邦参议员伊丽莎白·沃伦主张的富人税则更讨普通民众欢心,毕竟富豪只是少数,这也是其在民主党的总统初选中人气大涨的部分原因。按照沃伦此前提出的征税计划,资产超过5000万美元的家庭需每年纳税2%,超过10亿美元的家庭则需纳税3%,后又提高到6%。不过,沃伦主张的征税力度如此之大,也引发了包括美国前首富比尔·盖茨以及华尔街金融大佬在内的富豪的担忧与不满。盖茨曾公开表示,担心高额税收会导致财富大缩水。一些华尔街金融大佬们也警告称,沃伦的财富税或引发美股暴跌。

3. 美新冠患者出院后收到巨额账单

在新冠肺炎疫情的冲击之下,美国失业率居高不下。当地时间2020年8月20日,美国劳工部公布的数据显示,截至8月15日的一周,美国单周首次申领失业救济金的人数重返100万之上,达到110.6万人,远超预期,美国就业市场复苏依然步履蹒跚。随之而来的一个严重问题就是:大量美国人因为失业失去医疗保险,完全无法承担治疗新冠肺炎的巨额费用;即便是眼下还有医疗保险的美国人,也依然为收到的账单感到心惊。

据美国媒体报道,西雅图一名叫迈克尔·弗洛尔的70岁的新冠肺炎患者痊愈出院后,收到了总额超过了112万美元(约合793.6万元人民币)的账单。弗洛尔在医院接受治疗期间,一度病危。好在住院62天后,他最终痊愈。然而出院后,他收到了一份巨额账单。弗洛尔说,他看到账单时,心脏几乎再度停跳。

感染了新冠肺炎的珍妮特·门德斯在入院治疗一个月后康复出院。她在纽约接受"今日俄罗斯"电视台记者采访时说,在她出院之前,家中就已经开始陆续收到医院的账单,目前收到的账单总额高达近40万美元,约合人民币273万元。除去医疗保险支付的部分,她仍然需要支付7.5万多美元,约合人民币52万元,而这还不是全部。珍妮特说,医院的账单还没开完,像救护车费用、急救费用以及放射科、心脏科等的费用,这些都是分开计算的,预计她还要为此支付 6000—16000 美元。

不过,迈克尔·弗洛尔、珍妮特·门德斯拥有包括联邦医疗险在内的保险,因此他们应该不必自掏腰包支付大部分医药费。但对于没有医保的低收入群体而言,这笔高昂费用让他们望而却步。凯撒医疗集团的分析数据显示,在美国,新冠肺炎的平均治疗费用可能高达 2 万美元(约合 14 万元人民币),即使有医保,这其中需要个人支付的费用至少也有 1300 美元(约合 9211 元人民币)。据美国国会预算办公室的数据,2019 年,有约 3000 万美国人没有医疗保险,而这一数字到 2029 年可能升至 3500 万。盖洛普咨询公司此前一项研究曾披露,在美国,每 7 个成年人中就有 1 人因担心治疗费用高昂,即使出现新冠肺炎相关症状,也不会去医院就诊。"谁来为医药费埋单?"这是纽约市一位新冠肺炎患者去世前最后的话。当这位患者被告知由于病重需要上呼吸机时,可能产生的高额账单是他最担心的问题。护士史密斯将患者的这则临终遗言发布在社交媒体上,并评论道:"看到病人在临终之际,最担心的仍然是治疗费用,是一件很令人心碎的事。这个国家是一个失败的国家。"

分析人士指出,美国医保制度的缺陷与新冠肺炎疫情的蔓延已经形成了恶性循环,疫情导致大量美国人失业、失去医疗保险,没有医保的人因为无力承担费用而选择不去检测、不去治疗,更加剧了疫情传播的风险,这也是美国迟迟未能控制住疫情的原因之一。

参考文献

1. 林珏:《奥巴马"新政"措施及效应分析》,载《上海财经大学学报》2010 年第 3 期。

2. 林莉、李跃平、黄子杰:《奥巴马医改的动因、内容及启示》,载《医学与社会》2011 年第 3 期。

3. 曾尔恕、刘明:《美国促进就业的联邦立法对我国的启示——以罗斯福新政和奥巴马新政为例》,载《社会科学辑刊》2011 年第 2 期。

4. 张新宁:《特朗普为何废除"奥巴马医改计划"》,载《红旗文稿》2017 年第 4 期。

5. 《特朗普减税法案是否仅仅偏袒富人?》,载新浪网,http://finance.sina.com.cn/roll/2020-01-18/doc-iihnzhha3193537.shtml。

6. 《"特朗普减税2.0"又回来了:"中产阶级"所得税率降至15% 与

沃伦"富人税"针锋相对》,载和讯网,https://news.hexun.com/2019-11-13/199254107.html。

7.《美国70岁新冠患者出院收到巨额账单:项目近3000个 收费近800万》,载凤凰网,https://news.ifeng.com/c/7xLnB8BYFrE。

8.《美国新冠肺炎患者出院后,收到近400000美元巨额账单来源》,载央视新闻网,http://tv.cctv.com/2020/08/24/ARTIzSa3H2rb VSpFWXUBdwHJ200824.shtml。

案例问题思考

1. 奥巴马新政和罗斯福新政都主张增加支出加强政府干预,但为什么不能改变收入差距扩大的趋势?试结合材料进行分析。

2. 让富人不满的奥巴马新政其主要目的是维护广大低收入阶层的利益吗?为什么?试结合材料运用马克思主义基本原理进行分析。

3. 特朗普为什么要坚决废除奥巴马医改计划?试结合材料运用马克思主义基本原理进行分析。

4. 结合材料分析特朗普新政能缓和资本主义社会的矛盾吗?

5. 从奥巴马新政和特朗普新政来看,资本主义改革能否从根本上解决资本主义基本矛盾?为什么?

专题十一 社会主义和共产主义:自由而全面发展的逐步实现

一、主要内容、重难点问题

1. 主要内容
人的自由而全面发展的内涵
人的自由而全面发展在共产主义实现的可能性
人的自由而全面发展实现的条件
人的自由而全面发展的实现过程

2. 重难点问题
重点:人的自由而全面发展在共产主义实现的可能性;人的自由而全面发展实现的条件

难点：人的自由而全面发展在共产主义实现的可能性

二、学习目标

了解人的自由而全面发展的内涵，理解人的自由而全面发展在共产主义社会实现的可能性，掌握人的自由而全面发展的实现条件，认识到人的自由而全面发展需要经历一个从社会主义到共产主义逐步实现的过程，理解人的自由而全面发展的实现具有历史必然性和长期性。通过学习，使同学们坚定理想信念，积极投身新时代中国特色社会主义事业。

导入问题：

每个人自由而全面的发展能实现吗？如何实现？

三、导学案例及问题思考

一场与新型冠状病毒的战争

1. 新冠疫情暴发，武汉封城

2019年12月，武汉出现新型冠状病毒感染病例。作为九省通衢之地，武汉人口超过1000万，大量的人口流动，增加了疫情防控难度。为全力做好新冠肺炎疫情防控工作，有效切断病毒传播途径，23日凌晨，武汉市新冠肺炎疫情防控指挥部发布通告："自2020年1月23日10时起，全市城市公交、地铁、轮渡、长途客运暂停运营；无特殊原因，市民不要离开武汉，机场、火车站离汉通道暂时关闭。恢复时间另行通告。"武汉全市上下进入"战时状态"。与此同时，随着其他多个省市也相继出现疫情，各地纷纷将疫情响应提高为一级，城市的居民小区、农村的各个村庄都实施封闭式管理，以防止疫情的扩散。

随着疫情的发展，涌向医院的患者越来越多，武汉市各定点医院医护人员、医疗资源严重不足，医院内病床不足，医院门诊处等待就诊的病人排起很长的队伍。大量确诊的轻症患者在家隔离，这对武汉疫情防控来说是一大隐患，因为如果大量轻症患者居家或疑似病人在社区活动，将加速疫情的扩散。此外，在医院床位紧缺的情况下，这些患者若得不到有效治疗，病情有可能加重甚至有生命危险。"时间就是生命，收治工作刻不容缓，必须争分夺秒，全力以赴救治患者。"中央赴湖北指导组一再指出，要不折不扣地落实"四类人员"分类集中管理措施,真正做到应收尽收、不漏一人。为了使危重症、重症患者得到及时救治,火神山、雷神山医院及多家方舱医院以中国速度先后建成。

2. 与病毒赛跑,用速度和科技筑起生命的防护墙

由于医疗资源紧张、床位不足等问题,需要用中国速度与疫情赛跑,首先,由中建三局牵头,武汉建工、武汉市政、汉阳市政等企业参建,在武汉知音湖畔5万平方米的滩涂坡地上,7500名建设者和近千台机械设备,向全体国人和倍受煎熬的武汉市民立下军令状——"十天,建成一所可容纳1000张床位的救命医院"。北京中元国际工程设计研究院在78分钟内,将17年前小汤山医院的设计和施工图纸全部整理完毕,然后毫无保留地交给武汉中信建筑设计院,并由全国勘察设计大师黄锡璆博士反复叮嘱经验得失。中信建筑设计院在1小时内召集60名设计人员,同时设立公益项目,联络全国数百名BIM设计师共同参与,全力以赴投入战斗:24小时内拿出设计方案,60小时内与施工单位协商敲定施工图纸。武汉航发集团迅速进场开始场地平整、道路以及排水工程施工;同时由两家上市公司高能环境和东方雨虹组成紧急工程建设团队,负责防渗工程、污水处理和医疗垃圾转运设施建设;建设最困难的时候召唤中铁工业旗下的中铁重工,火速增援追赶工期。260多名国家电网电力职工不眠不休24小时连续施工,在2020年1月31日前完成两条10千伏线路迁改、24台箱式变压器落位工作、8000米电力电缆铺设,并按时开始送电。亿纬锂能在电力电缆铺设完成前,紧急提供静音发电车,以解决通信基站等关键设备的应急供电问题。华为、中国移动、中国电信、中国联通、中国铁塔、中国电子、中国信科等前后方企业紧密配合、协同作战,在36小时内迅速完成5G信号覆盖后,还交付了云资源、核心系统的计算与存储设备,并建成与解放军总医院的远程会诊系统。

在中央指导组的推动下,作为武汉收治新冠肺炎确诊轻症患者的关键举措,紧随着火神山、雷神山医院的步伐,在武汉三镇大地上,一批被誉为"生命之舱"的方舱医院建设启用。尽管方舱医院的医疗条件并不像正规医院那样完备,但是能够适应和满足轻症患者的首要需求:与家人和社区、社会隔离,避免疫病传播;患者得到医疗照护,特别是能够对患者进行病情监测,一旦出现病情加重,可以立即转定点医院进行强化治疗,远比从家里到发热门诊就医要便捷。由于患者在方舱医院得到了医疗和生活方面很好的照顾,医患关系和谐,很多患者痊愈后甚至不愿出舱。由于方舱收治的是轻症患者,随着患者痊愈出舱,方舱医院很快出现了"床等人"的情况。

3. 团结一心,共同抗疫

从解放军战士除夕星夜驰援,到各地医疗救助队陆续抵达,作为重灾区的湖北得到了来自全国和社会各界的支持和援助。疫情防控阻击战打响以来,武汉市是全国上下全力支援的目标。然而,与中心城市"十万火急"的救助相比,湖北省的中小城市和广大农村地区受到的关注和支持相对不足,医疗资源库存紧张,患者的确诊和救治存在一定难度,甚至有县政府在官网上打出了"SOS"的紧急求助公告。国家卫健委以16个省"一省包一市"的方式对口支援湖北武汉以外地市,全力支持湖北省的救治工作,维护好人民群众的生命安全和身体健康。这对湖北省疫情严峻、复杂、多发的态势来说,无疑是一支强心剂,令人振奋。"一省包一市"的做法正是"对症下药",这既是全国一盘棋的防控思路,也是一方有难、八方支援的强大合力。

社会各界人士为疫情献爱心。14家洛阳家具企业连夜赶工生产出价值20万元的文件柜,发货之后却说"不用买,我们捐";河南沈丘白集镇退伍老兵王国辉驱车300千米将冬瓜、上海青、香菜等8000斤蔬菜在除夕之夜直接送到工地;并不富裕的四川省资中县水南镇农民黄成精挑细选1吨"资中血橙"发至武汉;营业不到一年的淘宝店店主金辰不忍看到昼夜赶工的工人们席地而坐捐献了400个板凳;等等。

为了防止疫情传播,许多城市居民小区、农村村庄从春节开始就实施了封闭管理。封闭式管理有效地减少了人与人之间的接触,疫情逐渐得到控制。由于前线医务人员的奋力救治,治愈出院的患者越来越多,确诊和疑似患者增速越来越慢,中国抗疫取得了巨大成就。

4. 战疫中,克服困难上网课

开学时间到了,鉴于疫情防控需要,全国各高校、中学和小学全部延迟开学,何时开学视情况而定。虽然停学,但课不能停,网课成了全国各地学校在疫情下的选择。

网课需要一定的硬件条件和教学资源。我国近年来互联网及通信设施迅速发展,智能手机基本得到普及,为网课提供了很好的条件。据中国互联网络信息中心的统计,截至2019年6月,中国互联网普及率是61.2%,在8.54亿的庞大网民队伍中,有2.25亿农村网民;截至2019年

10月,中国行政村通光纤、通4G的比例双双超过98%;在线教育的用户有2.32亿人。另外,为适应网课需要,各大运营商派技术人员突击攻坚,紧急敷设光缆,先解燃眉之急;教育部在中国教育电视台推出空中课堂,开通直播卫星平台,覆盖网络信号弱、有线电视未通达的地区;国家中小学网络云平台也整合了优质师资、课件,向全国中小学生输出,均衡教学内容。

应该说就整体而言,中国互联网发展程度较高,从而及时有效地在严格疫情防控措施与学生恢复上课之间建立了一种"应急式"的平衡。但是,由于中国发展不平衡,边远地区和贫困家庭,有一些孩子还缺少相应的上网条件和硬件设施。湖南省安全技术职业学院的西藏学生桑姆家住牧区,由于天气寒冷、冰雪覆盖,导致家里信号不好,且因疫情管控,不能去乡里、县里"蹭"网,为了不耽误学习,桑姆每天从家里出发,单程花费2个小时去海拔4580米左右的山上找信号上网课。虽然春天已到来,但是山上仍有大量积雪,十分寒冷,最低气温只有零下十七八度,最高也不过两三度。桑姆同学以冰冷的石头为凳,自己的双腿为桌,认真听课写作业。2月24日,西藏那曲西南民族大学大二学生德宗,因村里信号不好无法上网课,爬上海拔4800米的山顶,蹲在雪地举着手机寻找信号。在陕西省镇安县阳山村,多名村民因村中无网络信号,而选择在离家5000米的野外为孩子搭帐篷,十几个孩子坐着小板凳读书,家长则站在一旁,当地气温一度降到零下。在湖北汉川乡下,一名初三学生几节网课上完,耗尽了全家人仅有的20G手机流量,只得坐在有无线网络的邻居家墙边,露天上课。

5. 中国,疫情中最安全的乐土

为抗击疫情,中国人民团结一心,众志成城,共克时艰,疫情防控不断取得进展。2020年4月8日,在疫情得到控制的情况下,封城76天的武汉重新打开城门,武汉生产生活秩序得以恢复。此后,随着疫情得到控制,全国生产生活逐步正常,截至2020年8月22日,全国累计确诊病例90103人,死亡4716人,新增病例主要为输入病例,其间虽有北京、大连等地疫情再起但也很快得到控制。

对于中国的抗疫战争,联合国秘书长古特雷斯于2020年4月24日在日内瓦联合国人权理事会第43次会议的开幕式座谈会现场回答记者提问时说,为了有效防控新冠肺炎疫情,很多中国人无法过上正常生活,我要向所有目前生活在中国的人、那些无法过上正常生活的人表达感激之情,中国人民为防控疫情作出了巨大牺牲,他们正在为全人类作出贡献。

在中国疫情得到控制的同时,全球的疫情防控形势不容乐观。综观全球疫情,截至 2020 年 11 月 29 日,全球(除中国外)单日新增 143574 人,累计确诊 62274073 人,死亡 1449694 人。其中,美国累计确诊 13605048 人,单日新增 138064 人,累计死亡 272247 人,成为世界上疫情最严重的国家。

从全球疫情来看,抗疫任重道远。1918 年暴发的西班牙流感大流行持续了约两年时间,新冠肺炎目前仍处于大流行早期阶段。世界卫生组织总干事谭德塞在记者会上表示,希望我们能在两年之内结束新冠大流行,这关键是要在国家层面和国际层面团结协作,充分利用包括疫苗在内的抗疫工具。

资料来源

1.《对照〈火神山建设不完全手册〉,如何 10 天建一座医院》,载凤凰网,https://news.ifeng.com/c/7tu99UP48h8。

2.《人民网评:"一省包一市",同舟共济显优势》,载人民网,http://opinion.people.com.cn/n1/2020/0208/c223228-31577129.html。

3.《消除疫情下的"数字鸿沟",不能再拖了》,载中华网,https://military.china.com/topic/37498565_3.html。

案例问题思考

1. 实现每个人自由而全面的发展是马克思毕生所追求的目标,从案例材料可以看出,这一目标目前还没有实现,试结合材料分析实现每个人自由而全面发展的条件。

2. 在抗疫过程中,在党和政府的坚强领导下,在社会各界的积极努力下,我们运用先进的技术手段很快控制住了疫情,试结合材料分析实现每个人自由而全面发展的必然性。

3. 结合材料分析理解实现每个人自由而全面发展的长期性。

4. 社会主义是为实现每个人自由全面发展而积累条件的阶段,试结合材料分析为促进人的发展,社会主义初级阶段应遵循的原则。

四、案例问题解析示例

1. 实现每个人自由而全面的发展是马克思毕生所追求的目标,从案例材料可以看出,这一目标目前还没有实现,试结合材料分析实现每个人自由而全面发展的条件。

自由而全面发展包括人的自由发展和全面发展。自由发展是指在没有外在压力的情况下,人们根据自己的兴趣爱好发展自己多方面的才能。全面发展,一方面是指不仅体力和智力得到发展,而且人的社会联系和社会交往也得到发展;另一方面是指全体社会成员的发展,或每一个人的发展,而不是只有一部分人的发展。

自由而全面发展是共产主义社会中人的发展状态,也是共产主义社会的根本特征,其实现要有一定的生产力和生产关系条件予以保障:一方面,社会生产力高度发展,产品极大丰富,物质财富极大丰富,消费资料按需分配;另一方面,利益差别消失,社会关系高度和谐,人与自然的关系高度和谐。有了以上生产力和生产关系的条件,可以使人们不是被动地受客观条件、客观规律的支配,而是能够随着兴趣爱好发展自己多方面的才能,充分展现自己的个性。

从案例中可以知道,虽然我国生产力有了较高水平的发展,能够在短短10天之内建立起一座现代化的医院,能够动员足够的资源收治所有的病人,互联网技术的发展和电子产品的普及解决了因疫情而停课的问题,但是我们的生产力发展还不平衡不充分,还实现不了按需分配,一些人的正常需求还得不到满足,如案例中农村偏远地区的孩子还缺乏上网课的客观条件。由于生产力发展不平衡不充分,还存在着城乡差别、地区差别和行业差别,社会收入分配的差距会不可避免地使一些人得不到充分发展。更重要的是,人与自然不和谐的问题非常突出,此次疫情是人与自然之间矛盾的又一重要表现,同时也说明人类社会的发展程度还远远没有摆脱受必然支配的命运。因此,人的自由而全面发展只有在生产力充分而平衡发展以及社会关系高度和谐、人和自然高度和谐的基础上才能得到充分实现。

2. 在抗疫过程中,在党和政府的坚强领导下,在社会各界的积极努力下,我们运用先进的技术手段很快控制住了疫情,试结合材料分析实现每个人自由而全面发展的必然性。

实现每个人自由而全面发展具有必然性。每个人自由而全面发展是共产主义社会中人的发展状态。根据马克思主义唯物史观,生产力决定生产关系,随着生产力的发展,生产关系的不断变革,共产主义社会是可以实现的,这符合人类社会发展的一般规律。从案例中我们可以得知,疫情的暴发使感染者失去健康和自由,人们外出需要佩带口罩,需要保持社交距离,生产暂时停滞,学校不能如期开学,人们的自由受到限制。但在抗疫过程中,我国生产力的发展为我们战胜疫情提供了强大的物质力量,我们的科技水平能够使我们在短短 10 天内建立高科技的医院,互联网技术能够基本支撑全国上网课的需求。经过全国上下的共同努力,我国在较短时间内控制疫情,生产生活逐步回归正常,人们重新恢复了生产、生活和学习的自由。此次抗疫也充分地展现了我国社会主义制度的优越性,我国在党的领导下全面深化改革,不断地完善社会主义制度,解放和发展生产力,成为实现人的自由而全面发展的保障,并且随着生产关系的不断完善和生产力的不断发展,人的自由而全面发展也正在逐步得到实现。社会主义是为共产主义积累条件的阶段,也是人的自由而全面发展逐步实现的过程,社会主义社会生产力不断发展,社会主义生产关系不断完善,将逐步过渡到共产主义,最终实现人的自由而全面发展。

3. 结合材料分析理解实现每个人自由而全面发展的长期性。

自由而全面发展只有在高度发达的生产力和高度和谐的社会关系下才能实现,从案例中可知,我国社会资源分配还存在着地区、城乡和行业之间的差别,这充分说明我国的生产力发展状况还不平衡不充分,人与人之间还存在较大的利益上的差别,人与自然之间的关系很不和谐,而生产力的发展要达到很高的程度以实现消费资料按需分配还需要很长的时间,生产关系也要随着生产力的发展才能得到不断完善,这也是一个漫长的过程。另外,生产力发展客观上存在不平衡,以及个人之间存在差异,都决定了每个人自由而全面的发展不可能同时实现,而是一个由少数人到多数人、由较低水平的自由到较高水平的自由的过程。这些条件只有在社会主义社会充分发展和生产力高度发达的基础上才能实现。因此每个人自由而全面发展的实现具有长期性。

4. 社会主义是为实现每个人自由全面发展而积累条件的阶段,试结合材料分析为促进人的发展,社会主义初级阶段应遵循的原则。

每个人自由而全面的发展是共产主义社会人的发展状态,其实现是一个长期的过程,在社会主义阶段应坚持人民的主体地位,实现以人民为中心的发展,实现好、维护好、发展好人民群众的利益。我们党和国家始终把人民的健康和人民的利益放在首位,体现了社会主义的本质要求。为坚持人民的主体地位,实现以人民为中心的发展,社会主义社会应遵循的原则有:

第一,社会主义社会要在生产资料公有制基础上组织生产,以满足全体社会成员的需要为生产的根本目的。坚持公有制的主体地位,才能保证按劳分配的主体地位,才能保证人与人之间的平等关系。生产资料公有制是社会主义经济制度的根基,社会主义国家任何时候都不能放弃,但各国可以根据生产力发展水平和要求,探索公有制的具体实现形式。由于我国初级阶段的基本国情,决定了我国必须实行以公有制为主体、多种所有制经济共同发展的所有制结构。

第二,社会主义社会要对社会生产进行有计划的指导和调节,实行按劳分配原则。社会主义社会要有计划地指导和调节社会生产,同时也要根据国情找到适合自己的实现方式。坚持按劳分配是由公有制所决定的,也能够避免社会收入差距过大和保证人与人之间的平等地位,实现共同富裕。由我国基本国情所决定,我国当前实行以按劳分配为主体、多种分配方式并存的分配体制。

第三,社会主义社会要大力解放和发展生产力,逐步消灭剥削和消除两极分化,实现共同富裕和社会全面进步,并最终向共产主义社会过渡。只有解放和发展生产力,才能生产出极大丰富的物质财富和精神财富,才能满足人们各方面的物质文化需求,提升人们的生活水平,为实现人的自由而全面的发展创造条件。如案例所示,正是有相当发达的生产力才使我们拥有战胜病毒的物质和技术保障。

第四,要坚持共产党的领导,共产党的领导是社会主义的本质特征。从案例材料可知,共产党的领导是战胜疫情的强有力的保障,也是战胜各种困难、保持社会主义事业不断发展的保障。

第五,社会主义社会必须坚持科学的理论指导,大力发展社会主义先进文化。一方面,人的发展需要提高人的文化知识水平,不断提升人的综合素质;另一方面,社会主义先进文化是社会主义国家凝聚和激励人民的重要力量,是社会主义国家综合国力的重要标志。

第六,社会主义社会要合乎自然规律地改造和利用自然,努力实现人与自然的和谐共生。应该自觉地把实现人与自然的和谐共生作为社会发展的重要目标,以合乎自然发展规律、合乎人类幸福生活和追求美丽环境的方式来改造和利用自然,保持人与自然之间动态的平衡,疫情发生说明了人与自然的矛盾处于激烈对抗状态,也说明了人类必须处理好与自然的关系,否则人类的可持续发展就会受到来自自然的威胁。

五、本专题小结

自由而全面的发展是马克思主义理论的最高价值追求,也是共产主义社会的根本特征。在共产主义社会,人摆脱了自然经济条件下对"人的依赖关系",也摆脱了商品经济条件下对"物的依赖性",实现了人的"自由个性"的发展。在共产主义社会里,人的发展是全面的发展,不仅体力和智力得到发展,而且人的社会联系和社会交往也得到发展。共产主义社会中人的自由而全面的发展指的是全体社会成员的发展,或每一个人的发展,而不是只有一部分人的发展。

自由而全面发展是共产主义社会里人的发展状态。到共产主义社会,自然形成的、僵化的、不自觉的旧式分工得以消除,人们摆脱了"奴隶般地服从于分工"的情形,为人的自由而全面的发展创造了条件。共产主义社会里,人们只需要从事较少时间的劳动,就能为社会创造出足够的物质财富,自由时间的大大延长为人的自由而全面的发展提供了广阔的前景。在共产主义社会,由于劳动不再是固定僵化的旧式分工中的劳动,由于劳动时间变短和不再需要超时劳动,也由于劳动过程所具有的高度创造性等,劳动不再是单调枯燥和具有强迫性的活动,不再是单纯的谋生手段,而成为人们乐于从事的自我实现的活动,成为人生快乐的巨大源泉,成为"生活的第一需要"。共产主义是人类解放的实现,那时人类将最终从支配他们生活和命运的异己力量中解放出来,实现从必然王国向自由王国的飞跃,开始自觉地创造自己的历史。

在共产主义社会,社会生产力高度发展,物质财富极大丰富,消费资料按需分配;社会关系高度和谐,人们精神境界得到极大提升。在共产主义社会,阶级将会消亡,国家也将消亡,战争也将不复存在。由于社会生产力的巨大发展,工业与农业、城市与乡村、脑力劳动与体力劳动的差别——"三差别"必将归于消失。不仅社会是和谐的,而且人与自然之间也将达成和谐。与社会生产力的高度发展和社会关系的高度和谐相联系,人们的精神境界得到极大提升,具有高度的觉悟和高尚的道德品质,乐于为社会公共事业作出贡献已经成为人的本能。

自由而全面发展的实现需要很长的过程。自由而全面发展具有必然性,但需要经历一个十分漫长而且充满艰难曲折的历史过程。共产主义只有在社会主义社会充分发展和高度发达的基础上才能实现。社会物质财富的充分涌流,人的精神境界和道德品质的不断提高,共产主义新人的培养和成长等,都需要很长的时间。社会主义是共产主义的低级阶段,也是实现共产主义的必由之路。为了最终实现共产主义,必须坚定不移地走社会主义道路。

从16世纪初期兴起的社会主义思潮算起,社会主义到现在已经有五百年的历史。在这漫长的历史岁月中,社会主义经历了从空想到科学、从理想到现实、从一国到多国的发展,也经历了从苏联解体、东欧剧变到中国特色社会主义蓬勃兴起的过程。

科学社会主义基本原则是社会主义事业发展规律的集中体现,是马克思主义政党领导人民进行社会主义革命、建设、改革的基本遵循:第一,资本主义必然灭亡,社会主义必然胜利。第二,无产阶级是最先进最革命的阶级,肩负着推翻资本主义旧世界、建立社会主义和共产主义新世界的历史使命。第三,无产阶级革命是无产阶级进行斗争的最高形式,以建立无产阶级专政的国家为目的。第四,社会主义社会要在生产资料公有制基础上组织生产,以满足全体社会成员的需要为生产的根本目的。社会主义社会必须坚持生产资料公有制。第五,社会主义社会要对社会生产进行有计划的指导和调节,实行按劳分配原则。第六,社会主义社会要合乎自然规律地改造和利用自然,努力实现人与自然的和谐共生。第七,社会主义社会必须坚持科学的理论指导,大力发展社会主义先进文化。第八,无产阶级政党是无产阶级的先锋队,社会主义事业必须始终坚持无产阶级政党的领导。第九,社会主义社会要大力解放和发展生产力,逐步消灭剥削和消除两极分化,实现共同富裕和社会全面进步,并最终向共产主义社会过渡。第十,共产主义是人类最美好的社会,实现共产主义是共产党人的最高理想。

必须始终坚持上述科学社会主义基本原则,反对任何背离科学社会主义基本原则的错误倾向;要善于把科学社会主义基本原则与本国实际相结合,创造性地回答和解决社会主义革命、建设、改革中的重大问题;紧跟时代和实践的发展,在不断总结经验中进一步丰富和发展科学社会主义基本原则。中国特色社会主义是根植于中国大地、反映中国人民意愿、适应中国和时代发展进步要求的科学社会主义,集中体现了科学社会主义基本原则与当代中国实际、中华优秀传统文化的有机统一。

率先进入社会主义社会的俄国、中国等国家面临生产力发展状况的制约,经济基础和上层建筑发展状况的制约,国际环境的严峻挑战,马克思主义执政党对社会主义发展道路的探索和对社会主义建设规律的认识需要经历一个长期的过程,这些国家的社会主义建设也具有长期性。

社会主义的发展道路不是单一性的,而是多样性的,这是因为:第一,各个国家的生产力发展状况和社会发展阶段决定了社会主义发展道路具有不同的特点;第二,历史文化传统的差异性是造成不同国家社会主义发展道路多样性的重要条件;第三,时代和实践的不断发展,是造成社会主义发展道路多样性的现实原因。

各国应努力探索适合本国国情的社会主义发展道路,在探索社会主义发展道路的过程中,必须坚持马克思主义的科学态度,必须从当时当地的历史条件出发,坚持"走自己的路",必须充分吸收人类一切文明成果。社会主义在实践中开拓前进,必须遵循人类社会发展规律。

六、延伸阅读

1. 恩格斯:《共产主义原理》,《马克思恩格斯文集》(第 1 卷),人民出版社 2009 年版。

2. 恩格斯:《社会主义从空想到科学的发展》,《马克思恩格斯文集》(第 3 卷),人民出版社 2009 年版。

3. 习近平:《在纪念马克思诞辰 200 周年大会上的讲话》,载《人民日报》2018 年 5 月 5 日,第 2 版。

七、考核案例

材料 1 一位会说 15 国语言的柬埔寨男孩

2018 年 11 月初,一名马来西亚华裔女游客将一个柬埔寨小男孩用多国语言叫卖旅游纪念品的视频上传到网络,该视频点击量超千万。在这个名为"在柬埔寨暹粒市的语言天才"的视频中,身穿红色上衣、身材瘦小的小男孩手中拎着一篮纪念品,一路紧随游客兜售。他说自己会汉语(包括粤语)、英语、泰语、日语、德语、韩语、法语、马来语等。这位女游客听后非常惊讶,当即用多国语言与他对话。他为了卖出手中的纪念品,切换了如几种语言向这名女游客推销。女游客先用法语跟他说"Je fais coucou(你好)",小男孩马上用法语开始兜售纪念品。接着女游客用粤语跟小男孩交流,小男孩就用粤语介绍产品。随后,女游客又改用日语和他沟通,男孩立即用日语对答,说完又用中文跟女游客说:"买一个啦,1美金啊。"被女游客婉拒后,他又改用泰语继续推销纪念品。眼看还没有打动女游客,小男孩又说:"买1个唱歌给你听。"接着唱起《我们不一样》,甚至即兴改编歌词,最后终于打动了这位女游客,成功卖出了纪念品。男孩说,他一共会讲15个国家的语言,都是跟游客学的,不过这么多语言中,他最喜欢讲的就是中文。

这段视频在网上发布后,立即引起《人民日报》《新京报》等多家媒体的关注。此后,经记者采访,大家才知道,这个小男孩叫沙利,沙利一家生活拮据,父亲靠画画、卖画为生,但画作很难卖出去,还有外债累累。但在如此艰苦的环境下,沙利从7岁开始帮妈妈在旅游景点卖纪念品。8年的"卖货郎"生涯,让沙利学会了用多国语言叫卖推销的技能。沙利走红后,不仅向沙利爸爸买画的人多了,还有网友愿意资助沙利一家,甚至柬埔寨当地有个富豪主动把自己在金边的排屋免费提供给沙利和他的家人居住,方便沙利在金边上学,但沙利的父母却始终有一点担心。"自从沙利成名后,经常因为接受采访而旷课,成绩明显受到影响。我们还是希望对孩子的成长有长远规划。"

沙利成为"网红"后,他的命运被改变了。浙江省诸暨市的海亮教育园于2018年启动了"一带一路"国际英才留学中国公益项目,免费招收"一带一路"沿线国家贫困英才,他们被沙利的事迹感动,远赴柬埔寨找到了沙利。2019年1月,沙利和父母来到该校参观,漂亮的校舍和良好的读书氛围让沙利着迷。从此以后,来中国读书就成了沙利最大的愿望。事实上,沙利想来中国,还有自己的考虑。一方面是可以给父母省下养育他的钱,另一方面,他希望靠自己的努力,在未来给家人更好的生活。最终,父母同意了沙利的请求。2019年5月13日,沙利正式入学,开始了他在中国的求学生活。在这里,他接触到以前从没学过的课程,如数学、绘画、英文、中文、手工制作、烘焙,等等。虽然会说十几国语言,但沙利在文字书写上却很生疏,只会说,不会写。用老师的话来说,就是他的基础还很薄弱。而现在他已经掌握了1000个左右汉字的写法。

来到中国学习后,沙利说他的生活重压消失了,不需要上街去卖纪念品贴补家用了。过去为了贴补家用多卖点东西,他经常顾不上吃饭,艰难的生活在小沙利身上留下了印记。15岁的沙利身高只有1.4米,体重才

40多斤。沙利说他的梦想是考上北京大学。小沙利刚在网上走红那会儿,很多人看到他,都是先眼前一亮,觉得这孩子真有灵气,然后开始惋惜,这么好的孩子没书念。如今的沙利终于可以像个15岁的少年畅想未来了。

材料2　期待中的中国十二年义务教育

义务教育是国家统一实施的所有适龄儿童、少年必须接受的教育,是国家必须予以保障的公益性事业,又称强迫教育或免费义务教育。新中国刚成立时面临严峻的扫盲任务,毛泽东同志在1945年《论联合政府》的报告中提出:"从百分之八十的人口中扫除文盲,是新中国的一项重要工作。"在新中国刚刚成立还处于百业待兴时,中央领导就决定实施义务教育,体现了国家再穷也不能穷教育的坚定信念。1986年我国制定《中华人民共和国义务教育法》,以法律的形式规定实施九年义务教育制度。

2018年全国"两会"期间,相继有政协委员提议要在全国普及十二年义务教育。代表们提出,一些贫困家庭的学生特别是农村学生初中毕业后无法进入高中学习,为消除教育相对不公,让农村和城市的孩子享受平等的教育,应通过法律保障高中阶段的教育,因此要在总结深圳、珠海、浙江等发达地区十二年义务教育经验的基础上,尽快在全国范围内推行十二年义务教育制度。但也有代表认为,普及十二年义务教育的条件还不成熟:首先是财力不足,中国作为一个有14亿人口的大国,免收学杂费也是近十多年才得以实现,还有不少地方财政为此承受颇大压力,学生平均经费只能维持较低水平;其次是农村义务教育的师资状况普遍堪忧,不少农村学校现在仍然还有临时代课教师,不论数量还是质量都无法满足正常教学需求;最后是九年义务教育还未完全普及,如现在进城务工人员越来越多,外来子弟还有相当大比例未能进入公办学校,只能就读民办小学、初中,在那里他们仍然要交学杂费,在中西部仍有部分地区没有普及九年义务教育,这些地区经济社会发展水平较低,九年义务教育还未普及,何谈十二年义务教育? 在农村地区"普九"任务仍然很艰巨的情况下,提出十二年义务教育,势必会加剧本来就已经存在的教育不公平。

中华人民共和国教育部在《关于政协十三届全国委员会第一次会议第2051号(教育类219号)提案答复的函》(以下简称《答复》)中,针对政协十三届全国委员会第一次会议中代表们关于十二年义务教育的提案作出了回答。答复如下(节选):

党中央、国务院高度重视高中阶段教育。"十二五"以来,我国高中阶段教育取得了长足发展,2017年全国高中阶段教育毛入学率达到88.3%,比2016年提高0.8个百分点,有26个省份高中阶段毛入学率达到90%以上,全国初中毕业生升学率达到94.9%,越来越多的适龄青少年能够接受到高中阶段教育。

您提出的关于适时推出12年义务教育的问题,近年来教育部与有关部门进行过多次专门研究,也广泛听取过社会各方面意见,大家普遍认为目前条件尚不成熟。主要考虑:一是从义务教育性质和面临的困难来看,义务教育是国家依法统一实施、所有适龄儿童少年必须接受的教育,具有普及、免费、均衡和强制的特点。由于我国全面普及九年义务教育时间较短,义务教育均衡发展的基础依然薄弱,城乡、区域、校际、群体差距还较大,当前和今后一个时期巩固九年义务教育仍然是教育工作的主要任务。二是从发展阶段看,我国仍处于社会主义初级阶段,当前面临经济下行压力大、财政收支矛盾突出等新形势。中央要求民生政策应"守住底线、突出重点、完善制度、引导舆论",财政教育投入需要坚持雪中送炭,既尽力而为,又量力而行,防止出现财力不可持续的问题。当前贫困地区教育发展面临的任务依然十分艰巨,扩大教育资源、改善办学条件、提高办学质量,并加大对家庭经济困难学生的精准资助,确保贫困地区学生"有学上、上好学"等方面还有不少短板和薄弱环节,都需要财政加大投入。在这种情况下,延长义务教育或者免费教育年限一定程度上可以减轻学生家庭经济负担,但也可能引发减少对教育短板和薄弱环节的投入、替代社会和家庭投入等问题。三是从体制机制来看,我国高中阶段教育尚未全面普及、投入保障机制还不完善、学校发展很不均衡,在这种情况下将高中阶段教育纳入义务教育体系、强制学生入学,可能引发一系列管理和社会问题。目前,一些地区探索在高中阶段实行免费教育,但这并不等同于将高中阶段教育纳入义务教育,而且有的地区由于财政出现困难,免费难以持续,也影响了高中阶段教育的健康发展。四是从国际比较角度来看,世界各国实施义务教育、免费教育的年限、范围和标准不尽相同,没有统一模式。中高收入、高收入国家和地区义务教育平均年限分别为9.8年、10.4年。我国目前属于中高收入国家,实行9年义务教育是适当的。

案例问题思考

1. 会讲15国语言的柬埔寨男孩沙利有没有实现自由而全面的发

展？试结合材料分析实现自由而全面发展的条件是什么？

2. 我国当前还处于社会主义初级阶段，还不能够实现十二年义务教育，为什么？试结合材料分析人的自由全面发展为什么需要一个长期过程。

3. 在社会主义初级阶段，为实现每个人自由而全面发展的崇高目标我们应该如何做？

第三部分 综合考核案例

案例一 人类将移民火星？

2001年4月28日,美国富翁丹尼斯·蒂托搭乘俄罗斯联盟号火箭抵达国际空间站,成为世界首位太空游客。为了实现这个梦想,他花了2000万美元。在蒂托上太空前后,贝索斯的蓝色起源、马斯克的太空探索技术公司、布兰森的维珍银河相继于2000年、2002年、2004年成立。几位老板几乎同时意识到私人公司开展太空旅行的时代即将到来。

1982年,18岁的贝索斯作为优秀毕业生代表在毕业典礼上致辞时就说过,他计划"为200万到300万人在地球轨道上建造太空酒店、游乐园和殖民地"。目前进行太空竞赛的有布兰森、贝索斯和马斯克三位,贝索斯和布兰森关注的是地球亚轨道飞行,也就是在距离地球100千米高度左右的飞行。2021年,布兰森、贝索斯先后乘坐自家公司的航天器和火箭进入太空旅行,马斯克虽未亲自进入太空,但其志在更遥远的星辰大海,马斯克创立的太空探索技术公司的最终目标是将人类送上火星。

太空探索技术公司总裁兼创始人埃隆·马斯克是移民火星的大力倡导者,他提出了移民火星并在火星建社区的计划。2002年,马斯克创立太空探索技术公司的目的是制造载人航天飞船,致力于用最低的成本实现人在太空和地球之间的往返。北京时间2020年1月19日11点30分,太空探索技术公司的"猎鹰九号"火箭在佛罗里达州卡纳维拉尔角的肯尼迪航天中心点火发射,然后按照计划被引爆,随后该火箭携带的太空舱安全落水,证明了这次火箭载人逃逸实验的完全成功,这同时也意味着,太空探索技术公司将人送入太空的计划已经扫除了所有关键技术障碍。2020年11月15日,太空探索技术公司的龙飞船已将四名宇航员送入国际空间站,未来该公司可能是轨道太空旅游领域最成功的私人公司。

火星是除金星之外离地球最近的行星,由于运行轨道的变化,它与地球的距离在 5570 万千米至 12000 万千米之间。火星是目前科学家勘探到的环境最接近地球的星球,而且矿藏资源丰富。随着地球生态环境的改变,火星这颗让古代人类充满幻想的星球,如今又成为人类的希望所在。目前人类对火星的勘探取得了重大突破。2020 年,在火星发射窗口期,阿联酋、中国、美国各发射了一个火星探测器。

"天问一号"是中国首颗人造火星卫星,在经历了 296 天的太空之旅后,2021 年 5 月 15 日其所携带的"祝融号"火星车及其着陆组合体,成功降落在火星北半球的乌托邦平原南部。祝融号登陆火星后,主要任务就是观察和探测火星表面(包括环境、地质、岩石等),让我们可以清晰地看到火星表面的实际状态。我们可以通过表层探测雷达,探查火星土壤和浅层地下的结构,找寻那里暗含的奥秘;火星没有全球覆盖的稳定磁场,但表面却存在支离破碎的偶极磁场,暗含着火星历史演化的痕迹,这些需要表面磁场探测仪大展身手;而气象测量仪,则能为祝融号提供各种气象条件,让我们了解这颗神秘行星的"呼吸脉络"。

从目前的探测发现来看,火星缺乏人类生存的环境,人类想要移民火星,还要对火星进行地球化的改造,使火星环境能够适合人类生存,其中最重要的一步就是使火星具备足够的氧气。美国著名的"火星协会"甚至已经制订出一套详细的改造火星计划,他们设想在火星上建几处化工厂,不停地制造四氟化碳以排放足够的二氧化碳,以便在火星上制造一场"巨大的温室效应";当人类完成改造火星第一步后,温暖的气候将会使火星变冷时被土壤吸收冷冻起来的二氧化碳释放出来;一旦火星温度达到可以种植植物的标准时,火星居民将大规模种植各种植物,能释放更多氧气的"超级植物",大概要经过 1000 年不停地种植、收获,火星上的氧气才会逐渐适应人类生存。

按照马斯克的设想,首个火星货运计划在 2022 年实行,然后在 2024 年左右,希望能够将第一批人类送往火星,在火星建立起一个自给自足的文明社会。去火星出不起路费怎么办?马斯克在推特(Twitter)上说,"只要他们愿意,每个人都能去。如果没有钱,他们会得到贷款",并且称"帮助支付这些费用,也是我在地球上积累资产的原因"。在一次访谈中,马斯克表示会在 2026 年左右送第一批居民去火星,表示最晚不会超过 2030 年。可能会有人觉得,第一批火星居民,事实上并不会是富豪,而会是为未来的"富豪移民"而献身的贫穷志愿者,毕竟他们注定有去无回。不过,马斯克却并不这么认为,马斯克表示,一切都为了全人类,而且他自己也打算成为第一批火星居民,用马斯克的话来说:生于地球,死于火星,是一件非常酷的事情。

案例问题思考

1. 实践和认识是人类两大基本活动,结合案例材料分析理解实践和认识的辩证关系。

2. 如果人类如马斯克所设想的能够成功移民火星,是不是可以说少数人创造和主宰火星人类社会,为什么?试结合案例材料运用马克思主义相关原理进行分析。

案例二 港珠澳大桥

港珠澳大桥于 2018 年 10 月 24 日上午 9 时正式通车,大桥全长 55 千米,集桥、岛、隧于一体,是世界最长的跨海大桥。

港珠澳大桥最早在 20 世纪 80 年代由珠海市提出,直到 21 世纪初期这项议案才逐渐引起中央政府、广东省、香港、澳门的广泛关注,广东省政府也把建设港珠澳大桥纳入了省政府的"十一五"规划。然而在具体落实这座桥的走向时,广东省政府与香港方面产生了分歧,广东省政府认为这座桥应该建成双 Y 型,也就是说桥的两头应该分别连接香港、深圳、珠海和澳门四地,以便能发挥最大的效能。而香港方面则认为,建双 Y 成本太大,应当采用单 Y 方案,也就是说,原本连接香港和深圳那头的桥改成只连接香港。可以说单 Y 方案是除香港方面外其他几方最不愿意接受的方案。在经历了数十年的沟通与论证后,终于确定了单 Y 的建设方案。

从 2004 年 3 月前期工作协调小组办公室成立,到 2018 年 10 月正式通车,港珠澳大桥前后历时 14 年。那么这个集桥、岛、隧为一体的超级工程究竟经历了怎样的难关和挑战?全长约 55 千米的港珠澳大桥是世界上总体跨度最长、钢结构桥体最长、海底沉管隧道最长的跨海大桥,也是公路建设史上技术最复杂、施工难度最高、工程规模最庞大的桥梁,被国外媒体誉为"新世界七大奇迹"之一。港珠澳大桥的建设难度是难以想象的,数不胜数的技术难关既考验我国桥梁隧道工程技术能力,也考验我们的综合国力和科研实力。非一般的港珠澳大桥是"桥—岛—隧"合一的结构,为了完成这项高难度的超级跨海工程,总设计师刘晓东和设计团队反复打磨设计方案,七年的时间里画了140多稿,累计达1万多页,经过一次次否定,最终才形成了今天我们所看到的港珠澳大桥样态。

  港珠澳大桥是一个世纪工程,其海底沉管的沉放,甚至比"嫦娥"和"天宫"对接的难度还要大。沉管具体的安装位置是在水平面下28米左右,还要实现两侧的完美对接,误差不可以超过5厘米;而且这个庞然大物重达6000吨,要进行如此精密的对接,难度不言而喻。在对接后还要由潜水员进行二次确认,确保每个参数都是符合流程和标准的,同时,必须辅助以多种特殊仪器进行密切的关注和测量,经过多次调整,才能够让潜水员在水下进行接头下沉和对接安装。为解决这个最重要的难题,施工团队通过各种模拟、卫星扫描、气象潮汐分析,甚至运用超级计算机来帮助解决问题。在克服重重困难后,港珠澳大桥终于建成通车。大桥建成通车后,将提升大桥两岸的地区的经济价值和政治价值,但同时我们也看到了大桥存在诸多的不足。

  一方面,港珠澳大桥的建成无论是对国家还是对香港、澳门、珠海都具有重大的积极意义。首先,政治意义重大。这座桥的政治含义在于它是"一国两制"在实践上的丰硕成果,真正体现了大桥在建设和运营管理中的"一国两制"具体实践。其次,粤港澳大湾区的概念形成。若粤港澳大湾区未实现陆路交通的联通,那就只是"珠三角"的概念,有了这座桥,粤港澳大湾区就在交通概念上形成了。大桥通车后将实现三地"1小时生活圈"的战略目标,珠三角同城化、一体化的时代即将到来。最后,港珠澳大桥无疑促进了香港、珠海和澳门的发展,改善了珠江口两岸经济不均衡的现状,增加香港对西岸乃至粤西地区的经济带动作用,这座桥为大湾区的建设提供了一个最便捷的、覆盖社会面最大的交通基础设施,整个广东及周边地区的东西便捷通道得以形成。

  另一方面,大桥建成通车后,我们也看到了大桥存在的诸多不足:第一,并没有为广东省各市的普通居民带来直接便利。可以缴费通行该桥的车辆主要有粤港两地车牌车辆、港澳两地车牌车辆、港籍单牌车辆(拥有澳门配额)、办理一次性配额申请的车辆,以及粤港澳三地政府商议可经港珠澳大桥的其他车辆。而大陆车牌是不允许上桥的,也就是这个桥的民用功能仅是针对香港和澳门车主的,与大陆车辆基本无关。港珠澳大桥无法跑内地私家车,前期的车流量不足,成本的回收期较长,三地的压力也较大。第二,逼迫深中通道重复建设。本来港珠澳大桥是双Y设计的,也就是大桥在东岸的落脚点不仅只有香港,还包括深圳。这样从深圳通往珠海、中山、澳门的客运与货运都节省了非常多时间。但由于主要出资方是香港,最终东岸的落脚点定在大屿山。而实际上,从深圳开往西部的公路受制于虎门大桥及虎门二桥的通行能力,时间成本非常高,也因此深圳不惜重金,很快就开启了深中通道项目。这相当于本来可以一座桥搞定的事情,非要花更多的钱建造两个桥去解决。第三,大桥通车,必将对珠海及珠江西岸的房价走势带来一定的影响,珠海的房价又会上涨。

案例问题思考

1. 结合港珠澳大桥的建设过程谈谈其中蕴含的辩证法思想。
2. 结合材料谈谈意识的能动作用,以及在实践中如何发挥主观能动性。
3. 结合材料谈谈为什么在实践中要坚持真理尺度和价值尺度的统一?

案例三 《自然》年度十大人物:天才少年曹原居首,贺建奎来去匆匆

世界顶尖学术期刊、英国《自然》杂志在北京时间 2018 年 12 月 19 日零时发布了本年度影响世界的十大科学人物,发现石墨烯超导角度的"神童"曹原,以及因世界首例基因编辑婴儿而饱受争议的贺建奎名列其中。

2018 年 3 月 5 日,《自然》杂志发表了两篇以曹原为第一作者的石墨烯重磅论文。这名中科大少年班的毕业生、美国麻省理工学院的博士生发现当两层平行石墨烯堆成约 1.1 度的微妙角度,就会产生神奇的超导效应。这一发现轰动国际学界,直接开辟了凝聚态物理的一块新领域。如今,正有无数学者试图重复、拓展他的研究。以下是《自然》杂志关于曹原的特写文章《"石墨烯牛仔"曹原:一个诱导碳原子薄膜产生超导性的博士生》。

2014 年,当曹原加入实验室的时候,美国麻省理工学院的 Pablo Jarillo-Herrero 课题组就已经在用不同的角度堆叠、旋转碳原子层了。曹原的工作是研究垒在一起的两层石墨烯彼此间轻微偏转会发生什么,按照理

论预测,轻微的偏转就会让材料行为产生剧变。许多物理学家对此心存怀疑。但曹原着手搭成微妙偏转的石墨烯层后,他发现了奇怪的东西。置于一个小型电场,温度降至绝对零度以上 1.7 度,通常会导电的石墨烯成为了绝缘体。这就够令人吃惊了。"我们知道它会在学界引起轰动",曹原说道。不过,更好的还在后面:稍微调整一下电场,偏转的石墨烯层就变成了超导体,电流可无阻流动。在第二个样本中观察到同样的现象后,实验组相信这是真的。

要使平行的两层石墨烯旋转成约 1.1 度的"魔角",需要一些试误,但曹原很快就完成了。他的实验技巧至关重要。曹原开创了一种撕出单层石墨烯的方法,以作出具有相同角度的双层堆叠,接着微调校准。他还调整了低温系统的温度,使超导性得以更清晰地显现。

曹原的发现不是幸运使然。据他的导师介绍,曹原热爱把东西拆开重装。在内心深处,他是个"修补匠",曹原的导师评价道。比如,他会用自制的照相机和望远镜拍摄夜空,"每次我走进去,里面都乱糟糟的,计算机被拆开了,桌上满是望远镜零件",相关的零件撒满了他的办公室。曹原年轻又害羞,同事们都说他的成熟表现在坚持不懈上。对于博士开局阶段的失望结果,曹原也满不在乎。他当时花了 6 个月的时间研究一份看似令人激动的数据,最终却发现那不过是实验设置中的巧合。"他不开心,但他只是卷起袖子继续干了",他的导师说道。

值得一提的是,《自然》年度十大人物只是选取当年对科学界产生最大影响力的人物,但并不都是正面形象。今年榜单中的"反派"则由"基因编辑婴儿"事件的主角、南方科技大学副教授贺建奎担任。贺建奎在 2018 年 11 月 26 日宣布两名经 CRISPR 编辑基因的双胞胎女婴降生,尽管现代辅助生育技术足以使患有艾滋病的父亲生出健康的孩子,但贺建奎依然决意用编辑胚胎基因的方法来试图达到免疫艾滋病的目的。外界普遍担忧,两个孩子的一生将被未知的健康风险笼罩。打开基因编辑伦理的"潘多拉魔盒"更令国际科学界沸腾。不过,这名半路出家的基因编辑学者已不在媒体发声。"他在世界舞台上登场得匆匆,消失得也匆匆",《自然》杂志的特写文章写道,这篇文章的标题叫作"CRISPR 流氓"。

案例问题思考

1. 试结合材料分析实践和认识的辩证关系。
2. 结合材料分析意识的能动性在实践中的作用。

3. 为什么曹原获得了很高的荣誉,而贺建奎"在世界舞台上登场得匆匆,消失得也匆匆",且被《自然》杂志称为"CRISPR 流氓"？试从真理与价值的辩证关系角度进行分析。

案例四　青蒿素的发现:传统中医献给世界的礼物

20 世纪 60 年代,疟原虫对奎宁类药物已经产生了抗药性,严重影响治疗效果。青蒿素及其衍生物能迅速消灭人体内的疟原虫,对恶性疟疾有很好的治疗效果。屠呦呦受中国典籍《肘后备急方》启发,成功提取出青蒿素,她也因这一被誉为"拯救 2 亿人口"的发现而获得 2015 年生理医学诺贝尔奖。屠呦呦在瑞典卡罗林斯卡医学院做了《青蒿素的发现:传统中医献给世界的礼物》主题演讲。

青蒿素发现经过

中药研究所团队于 1969 年开始抗疟中药研究。经过大量的反复筛选工作后,1971 年起工作重点集中于中药青蒿。又经过很多次失败后,1971 年 9 月,重新设计了提取方法,改用低温提取,用乙醚回流或冷浸,而后用碱溶液除掉酸性部位的方法制备样品。1971 年 10 月 4 日,用青蒿乙醚中性提取物,以 1.0 克/公斤体重的剂量,连续 3 天口服给药,鼠疟药效评价显示抑制率达到 100%。同年 12 月到次年 1 月的猴疟实验,也得到了抑制率 100% 的结果。青蒿乙醚中性提取物抗疟药效的突破,是发现青蒿素的关键。

1972 年 8 月至 10 月,我们开展了青蒿乙醚中性提取物的临床研究,30 例恶性疟和间日疟病人全部显效。同年 11 月,从该部位中成功分离得到抗疟有效单体化合物的结晶,后命名为"青蒿素"。1972 年 12 月开始对青蒿素的化学结构进行探索,通过元素分析、光谱测定、质谱及旋光分析等技术手段,确定化合物分子式为 $C_{15}H_{22}O_5$,分子量为 282。明确了青蒿素为不含氮的倍半萜类化合物。1973 年起,为研究青蒿素结构中的功能基团而制备衍生物。经硼氢化钠还原反应,证实青蒿素结构中羰基的存在,发明了双氢青蒿素。

学科交叉为研究发现成功提供了准备

从 1959 年到 1962 年,我参加西医学习中医班,系统学习了中医药知识。化学家路易·帕斯特说过"机会垂青有准备的人"。古语说:凡是过去,皆为序曲。然而,序曲就是一种准备。当抗疟项目给我机遇的时候,西学中的序曲为我从事青蒿素研究提供了良好的准备。

信息收集、准确解析是研究发现成功的基础。接受任务后,我收集整理历代中医药典籍,走访数名老中医并收集他们用于防治疟疾的方剂和中药,同时调阅大量民间方药。在汇集了包括植物、动物、矿物等2000余内服、外用方药的基础上,编写了以640种中药为主的《疟疾单验方集》。正是这些信息的收集和解析铸就了青蒿素发现的基础,也是中药新药研究有别于一般植物药研发的地方。

当年我面临研究困境时,又重新温习中医古籍,进一步思考东晋葛洪《肘后备急方》有关"青蒿一握,以水二升渍,绞取汁,尽服之"的截疟记载。这使我联想到提取过程可能需要避免高温,由此改用低沸点溶剂的提取方法。

团队精神,无私合作加速科学发现转化成有效药物

今天,我再次衷心感谢当年从事523抗疟研究的中医科学院团队全体成员,铭记他们在青蒿素研究、发现与应用中的积极投入与突出贡献。感谢全国523项目单位的通力协作,包括山东省中药研究所、云南省药物研究所、中国科学院生物物理所、中国科学院上海有机所、广州中医药大学以及军事医学科学院等,没有大家无私合作的团队精神,我们不可能在短期内将青蒿素贡献给世界。

疟疾对于世界公共卫生依然是个严重挑战

据统计,全球97个国家与地区的33亿人口仍在遭遇疟疾的威胁,其中12亿人生活在高危区域,这些区域的患病率有可能高于1/1000。统计数据表明,2013年全球疟疾患者约为19800万人,疟疾导致的死亡人数约为58万,其中78%是5岁以下的儿童。90%的疟疾死亡病例发生在重灾区非洲。70%的非洲疟疾患者应用青蒿素复方药物治疗(Artemisinin-based Combination Therapies,ACTs)。但是,得不到青蒿素复方药物治疗的疟疾患者仍达5600万到6900万之多。

疟原虫对于青蒿素和其他抗疟药的抗药性

在大湄公河地区,包括柬埔寨、老挝、缅甸、泰国和越南,恶性疟原虫已经出现对青蒿素的抗药性。在柬埔寨—泰国边境的许多地区,恶性疟原虫已经对绝大多数抗疟药产生抗药性。不仅在大湄公河流域有抗药性,在非洲少数地区也出现了抗药性。这些情况都是严重的警示。

中医药学是一个伟大的宝库

在结束之前,我想再谈一点中医药。"中国医药学是一个伟大宝库,应当努力发掘,加以提高"。青蒿素正是从这一宝库中发掘出来的。通过抗疟药青蒿素的研究经历,深感中西医药各有所长,二者有机结合,优势互补,当具有更大的开发潜力和良好的发展前景。

问题

1. 请结合材料分析青蒿素的发现过程中所体现的马克思主义唯物辩证法原理?
2. 请结合材料谈谈实践和认识的辩证关系。
3. 请结合材料分析青蒿素的发现过程中所体现的真理和价值的辩证关系。
4. 请结合材料分析如何看待杰出人物和人民群众在历史发展中的作用。

案例五　技术革命中,资本主义的悄然变化

18世纪世界上第一次工业革命首先在英国开始。这一次革命是从工作机的诞生开始的,以蒸汽机作为动力机被广泛使用为标志。由于发明和使用了机器,生产力获得前所未有的飞跃,工厂和工人数迅猛增加。经过工业革命,工厂制度建立起来了,独立的小生产者变为出卖劳动力的雇佣奴隶,工人成为机器的附属物。个体生产者的手工产品在机器的巨大生产力下被排挤出市场,小生产者在工厂制度的压力下无法摆脱贫困破产的命运。越来越多的劳动者丧失了赖以谋生的生产资料,除了把自己的劳动力出卖给资本家,便得不到劳动的机会而无法维持自己的生活。正因为如此,马克思指出:"机器只是一种生产力。以应用机器为基础的现代工厂才是生产上的社会关系。"第一次工业革命不仅巩固了资产阶级对封建主的胜利,还引起了社会的重大变革,使社会日益分裂成两大对抗阶级即工业资产阶级和无产阶级。

19世纪70年代,人类进入了电气化与自动化时代,即在劳动分工基础上采用电力驱动产品的大规模生产。在第二次工业革命的推动下,资本主义生产社会化的趋势加强,企业间的竞争加剧,少数采用新技术的企

业挤垮大量技术落后的企业,生产和资本趋于集中。生产和资本集中到一定程度便产生了垄断。在竞争中壮大起来的少数规模较大的企业之间,就产量、产品价格和市场范围达成协议,形成垄断组织,大量的社会财富也日益集中在少数大资本家手里,到19世纪晚期,主要资本主义国家都出现垄断组织。

1870年,洛克菲勒创建了标准石油公司。1879年,标准石油托拉斯诞生。洛克菲勒的标准石油托拉斯连续吞并了美国近百家石油企业。到1890年,这位石油大王已经掌握了全美90%的石油提炼。19世纪末,像标准石油公司这样富可敌国的大企业和大财团,在各个行业纷纷出现。人们把他们叫作钢铁大王、石油大王、牛肉大王、电信大王、铁路大王、金融大王。当时,美国铁路总利润的85%被7个垄断集团掌握,钢铁产量的65%由摩根钢铁公司掌握,国家财富的60%由占美国人口2%的富人掌握。

在垄断经济资源的托拉斯给美国带来繁荣风光的背后,是日益扩大的社会矛盾和危机。工人们每周工作6天,每天工作12到16小时,每天的工钱只有2美元。这样的生活连孩子也不能幸免,美国大约有200万名童工加入劳工队伍,最小的只有4岁。一大批中小企业由于无法在垄断企业的阴影下生存,纷纷破产倒闭,城市贫困人口大量增加。

面对强大的社会压力,西奥多·罗斯福把自己视为社会公民的管家与垄断资本开战了。1911年,美国最高法院判定标准石油公司垄断违法,妨碍了自由竞争,并下令解散标准石油公司。这个曾经辉煌一时的石油帝国被迫拆分成若干个小公司。牛肉托拉斯、石油托拉斯和烟草托拉斯在司法部的起诉之下被迫解散。此后,反托拉斯被正式纳入美国政府制度化的长久政策中。

在解决垄断问题的同时,西奥多·罗斯福也在着手解决劳资矛盾,他甚至把劳资双方请到了白宫来商议,这在美国历史上还是第一次。同时,一些州政府也陆续出台了旨在保护工人权益的法律条文,明确了工伤赔偿标准和工人的劳动时间。有的州政府还对与公众生活相关的企业进行管制,建立了公开的听证会制度。

西奥多·罗斯福总统干预生产的做法为后来富兰克林·罗斯福总统实施新政提供了借鉴,对资本主义国家产生了深远的影响,使得资本主义成为政府和市场共同影响下的资本主义,虽然有时政府的影响会有所减弱,但无论如何资本主义再也回不到传统自由放任的资本主义了。

案例问题思考

1. 马克思指出:"机器只是一种生产力,以应用机器为基础的现代工厂才是生产上的社会关系。"试分析第一次工业革命对生产关系产生了怎样的影响?

2. 西奥多·罗斯福为什么要对垄断资本开战,这对资本主义生产关系产生了怎样的影响?试用马克思主义基本原理进行分析。

3. 事物的发展过程是事物不断自我否定的过程,资本主义社会的发展也遵循这一规律,试结合案例材料进行分析。